日本

都落

史

일본 부락의 역사

차별과 싸워온 천민들의 이야기

일본부락 해방연구소 지음
최종길 옮김

어문학사

간행에 즈음하여

　부락해방연구소에서는 4년 전에 창립 20주년 기념사업의 일환으로 『부락해방사(部落解放史)』 전 3권을 편집·발간했습니다. 각주에 자료의 출전을 명기하고 내용도 상당히 전문적인 두꺼운 책이었음에도 불구하고 대체적으로 호평이었으며 다행히 지금까지도 판을 거듭하여 인쇄하고 있습니다.

　그러나 이 책은 전 3권으로 천 페이지를 넘는 것이어서 처음 부락의 역사를 공부하고자 하는 사람에게는 부담이 크기 때문에 『부락해방사』의 수준을 떨어뜨리지 않고 축약된 책이 있었으면 하는 의견을 자주 들었습니다.

　특히 최근에 부락 문제에 대한 관심은 행정과 교육 관계자뿐만 아니라 기업, 종교, 언론 등 다양한 분야의 관계자들에게도 확대되고 있으며, 오늘의 연구 수준을 포함한 기본적인 부락사 관련 출판 요구는 지금까지는 볼 수 없었던 큰 폭의 요구였습니다.

　여기서 기획한 것이 이 책입니다. 단순히 『부락해방사』를 요약한 것이 아니라 다양한 형태의 서평을 통해서 보내주신 의견도 수용하여 정리된 새로운 독립된 책으로 편집했습니다. 따라서 집필자도 『부락해방사』에 구속되지 않고 새롭게 의뢰하였습니다.

　부락사 연구는 글자 그대로 날마다 진보하고 있습니다. 개별 사례에 대한 평가는 물론입니다만, '부락사'를 어떻게 볼 것인가라는 근본적인 문제에 대해서도 다양한 의견이 논의되고 있습니다.

　여기에 더하여 지금 부락해방운동은 부락 문제의 근본적인 해결을 실현하는 '제3기' 운동을 지향하고 있습니다. 당연한 것이지만 지금까지의 해방이론과 동화행정, 해방교육의 형식도 재검토해야 할 시대가 되었습니다. 부락사에 대한 시각도 이러한 상황과 무관하게 존재할 수는 없습니다. 집필자에게는 『부락해 방사』 발간 이후의 이러한 다양한 논의도 유의하면서 원고를 집필해줄 것을 부탁했습니다.

그리고 '중세'에 관해서는 당초 의뢰했던 집필자의 상황이 여의치 않아 급히 아오모리 토오루(青盛透) 씨에게 부탁드렸습니다. 우에다 마사아키(上田正昭) 편 『나라의 부락사를 배우다(奈良の部落史に学ぶ)』(明石書店)의 중세편을 기본으로 하여 집필했다는 것을 밝혀둡니다.

하여간 이 책이 부락사를 공부하려고 하는 많은 분들의 기대에 부응할 수 있으리라 확신합니다. 그리고 좀 더 깊이 공부하려고 하는 분들에게는 꼭 『부락해 방사』를 읽어 볼 것을 추천합니다.

1993년 10월
사단법인 부락해방연구소

차 례

범 례

1. 저본으로 한 책에는 카와타·에타·히닝(皮多·穢多·非人)의 용어가 근세시대에는 원문 인용 이 외 기본적으로 'かわた' 'えた' 'ひにん'의 히라가나로 표기되어 있다.
2. 본문 가운데 지명 표기는 기본적으로 당시의 읽는 방식으로 한다.
3. 이 책에서는 부락의 지명이 실명으로 다수 표기되고 있으나 이용할 시에는 이것을 차별적으로 악 용하지 않도록 거듭 부탁드린다.
4. 한국에서 일반적으로 사용되고 있는 역사 용어는 한국어로 번역하였으나, 일본사에서 고유하게 사용되는 것은 일본식 읽기를 우선하였다.
5. 인명, 지명 등의 고유명사는 일본식 읽기를 기본으로 하였다.
6. 행정 단위는 한국어로 표기하였다. 즉 현시군(県市郡) 등은 한국어로 표기하였다.
7. 사찰명은 토다이사(東大寺)로 표기하였다. 단, 本願寺는 정토진종 혼간지파(浄土真宗本願寺派) 와 동 오타니파(大谷派)의 본산을 지칭하므로 사찰명으로 보지 않고 일본사의 독특한 용어로 보 아 혼간지로 표기하였다.
8. 저본에 설명이 첨가되어 있지 않은 내용은 괄호 안에 설명을 첨가하고 역자를 표기하였다.
9. 한국어와 어울리지 않는 일본식 한자어는 한국식으로 고쳤다. 예를 들면, 懇親会를 친목회로 번 역하였다.

고 대

부락사 관계		세계의 인권	
645년	다이카 개신. 남녀의 법이 정해짐.	BC600년	그리스·아테네에서 도편추방법 제정.
672년	진신(壬申)의 난.	BC500년대 초반	로마에서 평민을 위한 호민관.
691년	신체의 매매·대여에 관한 양천제를 정함.	BC500년대 후반	바라몬교를 비판한 불교가 일어남.
693년	노비의 제복이 흡의(皂衣)로 정해짐.	BC73-71년	로마에서 스파르타쿠스의 반란.
701년	다이호(大宝)율령의 제정. 노비의 세분화.	기원	유대교 일파·바리세인의 위선과 차별, 율법주의를 비판하면서 그리스도교가 일어남.
710년	헤이죠경(平城京)으로 천도. '천민'의 유랑·도망이 증가함.	184년	한나라에서 황건적의 난.
752년	살생금지령이 1년 기한으로 공포.	875년	당나라에서 황소의 난.
789년	양민과 노비 사이에 태어난 아이는 양민으로 함.		
801년	사카노우에노 타무라마로(坂上田村磨呂)가 에미시(蝦夷)를 공격.		
812년	살생, 도축 금지의 조(詔)를 공포.		
901-923년	노비 '해방'령 발포.		

일본 부락의 역사−차별과 싸워온 천민들의 이야기

시대개관

고대라는 시대는 일본의 역사상 가장 길게 지속되었다. 고대는 인류가 일본열도에 살기 시작한 이후 무사들이 정권을 잡고 농민을 지배하기까지의 시대를 지칭하기 때문에 이 기간은 30만 년 가까이 된다. 그러나 너무 길어서 하나의 시대로 파악하기에는 적절하지 않다. 이 때문에 신분과 계급이 발생한 시점을 경계로 하여 원시와 고대의 두 시기로 구분한다. 일본열도에 인류가 살기 시작한 시대는 아직 분명하지 않지만, 대체로 20·30만 년 전이라고 생각된다. 신분과 계급이 성립한 것은 고작 2천 년 전이다. 그 이전은 긴 원시시대였으며, 일본인들은 평등하고 자연에 가까운 생활을 보내고 있었다.

원시시대도 크게 두 시기로 구분할 수 있다. 첫째는 구석기시대 혹은 무토기(無土器)시대라고 불리는 인간의 생활이 동물에 가장 가깝고 낮은 발달단계에 있던 시대이다. 토기도 없었으며 저장이나 조리를 하지 않았다. 따라서 획득한 식량은 곧바로 먹지 않으면 부패하기 때문에 항상 먹을 것을 구하는 데 쫓기고 있었다. 이러한 일상생활로는 문화의 발달을 기대할 수 없다.

마침내 죠몽(繩文)시대에 들어서서 사람들은 토기를 발명한다. 이것으로 저장과 조리가 가능하게 되었다. 생활은 비약적으로 발전했다. 충분하지 않지만, 여유가 생기고 문화는 향상되었다. 토기 이외의 도구도 발달하고 생활은 편리하게 되었다.

원시시대를 지나면서 이러한 역사 상황이 더욱 발달하게 된 것은 야요이(弥生)시대에 신분과 계급이 성립하고부터다. 여기서 고대는 새로운 시대로 접어들게 된다.

신분과 계급은 명백히 차별의 출발점이고 인권 억압의 원점이 되었다. 그러나 한편으로 서로 다른 신분과 계급에 속하는 다양한 사람들이 서로 경쟁하는 행위는 서로의 가능성을 더 한층 발휘하게 하여 역사를 진보시켰다는 점을 잊어서는 안 된다.

신분과 계급이 발생하고부터 역사의 진보가 상당히 빨랐다는 것이 이러한 증거이다. 죠몽시대를 지나는 데 1만 년 가까이 걸렸지만, 야요이시대는 5·6백 년밖에 걸리지 않았다. 다음의 고분(古墳)시대는 300년밖에 걸리지 않았다. 지금까지 경험하지 못한 속도로 일본의 국가와 사회는 정비되어갔다.

고분시대의 중엽인 5세기에는 많은 도래인(渡來人)이 일본열도로 건너왔다. 그리고 왜의 5국이라고 불린 일본의 오오키미(大王)들도 빈번히 중국에 사자를 보내어 문화·문명의 도입에 노력하였다. 이 시기의 일본은 동아시아 세계 속으로 깊이 포섭되어 가면서 국제적 환경 하에서 역사 발전의 길을 걷게 된다. 문자·불교라는 문화, 토목·건축, 관개(灌漑)·수리 등 선진적인 기술이 차례차례로 일본에 전파되었다. 물론 아시아 여러 나라와의 교류는 이미 기원전부터 있었지만, 질과 양에서 이 시기에는 비약적으로 확대되었다.

그 종착점이 율령체제의 도입이다. 천황 중심의 중앙집권적인 정치구조가 중국을 모범으로 하여 만들어졌다. 양·천을 중핵으로 하는 고대의 신분제도는 여기서 확립되었다.

그러나 이것은 어디까지나 국가와 지배자의 의도일 뿐, 사람들의 상승을 향한 끊임없는 투쟁은 마침내 이러한 신분제도를 무너트리기 시작한다. 10세기 초반에 먼저 노비제도가 붕괴된다. 차별로 고통 받고 인권을 억압당하고 있던 사람들이 스스로의 손으로 해방을 쟁취하였다. 이것으로 차별이 없어진 것은 아니지만, 시대는 새로운 중세로 이행하였다.

1. 신분과 계급의 발생

원시에서 문명으로

일본의 역사뿐만 아니라 세계의 어느 곳이든 동일하지만, 인류의 생활에서 가장 길었던 시기는 신분도 계급도 없는 시대였다. 평등하고 평화로우며 인간적인 시대였다고 해도 좋을 것이다. 재산이 없기 때문에 식재료를 서로 빼앗는 정도의 싸움은 있었지만 전쟁은 없었으며, 무엇이든 자유였지만 문화·문명의 발달은 늦었고, 평등하고 평화로웠던 대신 유복한 생활을 영위했다고는 할 수 없다.

원시시대는 상당히 오랫동안 지속되었다. 일본열노에서 인류가 살기 시작한 시기에 대해 아직 의견을 달리하고 있지만, 대략 20·30만 년 전으로 얼마간의 유적이 각지에서 발견되고 있다. 더욱 명확하게 당시의 생활을 구체적으로 추적할 수는 없지만, 이 시기에 틀림없이 일본의 선조들이 일본열도에 살기 시작했다.

원시시대는 무토기시대(혹은 先土器時代)와 죠몽시대로 구분할 수 있다. 무토기시대는 이름 그대로 토기를 사용하지 않은 시기이다. 도구라고 하면 매우 조잡하고 원시적인 석기뿐으로 농업생활은 하지 않았다. 단지 자연에 존재하는 것을 습득할 뿐으로 채취할 것이 없으면 다른 곳으로 이동하였다. 동물과 그다지 다르지 않는 생활을 영위했다고 생각해도 좋다. 자주 이야기 되듯이 불을 사용하는 동물에 지나지 않았다.

이러한 상황이 변한 것은 약 1만 년 전에 죠몽시대가 시작되고부터이다. 토기라는 도구를 발명하여 인류의 생활은 비약적으로 향상되었다. 지금까지는 도구가 없었기 때문에 저장하거나 조리하는 것이 불가능했다. 식량이라고 해도 바로 먹지 않으면 안 되었고 보존해둘 수가 없었다. 따라서 사람들의 가장 중요한 일은 그날의 식량을 어떻게 하든 확보하는 것이었다. 그러한 상태에서는 당연히 문화나 문명은 발달하지 않았다.

이러한 상태가 개선된 것은 죠몽시대가 되어 토기가 출현했기 때문이다. 현재의 상식에서 본다면 토기는 대단한 도구가 아니라고 생각할지도 모르겠지만, 예를 들어 수일간이라도 저장할 수 있고, 조리할 수 있다는 것은 식량에 대한 걱정이 줄어들었다는 의미이다. 날것으로는 하루도 보관하기 어려운 것이 익히게 되면 며칠은 간다. 그만큼 다른 생활은 충실해질 수 있다.

이러한 죠몽시대에 문화·문명은 현저히 발달했다. 활, 낚싯바늘, 거물, 배 등이 발명되었고 생활은 발전했다. 그리고 그 발걸음은 느리기는 했지만, 무토기시대를 지나는 데 20수 만 년 걸리는 데 비해 이 시대는 약 만 년밖에 걸리지 않았다.

정치사회의 형성

죠몽시대의 말기경에는 일본에 도작(稻作)이 전해져 야요이시대에 전국으로 확대되었다. 원시적인 전작(田作)과 달리 도작은 한 알의 씨앗에서 수백 알을 수확할 수 있었다. 일본열도에서 수전 농업의 본격적인 전개는 이곳에 살고 있던 사람들의 생활을 비약적으로 향상시켰다.

도작은 물을 이용하기에 편리한 토지와 봄에 뿌릴 씨앗이 없으면 행할 수 없다. 이것은 산채나 나무의 열매를 따거나 바다와 강의 어패류를 채집하는 것과는 다르다. 소위 투자가 있어야 하는 것으로 누구라도 가능한 것은 아니다. 즉 부를 가진 자만이 도작을 행할 수 있다. 예를 들어 그 해에 수확이 있었다고 하더라도, 다음 해 봄까지 씨앗을 확보해야만 하기 때문에 모두 먹어치울 수는 없다. 도작이라고 하더라도 아직 안정된 것은 아니었기 때문에 기후가 조금이라도 나쁘면 흉작이었다.

도작문화의 유입은 일본열도의 사회를 크게 변화시켰다. 더불어 금속기 특히 철기가 보급되기 시작하여 농업기술뿐만 아니라 전쟁 등에도 커다란 영향을 미쳤다. 사람들의 관계에도 변화를 일으켜 야요이시대 중기경의 기원 전후에 일본열도에는 신분과 계급이 성립했다. 『한서(漢書)』와 『후한서(後漢書)』에 기록되어 있는 중국에 사신을 파견한 왕들은 틀림없이 지배자였으며, 화려한 장신구를 달고 무덤에 매장된 사람들 또한 지배자 계급이었다. 누구라도 알 수 있는 형태로 이 시기에 신분과 계급이 발생했다.

이 신분과 계급은 권력에 의해 고정되었다. 부를 가진 자가 그 부를 유지하고 확대하기 위해서는 신분과 계급이 간단하게 변경될 수 없어야만 했다. 지배자는 언제나 군림하고, 권력을 통해 피지배자를 언제까지라도 피지배자에 가두어 두지 않으면 안 되었다. 여기서 정치적인 사회가 성립하고 정치권력을 이용하여 사람들을 억압하는 구조가 발생하였다. 이른바 피지배자의 약점을 증명하는 것이기도 하지만, 어떻게 하든 지배자의 이익을 오랫동안 확실하게 확보하고 싶다고 생각한 것이다.

정치적 사회의 구체적인 모습에 대해서는 아직 불명확한 점이 많지만, 국가가 점차 형성되기 시작했다. 중국의 역사서에 보이는 '나라(國)'는 극히 작은 영역을 지배할 뿐인 소국가였지만, 외교를 행하고 있었던 것에서 보이듯 국제적으로도 국가의 형태를 갖추기 시작했다.

야마타이국(邪馬台国)에는 지배자의 정점에 선 여왕 히미코(卑弥呼)가 있었다. 『위지왜인전(魏志倭人傳)』에 의하면, 히미코는 사람들 앞에 모습을 드러내지 않았으며, 동생이 히미코의 생각을 듣고 실제의 정치를 주관했다. 여왕은 지배자 가운데서도 특별한 인물로, 간단히 모습을 보여서는 권위를 의심받았다. 사람들 앞에서 자신을 격리시킴으로써 권위를 유지하였다.

히미코 아래에는 30개 정도의 소국이 있었는데 여기에는 각각의 왕이 있었으며, 그 아래에는 우시(大人, 영주나 주인 혹은 귀족의 존칭-역자)라는 신분이 있었다. 이 여왕·왕·우시가 당시의 지배계급이었다.

그 아래에 게코(下戸, 율령제 하에서 大戸, 上戸, 中戸, 下戸의 4등호 가운데 최하급 – 역자)·노비가 있었다. 게코는 길에서 우시를 만나면, 곧바로 길옆으로 비켜서서 엎드려야만 했다. 노비는 노예로 물건처럼 매매되었다. 야마타이국에서는 이 두 가지 신분이 피지배계급이었다.

이들 신분과 계급에 의해 구성된 야마타이국에서는 상당히 발전된 국가조직이 엿보인다. 우선, 관료제가 있었으며, 내용을 잘 알 수 없으나 '오오야마토(大倭)' '이치다이소츠(一大率)' 등의 관직명이 보인다. 경제도 발달하여 시장도 있었으며 교역이 행해지고 있었다. 법률도 있었던 듯하고, 죄를 지으면 가벼운 경우는 처자를, 무거운 경우는 일족 전부를 처벌했다. 세금도 있었다.

이러한 것을 생각해보면, 이후 시대처럼 잘 정비된 것은 아니지만 3세기 중반경에는 일본열도에 국가가 성립하여 정치적인 사회가 형성되었다는 것을 알 수 있다. 히미코가 사망했을 때 노비 100명 정도가 강제로 순장되었다고 하는데 이처럼 인권을 완전히 빼앗긴 신분·계급이 이 시기에 성립되었다.

오오키미(大王)의 권력

이러한 정치적 사회는 원시적 소국가라는 형태를 취하면서 일본 각지에 연속적으로 출현하였다. 각지의 호족이 권력으로 토지와 인민을 지배하고 부를 집적했다. 이러한 호족은 부를 더욱 확대하기를 희망했다. 여기서 다툼이 발생했다. 전쟁에 의한 경우도 있고 평화적인 해결에 의한 경우도 있으나 시대가 진전됨에 따라 일본 각지에서 정치적 사회의 통합이 진행되었다. 오늘날의 방식으로 말하자면, 시정촌(市町村) 정도의 국가가 도도부현(都道府縣) 정도의 크기로 확대되어 마침내 전국을 통치 하에 두는 통일국가가 되었다. 단, 이 과정은 극히 복잡하고 지역에 따라서 서로 다른 과정을 거쳤다.

그 과정을 잘 보여주는 것이 고분의 발생과 전개이다. 특히 전방후원(前方後圓)이라는 일본 특유의 형식을 가진 고분의 전파는 특정 권력의 전국적 확대를 말해준다. 이것을 야마토(大和) 왕권이라든가 야마토 조정이라고 부른다. 각지의 호족을 복속시키면서 고분의 형식을 확장시켰다.

이 전국 제패를 이룩한 거대 호족은 오오키미를 자칭했다. 왕이란 호족을 지칭하는 하나의 칭호로 전국에 많은 지역정권의 수장인 왕이 있었다. 이들을 통합하여 그 정점에 선 자가 오오키미이다. 왕 중의 왕이란 의미이지만, 특정한 집안에 왕권이 세습되면서 마침내 천황이 되었다.

야마토정권이 성립된 시기는 대체로 3세기 말·4세기 초로 생각되는데 이것이 전국을 지배 하에 통합하여 통일국가를 형성하게 된 것은 5세기 후반 경이다. 진토쿠(仁德)천황의 묘라고 추정되는 오오야마 고분(大山古墳) 등 이 시기에 건설된 거대 고분은 확실히 이러한 전국 지배의 성과라고도 할 수 있는 것이다. 실제로 오오키미라는 명칭은 이 시기가 아니면 보이지 않는다.

오오키미가 일본열도를 통일한 것을 보여주는 것은 사이타마현(埼玉

県) 교다시(行田市) 이나리야마 고분(稲荷山古墳)과 쿠마모토현(熊本県) 키쿠스이마치(菊水町) 에타후네야마 고분(江田船山古墳)에서 발견된 명문(銘文)에 유랴쿠(雄略)천황의 것으로 추정되는 '와카타케루(獲加多支歯) 오오키미'라는 이름이다. 즉 이즈음에 오오키미인 유랴쿠천황의 지배권은 동쪽으로 사이타마현, 서쪽으로 쿠마모토현에까지 미치고 있었음을 말하는 것으로 질적인 면이 어떠했는지는 문제로 남지만, 적어도 범위로는 거의 전국에 걸쳐 오오키미의 권력이 미치고 있었음은 틀림없다.

오오키미에 의한 통일국가 형성은 신분과 계급의 존재 형태에도 커다란 영향을 미쳤다. 부와 권력이 집중된 사람의 대두는 한편으로 부를 빼앗기고 권리를 억압당하는 사람이 출현한 것을 의미한다. 그 구체적인 내용은 잘 알 수 없으나 6세기 중반경에 일어난 츠쿠시 이와이(筑紫磐井)의 반란에 잠깐 보인다.

이 난은 츠쿠시 지방(현재의 福岡県)을 중심으로 한 호족 이와이가 거의 전 규슈지역을 끌어들여 일으킨 것이다. 이 시기 규슈의 농민들은 야마토 정권의 한반도 출병에 따른 무기·식량 등의 부담에 힘들어하고 있었다. 이와이는 호족이기는 했지만, 현지 농민의 지지 없이는 지배를 행할 수 없었기 때문에 농민 편에 서서 야마토 정권에 대한 증오를 대표하여 투쟁했다고 추측된다. 오오키미라고 하는 전국에 군림하는 거대 권력자의 성립은 민중에 대한 새로운 억압을 낳았다.

도래인(渡来人)과 도래문화

　부락차별의 원인은 그곳에 살고 있는 사람들이 '귀화인', 즉 외국인의 자손이기 때문이라는 설이 있다. 학문적으로는 완전히 부정되었지만, 과연 '귀화인'은 고대 일본에서 열등한 존재였으며 차별 받았던가. 결코 그렇지 않다. 그들이야말로 5세기에 오오키미의 출현으로 상징되는 일본열도의 역사와 문화 발전에 크게 기여하였다. 그들 없이는 일본의 고대사를 생각할 수조차 없다.

　예전부터 '귀화인'이라는 도래인은 한반도에서 일본열도로 건너온 사람들을 지칭한다. 오래전에는 열도와 반도가 육지로 연결되어 있었기 때문에 끊임없이 사람들의 왕래가 있었는데, 역사와 문화의 발전을 생각할 때 절정을 이룬 도래의 파고는 두 번 있었다.

　한 번은 5세기이다. 특히 이 시기의 후반경에 많은 도래인들이 일본으로 건너왔다. 그들이 지니고 온 문화·문명이 일본의 역사발전에 기여했는데, 위에서 말한 오오키미의 성립과 일본열도의 통일은 그 결과라고도 할 수 있다. 일본 고대사의 수준은 5세기에 비약적으로 상승하는데, 급속하게 국가기구가 정비되고 왕권도 강화되며 나아가 국제적인 교류도 빈번해지는 원인은 이들 도래인에게 힘입은 바가 크다. 이 시기 역사발전의 기초는 도래인에 의해 초래되었다고 생각해도 좋으며 이것이 이른바 기존 사람들의 힘과 합쳐져 새로운 역사와 문화를 쌓아올렸다.

　그들에 의해 이식되고 정착된 문화를 도래문화라고 하는데, 그 영향은 다방면에 걸쳐 후세까지 전해졌다. 예를 들면, 문자가 있다. 한자라고 하니까 한(漢), 즉 중국에서 전해졌다고 생각하는 경향이 있는데 이는 백제에서 전해진 것이다. 한자 전래 이후 얼마 지나지 않아 가나(仮名)라는 일본 독자의 문자를 발명했지만, 한자도 지금에 이르기까지 전해지고 있다.

불교도 동일하다. 인도에서 발생하여 중국에서 성장한 불교는 백제왕에 의해 일본에 전해졌다. 이후 견수사(遣隋使)·견당사(遣唐使)와 함께 많은 일본인이 중국에 자주 유학하여 불교를 배웠기 때문에 불교도 중국에서 전해졌다고 생각하는 경우가 많다. 그러나 그렇지 않고 한반도에서 전해진 것이다. 국제성이 풍부한 아스카(飛鳥)문화는 이러한 도래인들이 가져온 문화를 바탕으로 발전했다.

아스카 시대에 활약한 하타노 카와카츠(秦河勝)상 (코류〈広隆寺〉소장.) 카도노하와사(葛野秦寺)는 하타노 카와카츠가 창건했다.

기술적인 면에서도 많은 문명의 기술이 전해졌다. 당시의 일본인이 알지 못했던 직물기술, 대규모의 하천 관개를 가능하게 하는 토목기술 등 획기적인 기술 수준의 향상을 가져왔다. 토지가 조금 높아서 관개가 어려워 농사를 지을 수 없던 장소가 경작 가능한 토지로 바뀌었다. 지금보다 많은 식량을 수확할 수 있게 된 것으로 생활에 여유가 생겼다.

두 번째 파고는 7세기 후반이다. 이 시기는 동아시아의 격동기로, 한반도에서 백제·고구려가 멸망하고 신라가 통일국가를 이룩하였다. 통일신라는 한반도 최초의 통일국가였는데, 한반도에서 통일국가로의 움직임은 이웃 나라인 일본에도 커다란 영향을 미쳤다. 일본과 동맹관계였다고도 할 수 있는 백제에서 전란을 피하여 많은 사람들이 일본으로 건너왔다. 이 시기의 일본은 고대국가 형성의 최종 단계로, 그들의 지혜가 그간의 프로세스에 많이 공헌하였다.

어쨌든 이들 도래인에 의해 일본열도에 전해진 선진적인 문화·문명은 일본의 역사와 문화에 비유할 수 없는 커다란 역할을 수행했다. 일본의 고대가 중국대륙·한반도와 연결되는 국제적 환경 아래서 비로소 발전할 수 있었다는 점을 잊어서는 안 된다. 나라(奈良)시대가 되면 일본은 보다 높은 역사단계에 진입하는데, 그 배경은 분명히 도래인과 도래문화에 의해 구축되었다.

2. 양천(良賤)제도의 성립과 변질

율령제 사회

7세기 전반에 쇼토쿠(聖德)태자를 중심으로 한 정부는 중국의 황제를 중심으로 한 중앙집권적인 강력한 국가 형태를 배우고 이를 모방하여 천황정치를 확립하려고 하였다. 결국 이것은 실패하지만, 마침내 7세기 후반 율령체제의 성립으로 결실을 맺게 된다.

이 율령체제의 성립은 지금까지의 일본과는 다른 새로운 정치·경제구조를 창출하게 되었다. 중국 수·당의 제도를 모방한 것으로 우선 ①공지 공민제(公地公民制)를 도입하였다. 지금까지의 일본은 각지에 있는 호족이 각자 토지와 민중을 지배하여 통일국가라고 하더라도 한계가 있었지만, 이때부터 일본 전국의 모든 토지·인민이 국가·천황 아래에 편입되어 진정한 의미의 통일국가가 성립하였다.

또한 이와 더불어 ②일본 전국의 행정구역을 정하여 국(國)·군(郡, 처음에는 評)·리(里)로 나누어 국에는 중앙정부의 관료가 파견되어 지배하였으며, 군·리에는 지역의 호족을 임명하여 지배하게 하였다.

계속하여 ③호적·계장(計帳)을 만들었다. 인민을 지배했다고 하지만 그 인민이 도대체 어디에 얼마나 살고 있는지를 파악하지 않고서는 정말로 지배했다고 할 수 없다. 이를 위해 주민기본대장이라고도 할 수 있는 호적을 6년에 한 번, 대장은 납세대장으로 매년 작성하였다. 이것으로 전국의 인민은 중앙정부 하에 파악되었다.

반전수수법(班田收授法)도 이러한 것으로 전국의 토지를 지배했다고 하더라도 토지 그 자체는 아무런 의미도 없다. 그 토지에서 나는 생산물이 없는 한 그저 땅덩어리에 지나지 않는다. 국가의 소유가 된 토지를 활용할 방법은 그 토지를 농민에게 대여하여 경작시키고 세를 거두는 것이다. 반전수수법은 이러한 목적으로 시행되었다.

그 외에 ④세제 일반에 대해서도 다양한 규정이 정해졌다. 전국에 일률적인 조세체계가 정해졌다. 이 ①에서 ④까지의 정책을 통해 일본은 이전까지 없었던 천황제에 기초한 중앙집권적 국가로 탄생했다. 이 변화는 일본 고대사에 커다란 전환을 가져왔다.

양과 천의 구분

일본이라는 국호가 정해지고 천황이라는 칭호가 만들어진 것도 이 시기였다. 우리들이 무심코 일본이라는 말을 사용하는데 이 '일본'이라는 호칭은 기껏해야 지금부터 1300년 전에 정해진 것에 불과하다.

이 시기에 오오키미와는 질적으로 다른 신분으로서의 천황이 등장하면서 천황이라는 칭호도 생겨났다. 오오키미라고 하면, 왕 중의 왕이지만 왕의 대표격에 지나지 않는 것으로 경우에 따라서는 다른 왕으로 대체될 수 있는 존재였다. 이것으로는 체면이 서지 않았으므로 왕과는 질적으로 다른, 즉 대체될 수 없는 신분으로 만들어진 것이 천황이었다. 따라서 질적으로 다르다는 점을 어떠한 형태로 실체화할 필요가 있었다.

천황이라고 부르는 방식은 원래는 중국적인 것으로, 도교라는 신앙·종교에서 북극성을 상징하고 하늘에서 움직이지 않는 모습을 나타내며 신성하고 최고의 신을 지칭한다. 천황도 항상 북쪽 하늘에서 빛을 발하는 부동의 별인 북극성과 동일하게 다른 별들과는 다른 존재로 자리매김하였다. 온갖 존재를 초월하여 다른 것과는 질적으로 다른, 침범할 수 없는 부동의 지위로서 천황 신분이 만들어졌다.

천황이 이른바 모든 사람의 위에서 초월한 신분이라면, 당연히 그 아래로 초월한 신분이 필요하다. 낮은 자가 있어야 비로소 높은 자가 있기 때문이다. 천황을 정점으로 하는 신분구조는 이렇게 하여 만들어졌다.

천황 이외의 모든 일본인은 양과 천으로 구분되었다. 이 천이 정점에 있는 천황을 이념으로 떠받치는 신분이었다. 천황에 의해 지배당한다는 점에서는 양도 천도 동일하지만, 기본이 된 것은 양이고 천은 천황과 동일하게 인간을 초월한 신분이었다. 초월구조에는 여러 가지가 있는데 아래로 초월하는 점이 가장 중요하다. 이러한 신분구조를 엄격하게 제도·체제로써 유지하려고 하면 국가권력이 필요하다. 천황을 정점으로 한 신분제도의 제정으로 중앙집권적이고 강력한 국가기구가 발생하였다.

고대의 중국·한국·일본 연표

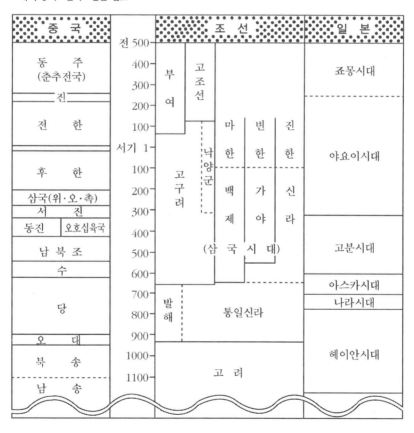

율령국가는 이러한 것이다. 이 국가는 다이카 개신(大化改新)에서 8세기 초반까지의 약 반세기에 걸쳐 형성되었다. 권력을 장악한 율령국가가 강제적으로 사람들에게 신분을 정하면서 다른 신분으로 이동하는 것은 쉽지 않게 되었다. 예를 들면, 야마타이국에서도 노비가 보이는 것처럼 비천한 신분은 있었으나 이것이 이번에는 엄격하게 법률로써 규정되어 사람들의 자유는 크게 제한되었다.

율령국가 체제가 정비될 무렵 일본은 국제사회에 빈번하게 등장하였다. 이 국가체제 그 자체가 국제사회의 영향을 받은 것이라 할 수 있다. 특히 견수사·견당사를 통한 중국과의 교류는 일본에 커다란 영향을 미쳤다. 일본이 지금까지 알지 못했던 중앙집권적이고 조직적인 국가체계를 알게 된 배경에는 동아시아 세계라는 국제사회에 일본이 등장한 사실이 있었다는 점을 잊어서는 안 된다.

다양한 피차별 신분

천황이 온갖 신분을 초월한 존재라면, 그 대극에 있는 것이 천이라고 규정된 신분이었다. 이들은 이른바 천황과 양민이라는 두 가지 신분의 이중적 지배를 받았다. 최저변에 놓여 있었다는 표현에 정말로 딱 들어맞는 신분이라고 해도 좋다.

이 천이라는 신분에는 몇 가지 특징이 있었다. 저변에서도 저변에 있었던 것은 '오색의 천(五色の賤)'이라고 불렸던 사람들이다. 글자 그대로

일본 부락의 역사—차별과 싸워온 천민들의 이야기

다섯 종류의 천이 정해졌다.

다섯 종류의 천 가운데서도 가장 낮은 위치에 있었던 것은 노비였다. 사노비는 귀족·사사(寺社, 寺院과 神社의 총칭－역자) 등의 소유로 매매되었으며 인격을 인정받지 못한 존재였다. 공노비는 관청 등에 예속된 자로, 이들도 '말을 하는 도구'로써 매매의 대상이었다. 즉 인격은 물론 가족을 가질 수 없었으며 인간으로서 온갖 권리를 인정받지 못했다. 노비가 자식을 가지는 것은 말이나 소가 새끼를 낳는 것과 같다고 하는 사료도 있다.

노비 다음으로 관호(官戶)·가인(家人)이 있다. 관호는 관공청(官公廳)에 소속되어 여러 가지 잡용에 사역되었는데, 노비와 달리 가족을 이룰 수가 있었고 구분전(口分田)도 받았다. 가인도 귀족·사사에 예속되었는데 양민의 1/3에 해당하는 구분전이 지급되었으며 매매되지 않았고 가족도 이룰 수 있었다. 이러한 점에서 관호·가인은 노비보다는 조금 높은 신분이었으나 이들도 인격을 현저하게 제한 당했으며 비인간적인 존재임이 강제되었다.

또 하나는 능호(陵戶)인데, 이들은 상당히 특수한 신분으로 천황·귀족의 묘를 지키는 것이 세습적인 업무로 신분적으로는 양민과 거의 동일했다. 그러나 양민과의 결혼은 허락되지 않았으며 호적도 별도로 작성하는 등 역시 차별은 현저했다.

이들 다섯 종류의 천에는 공통된 특색이 있다. 그것은 ①조세를 부담하지 않는다. ②우지(氏)·카바네(姓)를 갖지 않는다는 두 가지이다. 조세를 내지 않는 특권적인 신분은 많지만, 처음부터 부담의 의무가 없었던 자는 천황과 천민 신분뿐이었다. 우지·카바네를 갖지 않는 것도 천황과 천민뿐으로 이 양자가 얼마나 밀접한 관계를 가지고 만들어진 것인가를 알 수 있다.

율령체제라는 국가구조 안에서 차별의 대상이 된 신분은 다섯 종류의 천민만은 아니다. 이외에도 두 개의 차별 받는 신분이 있었다. 토모베(品部)와 잡호(雜戶)이다.

이 두 가지 신분은 주로 관공청에 수공업 생산기술을 제공했는데, 양민과 천민의 중간에 위치하는 신분이었다. 가족을 이루고 구분전도 받았으며 조세도 납입했다. 대우는 양민과 동일했지만 잡호 자신이 '우리의 성은 수치스럽다'고 말하고 있는 것으로 보아 분명히 차별의 대상이 된 신분이었다. 천황이 고급스러운 기술을 독점하기 위해 이들을 신분적으로 구속하고 여기에서 도망갈 수 없도록 한 것이다. 직업 세습이 의무화되고 비천한 신분으로 취급되어 율령체제가 성립하기 이전보다 더욱 심각한 차별을 받게 되었다.

고대 신분제도의 붕괴

이러한 비인간적인 구조가 그렇게 오래갈 리는 없었다. 권리를 부당하게 제한당하고 억압받은 사람들은 꾸준히 인권 회복을 위한 투쟁을 계속하였다. 항상 지배자가 시키는 대로만 하지 않고 어떤 때에는 조용히 눈에 띄지 않게, 어떤 때에는 공공연히 권리의 회복을 위해 행동했다.

하지만 해방을 위한 투쟁은 단순하지 않았다. 다섯 종류의 천과 토모베·잡호 등은 신분에 따라 달랐으며, 권리를 억압당하고 있었던 것은 양민 신분의 서민도 동일했다. 그들의 행동이 서로 합치되어 해방으로 가는 길이 만들어졌다.

투쟁의 하나로 도망이라는 수단이 있었다. 본적과 거주지를 탈출하여 다른 지역으로 이주하는 것이다. 힘든 상황에서 어떻게든 해방되어 새로운 생활을 갈망하는 데는 무리가 따른다. 도망가는 곳에서 지금보다 나은 생활이 보장되는 것은 아니지만, 어쨌든 현상을 개선하기 위해 도망간다. 소극적이고 국가와 정부를 타도한다는 행동은 아니지만, 이것이 반복되면 권력에는 커다란 타격이 된다. 나라의 쇼소인(正倉院)에는 얼마간의 호적·계장(고대의 주민대장)이 남아 있는데, 여기에 기록된 노비 신분의 사람에게는 '도망(逃)'이라고 기입된 것이 많이 보인다. 힘겨운 생활에서 벗어나 신천지를 찾아 노비들은 도망하였다.

또한 노비의 결혼에 관한 규정의 변천도 흥미롭다. 율령체제가 정비되고 신분제도가 확립되면서 양민과 천민의 결혼은 금지되었다. 신분제도를 유지함으로써 지배자들은 자신들의 권리를 지키고 확대할 수 있었다. 단, 노비는 물론이고 천민이라는 신분이 양민과 자유롭게 결혼할 수 있게 되면, 현실적으로 그 경계선이 없어져서 양천신분제도의 붕괴로 이어진다. 따라서 양민과 천민의 결혼은 금시되었다.

그러나 이 금지가 실제로 어느 정도의 효과를 발휘했는가는 의문이다. 결혼이라는 행위는 두 사람의 남녀가 합의하면 성립하기 때문에 멀지 않아 결혼금지령은 의미를 잃어버린다. 현실적으로 양민과 천민의 결혼이 상당히 많이 있었다.

789년에 이 규정이 크게 변경되었다. 노비와 양민 사이에 태어난 아이는 모두 양민으로 인정하게 되고, 이것으로 실질적으로 노비 신분은 소멸하게 된다. 즉 아이는 부모 가운데 어느 쪽이든 신분이 높은 쪽에 속하게 되어 양민과 노비의 결혼으로 태어난 아이는 양민이 되기 때문에 시대를 내려가면 노비라는 신분은 당연히 소멸된다. 이 법령은 노비라는 신분을 폐지한 것과 같은 정책이라고 생각해도 좋다.

이렇게 하여 엔기 연간(延喜年間, 901~923)에 마침내 노비라는 신분은 폐지되었다. 물론 노비와 동일하게 매매되고 인권을 빼앗겼던 신분은 이후에도 지속되지만, 적어도 국가제도로써의 노비는 없어졌다. 이 노비 '해방'의 움직임은 다른 다섯 종류의 천과 토모베·잡호 등 온갖 피차별 신분에게도 해당하는 것으로 여기서 고대적인 신분제도는 붕괴되기 시작했다.

케가레(ケガレ) 사상

고대적인 신분제도의 붕괴가 그대로 차별철폐로 이어진 것은 아니다. 새로운 피차별 신분이 발생했다. 해방을 향한 투쟁의 힘이 강하면 강할수록 지배자 측도 새로운 피차별 신분을 만들어 내면서 지배를 유지하려고 했다.

이 새로운 피차별 신분의 창출에 있어 중요한 의미를 가진 것이 케가

레 의식이다. 케(け)는 설(褻)로 일상 그 자체를 나타내며, 케가레는 일상이 고갈되어 마른(枯) 것을 나타낸다. 즉 케가레란 인간에게 미치는 일체의 악이며 피해야만 하는 것이다. 특히 인간의 죽음은 심각한 케가레의 원인이며 정화하지 않으면 안 되는 것이었다.

헤이안(平安)시대에 불교신앙의 보급과 함께 사예(死穢)를 케가레라고 하는 관념이 널리 퍼졌다. 케가레는 전염된다고 생각되어 직접 케가레가 미친 사람뿐만 아니라 그 사람이 집에 들어오는 것만으로도 전염되며, 더욱이 전염된 사람과 접촉한 사람도 전염된다고 생각하였다. 끝없이 전염되고 확대되는 것이다.

이 케가레와 정화(淸め) 사상의 정점에는 천황이 있다. 천황은 청정하고 숭고한 존재이기 때문에 케가레에 전염되어서는 안 된다. 항상 청정할 필요가 있다.

그러나 사람의 죽음은 피할 수 없는 것이고 죽음에 동반된 케가레는 항상 끊이지 않고 발생한다. 그렇다면 이 케가레를 정화하는 행위가 필요하게 되고 누군가가 이것을 담당했다. 능묘의 정화는 그 한 형태로 능호가 전문적으로 이것을 담당하였다.

고대의 케가레는 죽음 이외에도 다양한 계기를 통해 발생한다고 생각되었다. 죄를 짓는 것에 의해서도 케가레는 발생한다고 생각했다. 그 죄인은 죄를 씻기 위해 징화할 필요가 있다. 이리하여 비로소 일상성에 연결되는 생명력이 회복되기 때문에 정화는 대단히 중요한 행위이다.

중세에는 정화가 피차별 신분의 업무(仕事)로 일반화되지만, 고대에는 아직 피차별 계급 사람들의 전문적인 직무는 아니었다. 고대적인 신분제도의 붕괴와 함께 케가레와 정화가 중심이 되어 새로운 신분제도를 만들어 내었다. 다음 장에서 이 점에 대하여 논한다.

일본 부락의 역사—차별과 싸위온 천민들의 이야기

중　세

부락사 관계		세계의 인권	
1016년	『좌경기(左經記)』에 죽은 소를 처리하는 카와라비토(河原人)의 기술.		
1244년	나라사카(奈良坂)와 시미즈자카(清水坂)의 '히닝'이 다툼을 반복함.	1215년	영국에서 대헌장이 제정됨.
1265년	카스가신사(春日社)의 경내에 사체가 발견되어 '히닝' 두 사람이 이를 처리함.		
1317년	교토8조토리마루(京都八条烏丸)지역의 산죠(散所)법사가 토사(東寺)의 청소역(役)을 거부함.		
1352년	기온사(祇園寺)에서 사체 등을 이누지닝(犬神人)에게 처리시킴.	14~16세기	유럽에서 르네상스가 일어남.
1428년	『건내기(建內記)』에 '카와라모노(河原者)'의 기술. 쇼죠(正長)의 농민 봉기.		
1485년	야마시로국(山城国) 봉기.		
1488년	카가국(加賀国) 봉기.		
1526년	스루가국(駿河国)에서 '카와타' 히코하치(彦八)에게 '가축처리 역'을 명함.	1524~25년	독일에서 농노제의 폐지를 요구한 토마스 문쳐(Thomas Müntzer)가 농민전쟁을 일으킴.
1527년	코노에가(近衛家)와 쇼모지촌(声聞師村)의 논쟁으로 수천 명이 코노에 세력과 싸움.		
1570년	이시야마혼간지(石山本願寺) 전투가 시작됨(~1580).		

일본 부락의 역사-차별과 싸워온 천민들의 이야기

시대개관

일본의 중세는 일반적으로 시라카와 상황(白河上皇)이 원정(院政)을 개시한 11세기 후반부터 오다 노부나가(織田信長)가 정권을 확립한 16세기 후반까지로, 정치사적으로는 원정기부터 가마쿠라(鎌倉), 남북조(南北朝), 무로마치(室町), 전국(戰國)시대를 지칭한다.

문화사적으로는 중세의 남북조 내란을 역사의 커다란 분기점으로 보는 시각도 이전부터 정착되어 있었는데, 가마쿠라까지를 중세 전기 그 이후를 중세 후기라고 부른다.

이 시대에는 고대사회를 성립시킨 장원공령제(莊園公領制)가 경제제도로서 전개되는 과정에서 가마쿠라 막부와 무로마치 막부의 무가(武家) 정권이 새롭게 역사에 등장한다. 무가 정권은 전국의 재지(在地)영주에게 주종제(主從制)와 지행제(知行制, 중세시대에 영주가 무사에게 토지를 지급하여 지배관계를 유지하던 제도―역자)의 실시를 통해 자신들의 권력을 편성했기 때문에 중세를 봉건제 사회로 보는 견해도 많다.

중세사회에서는 지방의 경제 사정에 기초한 독자적인 권력이 성립하였으며, 근세와 비교하여 상당히 복잡한 형태로 다양한 사회집단이 형성되었다. 중앙귀족의 신분 이외에는 선조 대대로 계승한 토지와 성씨를 갖는 재지영주가 궁마(弓馬)의 전업자로서 '사무라이' 신분으로 취급되어 법적으로도 우대받았다. 일반 민중은 '백성(평민)·본게(凡下―사무라이 이외의 일반 서민을 지칭한 신분 총칭―역자)' 신분에 속하며, 형벌에 대한 차별이 있었지만 부당한 대우를 받았을 때에는 도망갈 수 있는 권리를 인정받은 존재였다. 그리고 이러한 '백성' 아래에 '하인(下人)·쇼쥬(所從)'로 불린 사람들이 있었으며, 나아가 신분제의 틀 밖에 '히닝(非人)' 신분이 형성되었다.

몽골과의 전쟁 후에 가마쿠라 막부가 무너지고 남북조의 동란을 거쳐 슈고다이묘제(守護大名制)에 기초한 무로마치 막부가 성립했다. 중세 후기에는 차도(茶の湯), 꽃꽂이, 자루가쿠(猿樂), 노가쿠(能樂), 쿄겐(狂言) 등 현재 일본의 전통문화로 불리는 것의 대부분이 만들어졌으며, 생활면에서도 1일 3식이 일상화되고 부드러운 목면으로 만든 의류를 착용하는 등 일본사회에 커다란 변혁이 일어났다.

전국적인 규모의 전란은 여러 국에 커다란 변동을 초래하여 구래의 정치세력이 새로운 세력에게 무너지는 등의 사회정세를 초래하였다. 도시에 사는 장원영주의 연공(年貢)수익과 권한은 현지 무사의 반제(半濟, 무로마치 막부가 장원·공령의 연공징수권의 반을 슈고에게 인정한 것—역자) 혹은 슈고우케제도(守護請制度, 무사의 장원 침투에 힘겨워하던 귀족·사원 등의 장원영주가 슈고에게 장원의 관리를 일임하는 대신 일정한 연공의 납입을 책임지게 한 제도—역자)로 인해 크게 제약되었다. 또한 전국시기가 되면 슈고다이묘도 호쿠죠씨(北条氏)와 오다씨(織田氏)로 대표되는 신흥 전국(戰國) 다이묘에게 무너지는 일이 빈번하게 발생했다.

한편, 기나이(畿內) 부근의 농촌에서는 가마쿠라 말기부터 이모작과 관개기술의 개량, 비료 사용 등 농업기술의 진전으로 인하여 소농민이 널리 성장하였으며, 연공을 중심으로 한 소(惣, 중세시대 자치조직의 총칭.

특히 무로마치 시대에 보이는 촌락의 운영기구를 지칭함. 입회권, 물의 운영관리, 촌락의 자위 등의 일을 담당 ─ 역자)라 불리는 촌락자치도 진척되었으며, 지게우케(地下請)라는 연공청부제도도 정착하였고, 영주 권력의 직접 개입을 배제하고 일정한 자치권을 확립하였다.

이러한 촌락 결합은 소촌·소향(惣村·惣郷)이라는 단위부터 더욱 가까운 마을과의 연합을 강화하여 때로는 소군·소국(惣郡·惣国)이라는 지역연합으로 확대되어 영주층에게 대항하는 커다란 세력으로 성장한 경우도 있다. 그리고 나라(奈良)와 교토(京都) 주변에서 도시의 금융자본에 의한 수탈로 인하여 빈곤해진 민중은 덕정(德政)을 요구하여 자주 봉기하였다.

이러한 과거의 신분제도에 얽매이지 않는 실력주의 시대를 영주계급은 하극상이라고 부르면서 두려워하였다. 다양한 사회집단은 당(党, 중세 무사단의 한 형태 ─ 역자), 봉기(一揆), 소(惣), 좌(座, 헤이안 시대 말기부터 전국시대에 걸쳐 조정·공가·사원 등을 본거지로 하여 상인, 수공업자, 예능인 등이 결성한 특권적 동업자 단체 ─ 역자)라고 부르는 횡적 결합을 확대하였는데, 피차별민도 스스로 직능별로 자치조직을 만들어 영주의 부당한 요구를 배제하기 위하여 싸웠다. '카와라모노(河原者)'라고 불린 피차별민이 사료(史料)에 보이기 시작한 것도 이 시대부터이다.

1. 중세 전기의 '히닝(非人)'

피차별민의 총칭 '히닝'

고대의 '천민' 신분은 해체되었으며 중세 피차별민의 계보와는 직접 연결되지 않는다는 것이 현재의 통설이다. 그리고 중세사회에 나타난 피차별민은 '히닝'·엔타·사이쿠(細工)·카와라모노(河原者)·쇼모지(声聞師)·산죠(散所) 등 여러 가지 천칭으로 불렸다. 그리고 피차별민이 처한 사회적 환경은 다양했으며 산카모노(坂下の者)라든가 카와라모노처럼 거주지적 특징으로 피차별민을 부르는 경우와 키요메(清目)·사이쿠·쇼모지처럼 직업적 특징에서 명명되었다고 생각되는 것 등이 복잡하게 섞여 있다. 더욱이 피차별민에 대한 영주층의 무관심도 더해져 동일집단을 다른 천칭으로 부르는 경우도 많았으며 이러한 것이 중세 피차별민의 이해를 한층 어렵게 하고 있다.

더구나 중세의 피차별민에 대해서는 율령법처럼 명문화된 신분규정은 존재하지 않았다. 중세에는 고대사회처럼 피차별민의 신분을 법적으로 규정한 예는 보이지 않는다. 단, 중세사회의 피차별민은 '히닝'이라고 불린 경우가 많다. 즉 '히닝'이라는 천칭은 고대 말기부터 중세에 걸친 피차별민의 총칭으로, 뒤에서 논하는 것처럼 주어진 환경에 따라 다양한 천칭이 존재하는데 대부분 이 '히닝'이라는 천칭으로 표기된 예가 많다. 원래 '히닝'이라는 말은 불교 용어인데, 이 용어가 특정한 의미를 가지게 된 것은 헤이안 시대 이후로 걸식(乞食, 불교 용어로 음식을 요구하기 때문에 걸식이라 하며, 원래의 의미는 스님이 집 앞에서 목탁을 치며 시주하며 다니는 수행의 일종이었다－역자) 등 부랑민·빈곤민을 지칭했다.

그들의 존재가 처음으로 사회적인 문제가 된 것은 인구가 집중된 수도에서였다. 헤이안 시대 귀족의 일기에 특정한 집단으로서 '히닝'이라는 명칭이 등장하는 것은 12세기 중반 경인데, 이미 11세기 전반에 교토 로쿠하라(六波羅)의 산카모노들이 '빈자'로 불리면서 히덴인(悲田院, 불교의 자혜사상에 기초하여 가난한 자와 고아를 구제하기 위해 만든 시설－역자)의 병자와 함께 음식 등을 지급받았다. '빈자'와 이후에 '사카히닝(坂非人)'이라고 불리는 사람들은 동일한 집단을 지칭하는 것으로 보인다.

그런데 '히닝'은 정말로 하나의 신분인가라는 논의가 있다. 즉 '히닝'이 걸식을 의미한다면, 그 본질은 부랑민 혹은 빈곤민이고 신분적으로 고정된 사람들을 의미하지 않기 때문이다. 그리고 경제적으로 궁핍해진 농민이 촌락공동체에서 벗어나 행한 자연 발생적인 생활 형식을 '사회 외의 사회'라든가 '신분 외의 신분'이라고 부르게 되었다. 최근에는 사회 외의 사회도 신분 외의 신분도 사회에 존재하는 하나의 신분 형식이라고 보는 시각에서 '히닝'이라고 불린 사람들도 일정한 사회적 분업을 담당한 중세 피차별 신분으로 인식하려는 의견이 등장했다.

그리고 최근에는 이 '히닝'에 대한 두 가지 현상도 역사적인 발생단계의 차이일 뿐 최초는 사연발생적인 빈궁민이 결국 국가 통제책의 틀 속에 얽매여 점차로 고정적인 신분집단을 형성했다고 하는 견해에 이르렀다.

'사카히닝'과 '슈쿠히닝(宿非人)'

빈궁민='히닝'을 구제하기 위한 시설 가운데 대표적인 것은 히덴인(悲田院)과 세야쿠인(施薬院)이다. 헤이죠경(平城京)에서 후지와라노 후히토(藤原不比等)의 딸로 쇼무(聖武)천황의 황후가 된 코묘시(光明子)에 의해 최초로 히덴·세야쿠인이 설치되었다고 전해진다. 히덴인의 설립은 '선행'을 쌓아서 피안에 도달하려는 불교의 교의에 따른 것으로, 오늘날의 복지사상과는 다른 발상에 기초하고 있다.

이 시설은 코묘시의 일대에 그친 것이 아니라 이후에 헤이안경(平安京)에도 설립되었다. 히덴인은 사적인 기구에 그치지 않고 원래 율령국가가 수도에 건설한 빈궁민 구제시설이었다. 더욱이 후세의 텐노사(天王寺), 센뇨사(泉涌寺), 가마쿠라극락사(鎌倉極楽寺)가 사원의 사적인 시설이 아니라 본질적으로는 공적인 시설이었음을 시사하고 있다. 히덴인제도 자체는 중세·근세를 통해 도시 내부에서 계속적으로 유지되었다. 그리고 여기에 수용된 사람들이 일반적으로 '히닝'이라고 불렸다.

또 하나의 '히닝' 집단지구로서 헤이안경의 경우에는 키요미즈사카(清水坂), 헤이죠경의 경우에는 나라사카(奈良坂)·한냐자카(般若坂)가 있다. 경(京)과 남부의 집단 거주지는 뒤쪽에 모두 고대·중세사회의 장지(葬地)가 있었으며 또한 도시의 출입구였다는 것이 공통점이다. 『헤이케모노가타리(平家物語)』에 의하면, 겐페이(源平) 전투에서 남부 화공작전의 장본인이라고 하는 타이라노 시게히라(平重衡)의 목은 한냐사(般若寺) 주변에 버려졌다고 한다. 북산(北山)은 장지일 뿐 아니라 나라(奈良)의 입구로서 특수한 의미를 가지고 있었다. 이러한 지역적 특징에서 '히닝'은 '산카모노' '사카히닝'이라는 별칭으로 불린 적도 많다.

비탈길(坂)과 산마루(峠)는 고대·중세의 세계관에서 보면, 지리적인 의미의 경계일 뿐만 아니라 종교적인 경계이다. 고대 말기부터 수도로 대량으로 유입되어온 '히닝'은 케가레를 불러들인다고 믿고 있었다. 율령국가는 특히 죽음의 케가레에 극단적으로 예민하여 수도를 케가레에서 지키기 위해서라도 대량으로 발생하는 빈곤민을 방치할 수 없었다. 여기서 '구제'라는 공적인 명목으로 이러한 경계 밖의 지역이 빈궁민 집단거주 장소로 선정·정착되었다.

이미 11세기경에 헤이안경에서 토리베노(鳥辺野)라는 묘지를 배경으로 하는 키요미즈사카에 대규모의 집단 거주지구가 형성되었으며 이후 이 지역 거주자를 키요미즈사카 히닝이라고 불렀다. 이 '히닝'들은 남북조시대 이후에 엔랴쿠사(延暦寺) 지배 하의 기온칸신인(祇園感心院)에 소속되어 이누지닝으로 불리고, 츠루메소(弦召そう, 활 사세요 하면서 소리를 지르며 활을 판 사람. 교토의 번화가인 기온 축제의 부흥에 협력하여 마을 자치의 일원으로 인정받게 된 이후 교토의 마을 청소권을 획득하여 '키요메'로 불리게 된다-역자)와 큰길에서 소리를 지르면서 활을 팔았던 사실에서 종종 '츠루메소'라고도 부른다.

또한 나라에서는 가마쿠라 시기에 나라사카에서 '히닝' 집단지역의 존재가 확인되며, 키요미즈사카 히닝에 대항하는 세력을 키워서 나라사카 히닝이라고 불렀다. 이들 지역의 형성과정에 대해서는 아직 잘 알 수 없으나, 어느 쪽이든 고대 말기에 율령제의 '천민' 신분과는 다른 기원을 가지고 성립된 것은 확실해 보인다.

'히닝'이 거주하는 지역은 교토와 나라라는 대도시 이외에도 다수 존재한 듯하고, 가마쿠라 시기에는 가마쿠라 주변과 히고국(肥後国, 현재의 熊本県－역자) 내에도 슈쿠(宿)라고 명명된 지역이 있었다. 이러한 슈쿠에 거주한 '히닝'을 '슈쿠모노(宿者)' 혹은 '슈쿠히닝'으로 부르고 이 집단 거주지역을 '히닝쥬쿠'라고 통칭했는데, 이것에 해당하는 지역이 큰 길가의 교통의 요지에 위치해 있다는 점도 주목된다.

'슈쿠'라는 표현에서 여관과의 관련성이 연상되지만, 통상의 여관과의 차이점에 대해서는 잘 알려져 있지 않다. 단, 가마쿠라 말기에 완성된 『서행이야기(西行物語)』에는 스루가국(駿河国) 오카베 슈쿠(岡部宿)에서 수행 승려의 유해를 수습했다는 '슈쿠모노'의 이야기가 삽입되어 있는 사실로 보아 여관과 완전히 다른 것이 아니라 그 가운데 설치된 '히닝' 수용시설이 본 모습이 아닌가 하고 생각된다.

나병(癩病)환자와 '히닝'

'히닝'이 처음에 빈궁민을 의미한 것은 거의 의심할 여지가 없다. 그러나 '히닝'은 동시에 당시 '나병'으로 표현된 한센병 환자를 포함하고 있었다. 1225년 3월 키타야마슈쿠(北山宿)의 파계승(濫僧) 죠리법사(長吏法師, 에타의 별칭－역자)가 여성을 유괴하였다가 체포되어 참형된 사건이 교토에서 화제가 되었다. 후지와라노 사다이에(藤原定家)의 일기 『명월기(明月記)』는 의외로 이 죠리가 아름다운 용모였다는 것을 전하고 있다. 당시 죠리는 장관(長官, 율령제 하의 관직의 하나－역자)이라는 의미로 '히닝쥬쿠'의 책임자였다. 사회의 저변에 대하여 무지했던 당시의 귀족은 '히닝쥬쿠'의 주민 모두가 한센병 환자라는 잘못된 인식을 가지고 있었던 듯하다. 이러한 예는 당시의 영주층이 사회의 저변에 있는 사람들에 대해 정확한 인식을 가지지 않았음을 나타내는 동시에 '히닝'의 중핵에 한센병 환자가 위치하고 있음을 보여준다.

'히닝' 집단은 한센병 환자라고 판단되는 사람들을 격리 수용하는 것을 하나의 임무로 하고 있었다. 이 병은 불교적인 숙세관(宿世観, 전생의 인연－역자)에서 '업병(業病)'이라 보고, 병자는 사회적으로 심한 차별적 시선을 받았다. 이 시대의 의학적 지식에 의하면, '나병'이라고 판단된 사람들 가운데는 한센병 이외의 피부병에 감염된 사람들도 많이 포함되었을 가능성도 높다. 그리고 한번 그러한 소문이 나면, 그 사람은 통상적인 가정생활을 영위할 수 없었으며 '히닝' 집단 가운데 몸을 맡기도록 강제되었다. 가마쿠라 시기의 키요미즈사카 히닝은 교토 시내에 환자가 있다는 사실을 알면 그 집에 집단으로 몰려가 그 사람을 넘겨줄 것을 가족에게 요구하였는데, 이 '히닝' 담판은 상당히 공포심을 자극하였다. 이 경우 가족은 상당한 재산과 함께 사람을 넘겨주는 관습이 있었으며, 아마도 그 대부분은 '히닝'이 나병환자의 생활을 보살피는 기금으로 사용된 것으로 보인다.

나라에서도 이러한 관습과 제도는 완전히 동일한 듯하다. 1472년 1월에 코후쿠사(興福寺) 다이죠인가(大乗院家)의 리키샤(力者, 헤이안 말기 이

후 머리를 깎은 모습으로 사원, 공가, 무가 등에서 힘쓰는 일을 한 하인－역자)
코진법사(正陣法師)라는 노령의 인물이 이 병에 감염되었다는 소문이 퍼
지자 '사카히닝'이 자택을 습격하여 대단한 소동이 일어났다고 한다. 결
국 코진법사는 북산(北山)에 들어가지 못하고 스스로 다카노야마(高野山)
의 시설에 들어갔다고 하는데, 이 사건을 통해 사회적인 관습을 배경으
로 한 '히닝'의 역할을 이해할 수 있다.

'히닝쥬쿠'의 활동

'히닝쥬쿠'의 구체적인 활동을 알 수 있는 예로서 중세의 교토부(京都
府) 이와시미즈하치만구(岩清水八幡宮)에 소속되어 있던 니시오카슈쿠
(西岡宿) 히닝의 경우를 보자. 니시오카슈쿠는 키요미즈자카의 말숙(末
宿)으로 키요미즈자카 히닝과 동일하게 이누지닝으로 불렸다. 그들은 하
치만구지닝(八幡宮神人)의 말단에 조직되어 특히 정월 19일의 역신제(疫
神祭)에서 역을 물리치는 의례에 중요한 역할을 담당했다.

그리고 이것과는 별도로 장사를 한 경우가 있는데, 무로마치 시대에는
요도(淀, 교토시 후시미구 서남부 지역－역자)에 있던 어시장의 영주(西園寺
家·三条西家)가 갑자기 잡세의 하나인 공사전(公事錢)을 부과하자 이의
면제를 막부에 요청하여 소송사건으로 발전했다. 관련 사료에 소금의 매
매가 초점인 것으로 봐서 키요메의 소금에 '히닝'이 관련되어 있는 증거
로 주목된다. 그러나 어시장에서 판매에 제약이 있었다고 한다면, 소금

그 자체보다는 소금에 절인 생선이라고 이해하는 것이 자연스럽다. 16세기 전반에는 요도의 어시장에서 니시오카슈쿠가 소금에 절인 생선의 상납금(공사전) 1/3을 징수했다.

니시오카슈쿠 히닝이 전하는 바에 의하면, 그들의 장사는 키요미즈사(淸水寺)의 등명료(燈明料)와 키요미즈사카에 있는 집합시설(長屋, 한 동으로 이루어진 긴 건물에 여러 가구가 나누어 살던 집―역자)의 '히닝'에게 죽을 제공하기 위한 것으로, 다이고(醍醐)천황 시대부터 관소(関所, 징세와 검문을 위해 교통의 요충지에 설치한 시설―역자) 등 일체의 통행료가 면제되었다고 한다. 니시오카슈쿠 측의 주장이 어느 정도의 사실을 전하는지 의문점도 있지만, 다이고천황 시대에는 엔기식(延喜式, 헤이안시대 중기에 편찬된 격식, 율령의 시행세칙―역자)가 성립되었으며 고대의 '천민' 신분이 붕괴된 10세기 초엽에 해당하므로 주목된다. 여하튼 수용된 중병에 걸린 '히닝'의 생활을 돕기 위해서라는 명분으로 '히닝'의 장사는 국가적으로 보장되었으며 이 신분규정을 특권으로 최대한 역이용한 것이었다.

나라의 키타야마 히닝도 상업 활동을 하고 있었는데 코후쿠사에서 금지령을 내린 예도 있다. 이들의 상업 활동에 대한 내용은 알 수 없으나 니시오카슈쿠의 예에서 본다면, 한센병 환자 수용이라는 기능을 지탱하기 위한 활동이었으리라 생각된다. 한센병 환자 수용시설로 유명한 나라의 키타야마에 있는 18채(十八間戶)의 건물은 17세기 중반경에 재건되었는데, 나라에서 한센병 환자의 수용시설은 18채만이 아니었다.

잘 알려져 있지 않지만, 니시쿄야쿠시사(西京薬師寺) 내에는 코묘인(光

明院)이라는 사원이 있었으며, 다이쇼 연간까지 한센병 환자 구제시설로서 착실하게 활동을 해왔다. 19세기 중반 경의 사료에 의하면, 이 시설은 키타야마에 견주어 니시야마라고 하고 여러 곳의 중병환자가 여기에 모여서 생활했다고 한다. 그리고 사원의 수입 외에 권진(勸進)이라는 종교활동의 형태를 빌려 환자 자신과 그 보호자가 정월·추석·절기에 주변의 촌락과 나라의 마을을 돌면서 운영자금의 기부를 부탁했다고 전해진다.

야쿠시사(藥師寺) 문 앞에는 가마쿠라 시대 이후 니시쿄슈쿠(西京宿)라고 불리는 '히닝슈쿠'가 있었으며 이 코묘인도 옛날에는 니시쿄슈쿠의 활동과 어떠한 관계가 있었다고 생각된다. 상세한 기원은 아직 잘 모르지만, 이러한 형태의 활동은 고대·중세사회에서는 각지에서 나타나고 있으며 당시 '히닝'의 존재 양식의 일단을 보여준다.

중세의 에마키모노(繪卷物)『일편상인회사전(一遍上人繪詞傳)』의 오와리국(尾張国, 현재의 愛知県 - 역자) 지목쿠사(甚目寺)의 문 앞에는 이 시대의 '히닝' 시설의 그림이 상세하게 묘사되어 있다. 마침내 이 제도는 실질적인 의미를 잃어버리고 단순히 연중행사화 하여 이후 칠승(七僧)공양·명도(冥道)공양이라는 불교의식과 밀접히 연결되어 공적·사적으로 발생한 것이다. 이 경우에는 잇변(一遍) 등의 시종(時宗, 가마쿠라 말기에 잇변이 일으킨 정토교의 일파 - 역자)의 승려와 섞여서 걸식·신체장애자·한센병 환자 등 사회적 약자가 시행(施行)을 받는 구도가 묘사되어 있어서 이 시대의 '히닝'이 어떻게 취급되었는지를 잘 보여준다.

고대·중세의 '히닝'이라는 범위는 매우 넓고, 감옥에 구류된 죄인들도 '히닝'시행(非人施行, 고대·중세에 행해진 빈궁민에 대한 음식물의 공급을 지칭함. 고대부터 賑給이나 施米라는 제도가 있었으며 국가의 공적인 구제기구가 기능하고 있었다)의 대상이 된 예도 있다. 특히 교토에서는 죄인을 풀어주고 검찰에서 일을 시키는 방면(放免)이라는 직역이 있었는데, 이 방면도 '히닝'에 포함되었다. 그리고 이 그림에는 6척이나 되는 봉을 가진 '히닝'시행을 감시하는 '히닝슈쿠'의 쵸리들의 모습도 명확하게 그려져 있어 '히닝슈쿠'가 '히닝'과 관리·간호하는 측 사람의 양자로 구성된 것을 알 수 있다. 따라서 '히닝슈쿠' 내부에는 명확하게 두 가지 계층이 있었다.

야마토 7슈쿠(七宿) 체제

나라현(奈良県) 내에서도 나라사카 히닝을 본숙(本宿)으로 하는 몇 개의 '히닝슈쿠'가 산재하고 있다. 가마쿠라 시기의 사료에는 '야마토 7슈쿠(大和七宿)'라는 표현이 수차례 보이는데, 야마토국 내의 '히닝슈쿠' 전체를 지칭하는 일반적 표현이 있었던 듯하다. 단, 3, 5, 7이라는 숫자는 음양도에서 전통적으로 길조를 뜻하는 양의 숫자로, 실제로 야마토국 내에 '히닝슈쿠'가 7개 이상 존재한 것이 확인된다. 따라서 '7슈쿠'라고 해도 특별히 정확한 숫자를 나타낸 것은 아니다.

이 '히닝슈쿠'의 규모에 대해 가마쿠라 막부 관계 사료를 많이 전하는 「카나자와문고고문서(金沢文庫古文書)」 속에 보면 당시 야마토 주변의

'히닝'에게 자선을 베풀고 있던 기록이라고 추정되는 것이 있는데, 여기에는 야마토국 내의 슈쿠를 포함하여 미나미야마성(南山城)의 '히닝슈쿠'의 명칭과 자선의 대상이 되었던 '히닝'의 숫자가 기록되어 있다. 당시 야마토 최대의 '히닝슈쿠'라고 추정되는 키타야마슈쿠에는 394명의 '히닝' 시행이 있었던 것에 비해 야마시로이데슈쿠(山城井出宿)에는 시행의 대상이 된 '히닝'은 8명에 지나지 않았다. 일반적으로 '히닝슈쿠'의 규모는 극히 작은 것이었다.

원래 영주가 다른 '히닝슈쿠'의 성립 조건은 동일하지 않으며 각각의 영주권 하에서 '코츠바(乞場)'라는 영업권을 공인하고 릿슈쿠(立宿)라는 수속을 거쳐 슈쿠를 형성한 듯하다. 이러한 슈쿠가 코후쿠사라는 사원조직의 힘에 의해 계열화한 사정은 잘 알 수 없다. 그러나 이 '야마토 7슈쿠'는 코후쿠사를 본사(本寺)로 하고 야마토국 주변의 '히닝슈쿠'를 통괄하는 체제로서의 의미를 가지며, 소규모의 '히닝슈쿠'를 본숙(本宿)·말숙(末宿)이라는 관계로 계열화했다. 특히 그 중심이 된 나라사카 히닝들은 스스로를 코후쿠사의 '키요메(淸目)'로서 위치지우고 있다. '키요메'란 부정한(穢れる) 것을 정화하는 직능, 즉 중세 피차별민이 장송(葬送)과 청소 등의 직업에 종사한 데서 비롯된 별칭이다.

따라서 '히닝'은 정화라는 기능을 실행하는 형태로 코후쿠사에 조직되어 있었으며, '야마토 7슈쿠'라는 피차별민의 존재형식은 정화라는 직능을 통괄하는 코후쿠사의 권력편성과 밀접하게 관련되어 있다. 왜냐하면, 고대 말기부터 중세에 걸쳐 코후쿠사는 단순한 사원세력이 아니라 '야마토 수호직'이라고 불리면서 야마토국과 미나미야마시로를 지배하는 강

대한 정치권력을 가지고 있었기 때문이다.

1244년 전후에는 키요미즈사카 히닝이 나라사카 히닝과 격렬한 세력 다툼을 벌여 양자의 무력충돌을 거쳐 나라사카 히닝을 가마쿠라 막부의 로쿠하라탄다이(六波羅探題, 교토지방에 설치된 행정 보조기관의 장─역자)에게 고소하는 사건이 일어났다. 이 사건의 배경에는 키요미즈사(清水寺)의 귀속권을 둘러싼 엔랴쿠사(延曆寺)와 코후쿠사(興福寺)의 다툼이 있었는데 '히닝' 간의 단순한 세력 다툼에 그치는 것이 아니었다.

잘 알려진 바와 같이 코후쿠사와 엔랴쿠사는 고대 말기에 이른바 승병을 이끌고 조정에 강소(強訴)를 반복하여 스스로의 권리를 강하게 지키려고 했다. 코후쿠사의 경우를 '신보쿠도자(神木動座, 헤이안 말기부터 무로마치 시대에 걸쳐 나라의 코후쿠사의 무리들이 카스가신사의 神體를 옮긴 神木을 받들고 교토로 옮겨 소송을 일으킨 것─역자)'라 하고, 엔랴쿠사의 경우를 '미코시후리(神輿振り, 엔랴쿠사의 승려들이 히에신사의 가마를 앞세워 교토로 입성하여 소송을 일으킨 것─역자)'라고 하는데 코후쿠사는 카스가신사의 신목(神木)을, 엔랴쿠사는 히에(日吉)신사의 가마(神輿)를 종교적인 권위로 내세워 조정의 병력을 배제하면서 교토 입성을 목표로 하였다. 소송사건의 내용에서 보건대, '히닝'이 준군사조직이라고 할 수 있는 점을 가지고 있었던 것은 확실하며, 여기에 강소와 관련된 양 사찰 군사조직의 말단과 연결된 흔적이 있다.

엔랴쿠사에 조직된 '히닝'(이누지닝)은 종종 엔랴쿠사의 소송에 동원되었는데, 예를 들면 소송 상대 측의 사원을 파괴하기 위하여 파견되었다. 특히 기온사(祇園寺, 八坂신사의 전신)에 소속된 '히닝'의 경우 그들은 기온제(祇園祭)의 가마 경비역을 담당하였다. 코후쿠사에서도 '히닝'의 동원체제는 동일한 듯하며 남북조 시기의 사료(成簀堂文庫「衆徒僉議·度申引付」)에 의하면, 그때까지 키타야마슈쿠는 야마토국 내 여러 곳의 '히닝슈쿠'에서 신보쿠도자(神木動座) 시기에 경비병사를 소집하는 체제를 유지한 사실이 알려져 있다. 키요미즈사카 히닝과 나라사카 히닝은 양자 모두 종교적 상징의 '경비역'이라는 유래를 가지고 있다.

따라서 코후쿠사를 매개함으로써 '야마토 7슈쿠'라는 계열화된 조직도 이러한 목적과 기능을 가지고 형성된 것이라 보인다. 그리고 1278년 3월에는 카스가 산중에 사슴 밀렵자가 나타나 범인 수색을 위해 '히닝'이 동원되고 있으며, 또한 도망간 형사범의 조사를 명령한 예도 있다. 코후쿠사의 경찰권 행사 때에 '히닝'이 동원된 체제는 이른 시기부터 완성되었다고 추정된다.

정화(キヨメ)와 직능

중세 나라에서 사슴은 옛날부터 카스가묘진(春日明神)의 심부름꾼이라는 신앙이 깊이 침투하여 종종 신록(神鹿)이라고 표기되었다. 특히 코후쿠사 내의 코슈(講衆, 회의에 참석하여 설교를 듣는 사람—역자)라는 내부 조직은 세 가지 큰 범죄라고 불린 신록·사승(寺僧)·아동(兒童) 살해범에 대해서 검찰권을 독점하고 사람들의 신록 살해를 엄하게 금지했다. 신록 살해는 이른바 가마쿠라 막부의 대범죄 3개조에 해당하는 중죄로, 발각되면 즉시 코슈의 검찰권이 발동되고 오가키형(大垣刑, 범인을 코후쿠사의 가장 바깥쪽에 있는 벽을 따라 끌고 다닌 후 북산에서 참수형에 처하는 것－역자)이 집행되었다.

죽은 사슴의 처리는 '히닝'의 업무로서 중세에는 누구나 멋대로 처리할 수 없었으며, 여기에는 검찰권을 갖는 코후쿠사 코슈 게로분이치로(下臘分－臘, 젊은 승려들 중 가장 우두머리－역자)의 허가가 필요했다. 1549년 7월에는 토다이사(東大寺) 대불전 부근에서 발견된 죽은 사슴을 토다이사의 당동자(堂童子, 사원에서 잡일에 종사하는 아이－역자) 타다키요(正淸)라는 인물이 게로분이치로에게 사전 양해 없이 처분했기 때문에 코후쿠사와 토다이사가 싸우는 상황에까지 이르렀다.

따라서 죽은 사슴의 처리는 극히 신중하게 다루었으며 죽은 사슴이 발견되면 게로분이치로에게 연락해야만 했는데, 이 경우 사슴의 검사를 행하는 이가 시카모리(鹿守)라고 하는 직역(職役)이었다. 시카모리는 피차별민이 아니고 나라 영내의 평민이 담당하던 일로, 죽은 사슴을 발견하면 현장에 가서 살해 등의 유무를 확인하여 '히닝'에게 통보하고 처리하였다. 카스가신사 경내의 죽은 사슴에 한정하여 히모리(非守)라는 역직(役職)이 '히닝'에게 통보하고 죽은 사슴을 처리하였는데, 이 히모리와 시카모리는 아마도 같은 것으로 보인다. 즉 시카모리는 사슴 시중들기, 히모리는 '히닝'의 시중들기를 의미한다고 추측된다. 죽은 사슴의 처리가 중세를 통해서 '히닝'의 전업이 되었기 때문에 사슴 보살피기가 '히닝'과의 연결고리가 되었을 것이다.

중세에는 사슴 가죽(흰 가죽)이 고급품으로 '히닝'의 수익이 된 것으로 보인다. 그리고 16세기 후반의 이야기 이지만, 카스가신사에서 죽은 사슴의 처리에 키요메모리(淸守)라는 역의 인 물을 부른 사례가 있다. 키요메모리도 아마도 시카모리의 별칭으로 보인다. 이러한 3개의 별칭이 존재한 사실에서 나라에서는 죽은 사슴의 처리가 '히닝' 의 직능이라 여겨졌고, 나아가 이 직능 이 정화라는 관념으로 성립되었음을

나와하키(『三十二番職人歌会』, 天理도서관 소장)

알 수 있다. 그리고 이 정화(キヨメ)라는 관념이야말로 중세 피차별민의 존재 양식을 결정짓는 관념이었다.

나라사카 히닝이 가마쿠라 시기에 스스로 '키요메'라고 칭한 것처럼 국가적으로 '히닝' 신분으로 인정되자 그들에게는 일정한 직능이 부여되 었다. 직능의 내용은 우선 도로·사찰과 신사 경내 등의 청소 그리고 통 상적인 오물 외에 인간과 그 외 동물의 사체 처리를 포함한다. 북산이라 는 매장지에 '히닝'의 주거 공간이 설정된 이유 중 하나는 장송(葬送)에 관련된 직능이라는 의미가 포함되어 있을 것이다.

키타야마 히닝에 대적하는 세력을 가진 교토 키요미즈사카 히닝의 경 우 역시 토리베노(鳥辺野)라는 매장지를 배경에 가지고 장송에 관여하여 죽은 자의 공물(供物)과 의복을 수익으로 한 사실이 전해지고 있다. 나아 가 남북조 시기에 기온칸신인(祇園感心院)의 이누지닝에게는 기온신사 경내의 청소 외에 기온 제례(祭禮) 시 제례거리의 오물 제거가 직무였다.

일본 부락의 역사—차별과 싸워온 천민들의 이야기

중세에 연두(年頭)·팔삭(八朔)·세말(歲末)이라는 시기가 되면, 산죠(散所) 히닝·카와라모노가 빗자루와 짚신 종류를 가지고 영주의 저택을 방문하는 관습이 많이 보인다. 이러한 피차별민의 지참품은 키요메로서의 직능을 상징하는 것이라고 할 수 있다. '키요메'라는 칭호는 특히 피혁생산업을 의미하는 것이 아니었으며, 또한 죽음의 케가레에 한정된 것도 아니고 청소의 직능적 표현에 지나지 않았다고 할 수 있다.

이누지닝은 기온 제례에 반드시 등장하는 역으로, 「낙중낙외도(洛中洛外圖)」 등의 회화자료에 묘사된 제례의 투구를 쓴 무사(요로이무사, 鎧武者)가 여기에 해당한다고 지적되어 있다. 제례에서 이누지닝의 역할은 무사의 모습에서 쉽게 연상할 수 있듯이 오물이나 그 외 다른 것으로부터 제례를 지키는 것뿐만 아니라 신행(神幸)행렬 그 자체의 경비역이다. 신령의 전진을 방해하는 일체의 것으로부터 지킨다고 하는 역은 중세에는 확실히 청소역과 동심원상에 있었다. 따라서 키요메의 직능은 청소행위라는 틀을 넘어서 갑자기 종교적 세계의 영역으로까지 확대되었다. '히닝'은 주술적인 잡다한 예능을 영위하였는데 이러한 종류의 예능도 부정함을 쫓는 정화의 직능에 속한다고 생각된다.

2. 중세 후기의 피차별민

삼당자(三党者) 체제의 확립

'야마토 7슈쿠'라는 명칭으로 표현된 야마토의 '히닝' 조직은 남북조 시대에는 전체를 통괄할 수 없는 상태가 된 듯하고 14세기 이후에 이 표현은 사료에서 완전히 사라졌다. 또한 중세 후기가 되면, '히닝'·슈쿠모노(宿の者)·키요메라는 표현 외에도 카와라모노·쇼모지(声聞師)·하카히지리(墓聖, 장례식에서 사체를 화장하거나 매장하는 일을 전문으로 하는 자-역자)·사이쿠(細工)·엔타(ェンタ)로 불린 피차별민이 등장하게 된다. 이처럼 종래의 '히닝'으로 총칭된 피차별민 가운데에서도 '슈쿠히닝(宿非人)' 이외에 직능적인 명칭으로 불린 피차별민이 증가한 것은 '히닝'의 내부에 직능분담이 점차로 명확해진 사실을 나타낸다.

1371년 4월에는 교토의 둔치(河原)에서 카와라모노와 이누지닝이 죽은 자의 의복에 대한 권리분쟁을 일으킨 사례는, 지금까지 장송(葬送)에 관여해온 이누지닝의 권익이 카와라모노 세력에 의해 제한되고 있음을 나타내고 있다. 나라에서도 1324년에 키타야마슈쿠 히닝과 카와카미(川上)의 소모지가 대립하여 키타야마 쪽이 상대 마을을 습격하여 싸운 사건도 발생했다. 이 때문에 이가(伊賀)의 나바리(名張)지방(지금의 三重県-역자)까지 확대된 키타야마 히닝의 '코츠바(乞場)'가 카와카미 영주의 토다이사(東大寺)에서 정지되었다. 이 시기가 되면, 피차별민 각 집단의 독립성이 강화되어 '히닝슈쿠'를 중심으로 피차별민을 통제하는 것은 불가능하게 되었다고 추정된다.

이러한 상황은 대체로 커다란 '히닝슈쿠'가 분열 해체되어 다양하고 새로운 형태의 피차별민이 형성된 것과 관련하여 설명된다. 그러나 원래 '히닝'이란 고대 말기에 국가사회가 사회의 저변에 있으면서 스스로 생활할 수 없던 계층의 사람들을 총칭한 것으로, '히닝' 자체는 잡다한 직능에 관련되었을 가능성이 높고, 잡다한 피차별민의 등장을 그대로 분열 해체로 볼 수 있을지는 아직 어려운 문제이다. 그러나 1354년경에 키타야마 히닝이 신보쿠도자를 위해 하카마슈쿠(墓間宿)의 '히닝'에게 경비병사의 동원을 요청했을 때 하카마슈쿠의 주민은 이를 거부하고 키타야마의 사자(使者)에게 활을 쏘아 저항했다고 한다.

어느 쪽이든 피차별민을 '히닝'이라는 총칭으로 일괄할 수 없는 상황이 발생한 것은 사실이다. 나라에서는 '야마토 7슈쿠'라는 조직이 무너지고 이것을 대신하여 '삼당자(三党者, 무로마치 시대의 사료에 보이는 용어로 '三党之輩'라든가 '三党之物'이라는 용어가 있다. '산토노모노'라고 읽는데 이것이 조직을 지칭하는지는 잘 알 수 없다-역자)'조직이 형성되었다. 삼당자가 '야마토 7슈쿠'의 조직과 크게 다른 점은 이 조직이 쇼모지 집단 등 '슈쿠히닝' 이외의 피차별민을 포함하고 있다는 사실이다.

삼당자라는 명칭은 중세 후기에 나라 특유의 것으로, 코후쿠사의 삼당자 동원체제를 확인할 수 있는 것은 1399년의 금당조영(金堂造營)의 시기부터이다. 그러나 삼당자라는 명칭의 기원에 대해서는 잘 모른다.

코후쿠사도 남북조시대의 내란을 거쳐 문적(門跡, 황족이나 귀족의 자제가 출가하여 그 법통을 전하고 있는 절. 또는 그 절의 주지-역자)을 건 격렬한 권력투쟁이 일어나 이른바 칸부슈토(官符衆徒)라고 칭하는 야마토를 지배하는 정무(政務)단체를 만들었다. 코후쿠사 내부의 사원도 대부분 소멸되어 재건이 개시된 것은 내란이 종결된 이후이다. 가마쿠라 시기와는 다른 피차별민의 조직이 형성된 배경에는 이러한 코후쿠사 내부의 문제가 영향을 미치고 있었다.

이중의 지배

코후쿠사 별당직(管長에 해당함)을 추천하는 이치죠인(一乘院)·다이죠인(大乘院)의 양 문적가(門跡家)는 야마토 슈도(衆徒, 헤이안 시대 이후 대사원에 거주하면서 학문·수행 이외에 사찰 내의 운영 실무를 담당한 승려-역자)의 대부분을 피관인(被官人)으로 조직한 절대적인 권력을 가지고 있었다고 전해지는데 그 문적으로도 삼당자를 자유롭게 사역시킬 수 없었다.

다이죠인가(大乘院家)는 고카쇼(五ケ所)·쥬자(十座)의 소모지라는 피차별민을 조직하여 다양한 잡역에 종사시키고 있었는데, 문적·인게(院家, 대사원 특히 문적사원의 별사로 본사를 보좌하고 각종의 법무를 행하는 사원-역자) 등 각 영주가 피차별민을 사역할 때에는 이를 삼당자라고는 부르지 않는다. 코후쿠사의 소사(惣寺)로써 피차별민을 소집할 때 비로소 그들은 삼당자의 명칭으로 불린다.

삼당자가 소집되는 것은 '진발(進発, 군대 등이 출발하는 것-역자)'이라는 코후쿠사의 군사·경찰권의 행사 때이다. 즉 코후쿠사 삼당자라는 집단은 야마토국 내의 '슈쿠히닝'·카와라모노·쇼모지 등 피차별민을 선발하고 동원하여 그 최전선에 서서 싸우는 집단이다. 반란·봉기에 대한 코후쿠사의 '진발'에는 항상 카스가신사의 신목(神木)을 앞세우기 때문에 중세 전기에 '야마토 7슈쿠'가 담당하고 있던 신목 경비역을 이 조직이 계승한 것이라고 추정된다.

오가키세바이(大垣成敗, 사원의 가장 바깥에 있는 담에서 죄인을 참수하는 것－역자)라고 불린 코후쿠사의 참수형이 실시되는 경우에도 단독으로 피차별민을 동원한 것은 아니었다. 죄인을 결박하여 코후쿠사 주위를 둘러싼 담장을 끌고 다니는 역할은 슈쿠모노(宿者), 죄인을 처형하는 역할은 카와라모노라는 기능분담이 있었다. 아마도 이러한 처형을 실시하는 경우에도 삼당자가 소집되었을 것이다. 단, 삼당자 집단은 군사경찰 기구의 말단에 위치한 전문 종사자는 아니다. 오에(応永)의 코후쿠사 금당 공양 때 키비키(木挽, 목재를 잘라서 사용하기 쉬운 적당한 크기로 자르는 일 또는 이를 직업으로 하는 사람－역자)로 동원된 것처럼 코후쿠사 전체에 걸친 다양한 잡역에 사역된 집단으로의 측면이 있다.

중세 후기 쇼모지는 다이죠인가의, 키타야마 히닝 등 슈쿠모노는 이치죠인의, 그 외의 피차별민도 각자 자신이 거주하는 영주의 통제 하에 있었다. 그러나 야마토 수호직이라고 불린 야마토 일국의 행정권을 가진 코후쿠사는 스스로 행정권이 미치는 모든 범위의 피차별민을 소집하는 권한도 가지고 있었다. 이것은 코후쿠사 영내뿐만 아니라 토다이사 영내와 같은 다른 영지에까지 확대되었다.

이처럼 중세 야마토의 피차별민은 명백히 영주의 지배와 공적인 권력에 의한 지배라는 이중의 지배관계에 묶여 있었다. 일단 영주관계를 맺으면, 피차별민은 다양한 역 부담과 신분적 속박을 받는 구조로 되어 있었다. 16세기 말부터 코후쿠사가 행정권을 상실하게 되자 이러한 삼당자 체제도 곧바로 붕괴되었다고 추측되며 근세의 유래서를 살펴보면, '삼당'이라는 용어는 거의 사어가 된다.

무로마치 막부의 카와라모노(河原者)

이러한 나라 피차별민의 상황은 완전히 특수한 것이었을까. 나라의 경우와 비교하기 위하여 교토의 피차별민을 살펴보자. 무로마치 막부는 죄인을 수도의 큰길에 끌고 다니면서 사무라이도코로(侍所)라는 직역이 6조(6条)의 둔치에서 카와라모노에게 참수형을 시행하도록 하였다. 1413년 4월에 도적을 처형할 때 카와라모노 수백 명이 경비를 위해 동원되었다. 처형을 위해 동원되는 자는 호송경비를 위해서이고 사무라이도코로의 무사단과는 별도로 카와라모노는 전시의 무장한 모습으로 이 행렬에 가담했다.

1486년경, 아시카가 마사요시(足利義政)가 히가시야마(東山) 산장을 건설할 때 막부는 '니와노모노(庭者)'라고도 불린 카와라모노를 기나이(畿內) 각지에 파견하여 정원수를 구한 적이 있다. 막부는 다수의 카와라모노를 지배하고 있었는데, 카와라모노의 수에 대해서는 수백, 수천이라고도 기재된 것이 있으며 이러한 정도의 카와라모노를 당시 막부가 떠맡고 있었다고 보기는 어렵다.

막부는 이러한 처형 등의 경우에 한하여 카와라모노를 동원한 것이 아니라 수로작업 인부에 카와라모노를 사역시킨 예도 있다. 보다 후대의 예이지만, 아시카가 요시아키(足利義昭)가 노부나가에게 대항하기 위해 우지(宇治)에 마사시마성(槇島城)을 개축할 때에도 교토의 귀족과 사원과 신사에 속한 카와라모노를 인부로 징발한 전례가 있으며, 히데요시 정권도 인부역에 권문(權門)영주의 카와라모노를 동원했다.

교토에서는 산죠(散所)로 불리는 피차별민이 각 권문영주에게 속해서 생활하고 있었다. 막부는 여러 권문의 산죠민을 인부로 소집할 수 있는 권한을 가지고 있었던 듯하다. 쇼코쿠사(相国寺)령 고레이(御霊) 신사 문전(門前) 산죠, 토사(東寺)령 산죠, 기타노신사(北野社) 서경(西京) 산죠 등은 사무라이도코로를 통해서 천황이 기거하는 궁전(内裏), 진흙으로 담장을 쌓는 일(築地), 집의 건축과 수리(普請) 등의 인부로 사역되었다. 그리고 이러한 종류의 인부역이 '공역(公役)'이라고 불린 사실도 주목된다.

따라서 무로마치 막부의 사무라이도코로는 각 영주권을 넘어서 교토 내의 피차별민을 동원하는 권한을 확립하고 있으며, 수백 명이라는 카와라모노도 막부직할의 카와라모노가 아니라 각 영주권을 넘어서 권문에 소속된 카와라모노를 소집한 것으로 생각된다.

토사(東寺)의 산죠 주민은 청소 산죠법사로 불렸는데, 가마쿠라 말기에 고우다 상황(後宇多上皇)이 토사에 기진(寄進, 신사나 사원에 금전과 물품을 기부하는 것－역자)하는 형태로 토사에 신분적으로 속하게 되었다.

당시 상황은 원정(院政)을 행하고 있었고 그 명령은 사적인 것이 아니라 공적인 의미를 가지고 있었다. 원래 이 산죠법사는 국가에 속하는 것이나 그 권한이 토사로 이전된 것이다. 즉 산죠민(散所民)에 대한 징용권은 공권력에 속하는 권한으로 이전에는 왕조국가에 속했다.

무로마치 막부의 사무라이도코로의 권한은 남북조 말기에 케비이시청(檢非違使庁, 헤이안 초기에 설치된 령 외의 관. 교토의 범죄, 풍속의 단속 등 경찰 업무를 담당하던 관청 – 역자)으로부터 계승한 것이라고 한다. 당시의 일기에도 보이듯이 카와라모노를 통솔하는 처형장에 반드시 케비이시가 검사역으로 등장하는 관례가 있었던 것도 케비이시청의 권한을 계승한 사무라이도코로의 권한에 관한 유래를 전해주는 것으로 보인다.

그리고 동일하게 영주권을 넘어서 '슈쿠히닝'·카와라모노·쇼모지를 소집할 수 있는 코후쿠사의 삼당자 체제의 존재양식은 교토에 군림하는 정치세력이 피차별민을 지배하는 실태와 극히 유사하다.

고카쇼·쥬자(五ヶ所·十座)

중세 나라 피차별민의 특색 중 하나는 쇼모지가 커다란 집단으로 조직된 점에 있다. 특히 코후쿠사 다이죠인령(大乗院領)에는 쇼모지가 다수 주거하였으며 그들은 고카쇼·쥬자라는 명칭의 두 가지 조직을 형성하고 다이죠인가의 가정(家政)기관의 관할에 속했다.

쇼모지란 원래 불길한 전조가 있을 때 이를 피하기 위하여 사찰을 돌

일본 부락의 역사—차별과 싸워온 천민들의 이야기

면서 북을 치는 풍습(金□打ち)을 이르는 것으로, 불교적인 행사와 연관되어 예능활동을 행하게 된 승려 형태의 집단으로 보인다. 교토 주변에서는 '산죠모노(散所者)'로 불린 경우도 많지만 나라에서는 그러한 천칭은 정착되지 않았다.

중세 후기의 다이죠인 문주(門主)는 이 고카쇼·쥬자의 구성원들을 어떤 때에는 '고츠지키(乞食)'라고 부르고, 또 어떤 때에는 '히닝'으로 불렀으며, 그들의 신분은 피차별민으로 취급받았다. 중세 전기의 '히닝'이 코후쿠사의 '키요메'였던 것처럼 '히닝'인 쥬자 쇼모지 역시 코후쿠사에서 '청소'역으로 취급되었다.

쇼모지의 활동이 명확해지는 것은 남북조 시기로, 쇼모지와 키타야마 히닝의 관계에 대하여 명확한 것은 잘 알 수 없으나 어쨌든 14세기 전반에 쇼모지 집단은 '소(惣)'라는 통솔기관을 만들고 '슈쿠히닝'에 대항할 수 있는 커다란 조직을 형성했다.

중세 후기의 나라 시내는 카스가신사의 큰 토리(鳥居, 신사에서 신과 인간이 사는 경계를 구획하는 일종의 문 — 역자)를 경계로, 즉 현재의 산죠(3条) 거리를 경계로 남리(南里)와 북리(北里)로 구분되었다. 그리고 북쪽의 걸식(乞食)은 키타야마슈쿠가, 남쪽의 걸식은 고카쇼가 관장하는 관습이 있었는데, 쇼모지와 '슈쿠히닝'은 나라에 흘러들어오는 빈궁민을 관리하는 역할을 담당하고 있었다고 생각되며, 14세기 이후 나라를 2분하는 세력이 되었다.

고카쇼 쇼모지의 한 그룹은 걸식에게 짚신(草履) 만들기를 시키고 그 '주인'이라고 칭하는 예도 있다. 고카쇼·쥬자가 다이죠인가를 본거로 하는 좌(座)의 관계를 형성한 시기도 아마 이즈음이었을 것이다.

고카쇼·쥬자라는 두 가지 쇼모지 집단의 유래에 대해서는 전자가 다이죠인가 영역의 키츠지(木辻), 쿄바테(京終), 니시자카(西坂), 카이즈카(具塚), 시마가키우치(嶋垣內)의 다섯 곳의 토지에 거주한 것 이외 잘 알지 못한다.

이에 비해 쥬자 쇼모지는 원래 근거지를 시바츠지(芝辻)에 둔 집단으로, 여기에 토다이사의 토난인(東南院) 영역에 있는 카와카미의 별도 집단이 가담하여 조직되었다. 고카쇼와 동일하게 쥬자도 옛날에는 일정한 지역에 집주했었는데 이후에 특정한 지역에서 조금씩 작은 집단으로 분화한 모습이 보인다. 쥬자는 특히 나라 시내보다도 전국 수십 곳의 쇼모지 '좌장(座頭)'으로 간주되어 야마토 각지의 쇼모지에게 명령할 수 있는 권한을 가지고 있었다. 고카쇼·쥬자는 남북 양좌라고도 하며 카스가신사의 큰 토리를 경계로 고카쇼는 남리(南里)에, 쥬자는 북리(北里)에 세력을 2분하여 거주했다고 보인다.

당시의 다이죠인가령은 남리에 집중되었으며, 이치죠인과 코후쿠사 사문령(寺門領)이라든가 토다이사령은 북리에 집중되었다. 다이죠인가 측의 주장에 의하면, 쥬자 쇼모지는 다이죠인가뿐만 아니라 코후쿠사의 '사문(寺門)'에 의해 사역되었는데, 고카쇼는 원칙적으로 다이죠인가 전속의 피차별민으로 사역되는 관습이 있었다고 한다.

1399년에 코후쿠사 금당이 재건될 때 코후쿠사가 전력을 기울여 영내에서 인부를 평균하여 징발한 듯한데, 나라의 피차별민도 키비키(木挽)로 동원된 기록이 남아 있다. 이때 고카쇼만이 이 역을 면제받았다고 전해진다. 그러나 고카쇼 점유권은 다이죠인가의 주장에 지나지 않았으며, 이후에는 고카쇼도 역시 코후쿠사의 '사문'에게 자주 인부로 사역되고 있었으며 '삼당자'의 이름으로 징용된 사례도 있다.

쇼모도(声聞道)와 예능

중세의 쇼모지는 다양하고 잡다한 예능에 관계하여 그 수입으로 생활하였다. 쇼모지의 대표적인 예능은 센즈만자이(千秋万歳, 축사를 늘어놓으면서 장구와 피리로 장단을 맞추며 여러 사람이 노래 부르고 춤추는 예능으로, 귀족의 저택을 돌면서 행했다)라는 오늘날 만담의 기원이 된 간략한 정월 예능이다. 나라에서도 카스가신사와 권문의 저택에서 정월에 이 예능이 펼쳐진 기록이 있는데 역시 쇼모지의 업무로 되어 있다.

센즈만자이(『三十二番職人歌会』), 天理도서관소장)

중세의 이름 높은 선승이 센즈만자이를 하는 사람을 가리켜 일종의 '걸식 패거리'라고 평한 것처럼, 그들이 행한 예능의 존재형식이 물건을 구걸하는 행위를 보조하는 하나의 수단이었던 것은 부정할 수 없다. 고

중세   63

대의 『만엽집(萬葉集)』에도 상대방에게 다양한 칭찬을 하고 물건을 구걸하는 '축복자(ほがい人)'의 모습이 묘사되어 있다. 옛날부터 물건을 구걸하는 행위와 축복예능이 결합되었으며 나아가 예능화 하는 경우가 종종 있었다.

센즈만자이로 대표되는 '히닝' 계통의 예능은 오락성을 중시했다기보다도 상대방을 축복하는 주술성이 극히 농후한 점이 특색이다. 그 외의 예능도 대부분 봉(盆, 음력 7월 15일에 조상에게 제사지내는 불교의 행사—역자)과 절구(節句)라는 당시의 연중행사와 습속에 적응한 주술적인 것이 많았으며, 예능의 본질은 정화라는 피차별민이 갖는 직능과 깊이 관계된다. 오히려 쇼모지의 예능은 이 정화 직능에 적합한 것으로 사회적으로 공인되었기 때문에 천시되면서도 그들의 생활을 지탱하는 기반으로서 정착했다.

단지 고대·중세사회에서 모든 예능이 천시되지는 않았으며 예능에 관련된 모든 사람들이 차별 받은 것도 아니다. 무악(舞樂)과 그 음악은 귀족사회에 침투하여 비천한 예능으로 취급받지 않았고, 중세에 연극성이 높은 사루가쿠(猿樂)·전악(田樂)의 예능은 대부분 피차별민 이외의 일반 민중의 예능이었다.

14세기 후반에 아시카가 요시미츠(足利義満)가 후지와카(藤若, 훗날의 제아미 世阿弥)를 총애하는 것을 보고 사루가쿠를 '걸식의 소행'이라고 비난한 기록이 남아 있다. 그러나 이것도 가마쿠라 말기부터 교토에서는 정월의 센즈만자이를 연주하는 쇼모지가 여흥으로 사루가쿠·곡무(曲舞)를 추는 관습이 있었으며, 오히려 당시에 사루가쿠는 쇼모지의 여흥 예능이라는 인식이 있었기 때문이라고 생각할 수도 있다. 쇼모지들의 예능이 천시된 것은 그 예능이 비천하다고 인식되고 있던 키요메에 관련된 잡예능이었기 때문이며 나아가 그들 자신이 천시되었기 때문이다.

쇼모지에 관련된 예능은 '쇼모도'로 불리며, 영주의 다이죠인가는 예능의 내용을 가리켜 '칠도자(七道者)'라고 표현했다. 구체적으로는 음양사(陰陽師), 역성궁(曆星宮), 곡무(曲舞), 분(盆)피안경(彼岸經, 춘분·추분 전후의 일주일간 행하는 불교행사 때 부르는 노래−역자), 비사문경(毘沙門經, 불교의 호법신 毘沙門天을 노래한 내용−역자)이라는 직종을 '칠도자'로 규정한 것도 있으나 별도로 사루가쿠, 떠돌이 시라뵤시(白拍子, 헤이안 시대 후기에 활약한 여성 예능가−역자), 떠돌이 무녀(巫女), 정치기(鉦叩き), 바릿대 치기(鉢叩き), 떠돌이 오교(橫行), 원숭이 사육사라는 7개의 예능을 지칭하는 예도 있다.

고대·중세사회에서 예능은 현재의 용어보다도 조금 넓은 의미를 가지고 있어 오락이기 이전에 우선 종교 의례였다. '칠도자'란 쇼모지가 연주하는 거리 예능에 종사한 사람들을 지칭한다고 생각된다. 덧붙여 말하면, 중세 말기에 포르투갈인 선교사가 만든 『일포사서(日葡辭書)』에는 일본에서 가장 비천한 자와 함께 경멸되고 있는 '칠걸식(七乞食)'이라는 단어를 소개하고 그 내용을 연극을 하는 자, 춤을 이야기하고 인형을 조작하는 자로 설명하고 있다. '칠걸식'은 거의 물건을 구걸하는 잡예능을 의미하며, 이 단어는 아마도 중세 피차별민을 지칭하여 사용된 유사 용어 인 듯하다. 그러나 영주 다이죠인가가 파악하고 있는 '칠도자'라는 다른 표기가 있으며, 실제로는 7개의 직종이 일치하지 않는다. '칠도자'라고 하더라도 반드시 고정된 예능 직종이 아니고 7종의 예능에 한정되지 않은 듯하다.

고대 율령제에서 '5기7도(5畿7道)'라는 행정구역이 있었는데, 7도는 토카이도(東海道), 토잔도(東山道), 호쿠리쿠도(北陸道), 산요도(山陽道), 산인도(山陰道), 난카이도(南海道)를 지칭하며 이후에는 도로를 의미하게 되는데, 아마도 '칠도자'의 원래의 뜻은 7도 제국(諸國)을 자유롭게 돌아다니는 종교적인 예능인일 것이다.

무로마치 시대의 키요미즈사카 히닝은 여러 나라의 통행세(関料)를 면제 받으면서 장사하는 것을 국가적으로 보증 받았다. 소모지는 종종 '오교(横行)'라고도 불렸다. 오교의 의미는 불명확하지만, 가마쿠라 전기에 여러 나라에서 자유롭게 종교 활동을 하는 호넨(法然, 浄土宗의 창시자—역자)문파의 염불사가 이렇게 불린 예에서 유추해보면, 그들도 역시 여러 나라에서 자유롭게 활동하는 하급 종교가로 정의되었을 것이다.

고카쇼 쇼모지에게는 역신좌(曆新座)와 본좌(本座)가 있는데 음양사의 활동을 한 자도 있고, 쥬자에는 당시 '마이마이(舞舞)'라고 불린 곡무사(曲舞師)도 있었다. 고카쇼·쥬자의 쇼모지도 적극적으로 중세적인 예능 활동을 하고 있었다고 추정된다.

일본 부락의 역사―차별과 싸워온 천민들의 이야기

예능 흥행에 대한 권한

쇼모지는 예능활동을 위해 배타적인 영업권을 가지고 있었으며 여기에는 자신들의 활동 이외의 예능활동이 제한되었다. 영업권 내에서는 다른 사람의 흥행을 지휘하는 권리도 인정되었으며 다른 쇼모지가 예능활동을 할 때에는 얼마간의 특전을 부여하는 관습도 있었다.

1522년 8월에 간고사(元興寺)의 키쇼도(吉祥堂)에서 곡무가 상연되었을 때 쇼모지는 다이죠인가에서 발(簾)과 병풍을 빌려서 현지로 운반했다. 이 도구류는 관람석 운영을 위해 사용된 것이라고 생각된다. 고카쇼·쥬자가 입장료 등을 목적으로 예능 흥행에 적극적으로 관여하고 있음을 나타내는 증거이다. 교토의 토사(東寺)에서도 영내 '히닝' 계열의 산죠민이 오우미(近江)지방에서 온 곡무단의 상연 허가를 영주 측에게 요청하고 있다.

'히닝'의 '코츠바(乞場)'와 동일하게 예능 흥행에 관한 권한도 당시 '타테바(立場)'라고 불렀던 듯하다. 흥행에 대한 최종적인 인허가권은 영주와 행정에 속한 것이나 '타테바'의 권리는 '히닝'·쇼모지가 독점했다. 다이죠인가는 고캬쇼·쥬자의 권리를 '칠도자 자전(自專)'이라 했다. '자전'이란 관장권을 의미하는 단어로, 보다 구체적으로는 나라의 쇼모지가 시내와 야마토 국내에서 카도즈케(門づけ, 사람들의 집 앞에서 잡다한 예능이나 경을 읽고 금품을 받는 것 또는 그 사람—역자)와 흥행이라 불린 예능활동에 관한 권리를 가지고 있었음을 의미한다.

쇼모지의 활동은 다양하였으며 이들의 예능에 대해서도 얼마간의 그룹으로 나누어진다. 1471년 8월에 고카쇼·쥬자의 '소슈(惣衆)'와 곡무좌(曲舞座)의 쇼모지가 곡무 흥행에 대한 입장으로 논쟁을 벌인 사건이 있었다.

곡무의 좌는 '고닌슈(五人衆)'라고 불렀으며 그 구성원은 5명 정도의 그룹으로, 시로(四郎) 조로(三郎)라는 인물이 그 좌의 우두머리인 듯하다. 이 시로 조로는 키츠지(木辻)에 살고 있었던 듯한데 '고닌슈'에는 그 외에 시바야(柴屋, 잡목으로 지붕을 이은 집 – 역자)의 쇼모지가 포함되어 있다. 곡무좌는 몇 개 지역의 쇼모지가 모여서 형성된 듯하며 양자의 다툼 형태에서 보자면, '소슈(惣衆)'는 곡무좌의 상급기관이라고 생각된다. 따라서 고카쇼·쥬자에는 다양한 예능 흥행에 즉응한 소집단인 좌가 있었으며 이들의 위에 '소(惣)'의 조직이 있어 계열화되었다.

쇼모지의 인부역(人夫役)

원래, 쇼모지는 '쇼모도'라 불린 생업에 관계된 집단이다. 고카쇼·쥬자는 분명히 '쇼모도'를 운영해가는 기관이지만, 그들은 '쇼모도'로 다이죠인가에 봉사하고 있었던 것은 아니다. 오히려 그들에게는 이 생업을 보장받는 대신 다이죠인가에 대하여 잡역 인부 등의 노동 봉사를 해야 할 의무가 있었다. 코후쿠사 사찰 내의 다양한 법회와 다이죠인가가 사용하는 물건 운반이 그 직무 내용인데, 쇼모지좌 내부에 윤번제가 정비되어 있어서 좌의 순번에 따라 그 역할을 수행했다.

단, 이러한 잡역 인부는 다이죠인가령의 영민(領民) 전체에 부과된 부역이었으며 쇼모지에게 한정된 역은 아니었다. 그러나 일반 영민에게는 인부역이 해당되는 횟수나 사람 수가 정해져 있었던 것에 비해 쇼모지는 무제한으로 부담이 컸고 이 때문에 이 역에 대하여 30몬(文, 돈의 단위 – 역자) 정도의 일당이 지불되었다.

임시 인부역 중에서도 교토까지의 하물 수송 인부를 담당하는 '경상(京上, 지방에서 교토로 가는 것 – 역자) 인부'역은 다이죠인가에서 가장 중요시한 역이다. 일당이 지급되었다고는 하나 실제로 그 노동은 쇼모지에게 너무 무거운 부담이 되어 이 역을 기피하는 자가 속출하여 다이죠인가는 종종 그 대응에 고심하였다. 쇼모지의 저항은 중세 피차별민의 해방투쟁의 한 예로 주목된다.

고카쇼 쇼모지는 원래 다이죠인령에 거주하는 영민이었지만 마침내 몇 개의 소그룹으로 분리되어 다른 지역으로 옮겨 가 살았다. 여기서도 새롭게 영주와 영민이라는 관계가 발생하여 다이죠인가의 인부역은 쇼모지에게 이중의 부담이 되었다. 당연히 쇼모지는 지금까지 행해온 다이죠인가의 인부역을 거부하게 된다. 특히 행정권을 장악한 코후쿠사의 슈토(衆徒)들이 부리는 인부역은 다이죠인가의 고카쇼 전속이라는 기득권을 무너뜨렸다.

그러나 '히닝'으로서의 쇼모지는 다이죠인가에서 과세를 면제받았는데 새로운 영주 아래서는 세 부담을 요구받는 경우도 있었다. 그러한 경우에는 스스로 다이죠인가 소속의 신분이라고 주장하여 이것을 거부하고 적극적으로 다이죠인가의 보호를 요구하는 경우도 있었다.

다이죠인가도 영내에서 경상(京上) 인부역을 담당하는 최대 조직이었기 때문에 그들의 부담 증가를 부담스러워하는 관계에 있었다. 여기서 양자의 이해가 일치하는 경우, 다이죠인가는 쇼모지가 현재 어디에 살고 있는지와 관계없이 어디까지나 이전에 영내에 거주하고 있던 영민의 일부라는 억지논리로 신영주의 역 부과를 배제하고 고카쇼 인부역의 봉사를 실현하려고 했다.

쥬자 쇼모지에 대해서도 사정은 매우 비슷하였다. 쥬자의 일부인 카와카미 쇼모지 그룹은 토다이사 토난인가(東南院家)의 영민이었으며, 그 외의 쇼모지에 대해서도 이전에 다이죠인가의 영민이었다는 기록은 없다. 쥬자 쇼모지는 원래 영주와 영민이라는 관계로 다이죠인가의 좌에 편입된 것은 아닌 듯하다.

피차별민을 징발하는 권한은 다이죠인가 측이 말하는 것처럼 영주권뿐만 아니라 행정권이라는 차원이 다른 곳에서도 찾을 수 있다. 쥬자 쇼모지에 대해서는 슈토·롯포(六方, 코후쿠사의 젊은 승려들－역자)·가쿠료(学侶, 코후쿠사의 학승 조직)라는 코후쿠사 내부의 집단이 인부 고용권을 가지고 있었으며, 다이죠인가의 전속이었다는 고카쇼도 종종 코후쿠사로부터 인부역 부과의 예가 보인다. 다이죠인가에 속하는 것 때문에 이 권을 지킬 수 없게 되자 쇼모지는 문적(門跡)이 요구하는 인부역에 따르지 않고 복잡해지는 영주권 사이를 빠져나가 인부역 거부 투쟁을 장기간에 걸쳐 계속한다.

그러나 영민으로서의 과역(課役)은 영주에게서 공공연히 요구되었고 이에 대하여 그들의 신분보호는 결코 그에 걸맞지 않았다. 쥬자 쇼모지

가운데 카와카미 집단이 인부역을 기피할 때 다이죠인가는 그들의 집에 방화하여 본보기로 삼았으며, 고카쇼 쇼모지가 인부역을 거부했을 때에는 체포하고 집을 불태웠다.

중세에는 민간 금융으로 타노모시코(賴母子講, 가마쿠라 시대 이후 서민의 공제적 금융조직. 정기적으로 일정한 돈이나 쌀을 내고 입찰이나 뽑기 등으로 정해진 순서에 따라 돈과 쌀을 빌려감)가 성행했는데, 나라에서도 코후쿠사 내에 종종 민중을 강제로 가입시킨 코(講, 동일한 신앙을 가진 사람들의 결사. 단, 상호부조 단체의 명칭으로도 전용됨. 이후에 불경 강독을 중심으로 한 불사를 지칭하게 됨−역자)가 개최되었다. 어느 날 롯포슈(六方衆, 코후쿠사의 승병−역자)가 주최한 코에 쥬자 쇼모지에게 돈을 낼 것을 요청한 적이 있었다. 그러나 쇼모지는 여유자금이 없기 때문에 물건으로 받아야 한다는 의견이 여기저기에서 나왔다고 한다. 또한 죠도사(浄土寺)라는 사원에서 목욕탕을 개업했을 때 죠도사는 쇼모지들만 목욕탕에 들여보내지 말라고 코후쿠사 슈토에게 요구했다.

'히닝'·걸식이라고 멸시된 사람들의 권리는 미미했으며, 놓인 환경 때문에 그들은 다양한 차별을 받았다.

'에타'의 어원

무로마치 시기에 교토의 고죠(五条) 다리 아래에 작은 수신(水神) 사당이 있었다. 이 사당을 보고 고토(後藤)라는 무사가 쇼군가의 잡담으로 츠즈법사(綴法師)에 대하여 말한 적이 있다. 고토의 이야기에 의하면 츠즈법사란 가마쿠라 시기의 교토에서 유명한 악당(惡党, 가마쿠라 중기·말기에서 남북조의 혼란기에 걸쳐 반막부, 반장원 체제적 행동을 취한 재지영주, 신흥상인, 유력농민들의 집단을 지칭함-역자)을 지칭한다. 고토의 선조가 당시 로쿠하라탄다이(六波羅探題)의 명령으로 이 법사를 체포하여 엔단(燕丹)에게 처형하게 하였다. 그러나 츠즈법사가 숭상된다고 하기에 고죠 다리 아래에 '엔단'이 사당을 만들었다고 한다. 이 이야기는 막부의 행정에 관계한 어느 선승의 일기에 기록되어 있는 일화이지만, 선승은 '엔단'이 아니라 '에타'라고 굳이 기록하고 있다.

'에타'라는 표기가 나타나는 것은 가마쿠라 말기부터 남북조에 걸친 시기로, 중세의 사전인 『진포(塵袋)』에 '에타'라는 문자가 표기되어 있다. 그러나 이 표기는 후세에 첨가된 것으로 이전부터 이 문자가 정착되어 있었다는 생각에는 의문점이 있다. 현실적으로도 당시의 사료에는 에타(エタ)가 아니라 오히려 엔타(エンタ) 혹은 엣타(エッタ)로 표기된 것이 압도적으로 많다. 선승은 오기라고 지적했지만, 츠즈법사의 사당을 신앙으로 삼고 있는 집단을 '엔단'으로 표기하고 있는 것은 오히려 당시의 발음을 정확하게 옮긴 것이라 할 수 있다.

츠즈법사의 이야기에서 보더라도 '에타(穢多)'라는 한자 표현은 무로

일본 부락의 역사-차별과 싸워온 천민들의 이야기

마치 시기에 일반적으로 정착한 것이 아니라 일부의 지식계급에게 한정된 것이었다. 즉 이 표현 자체는 후세에 작의적으로 부가된 표현이다.

사이쿠(細工)좌와 카와라모노(河原者)

엔타라는 표현보다도 중세 후기의 일반적인 피차별민의 칭호는 카와라모노라는 표현이라고 생각된다. 카와라모노라는 것은 주로 강변에 거주한 집단을 의미하는 말이다. 살생을 금지한 불교사상의 영향을 받아 카와라모노를 '부정'하다고 생각하여 차별하는 경향이 중세에 점차로 확대되었다.

15세기 후반의 『녹원일록(鹿苑日錄)』이라는 선승의 일기에는 카와라모노 마타시로(又四郎)라는 인물이 도축하는 집(屠家)에 태어난 것을 슬퍼하여 일생 동안 살생을 금했다는 이야기가 실려 있다. 카와라모노의 주요한 생업은 이러한 도축업이었다. 이미 11세기 전반의 교토에서 죽은 소를 해체하여 우황을 꺼낸 '카와라모노'의 이야기가 미나모토노 츠네요리(源経頼)라는 귀족의 일기 『좌경기(左經記)』에 기록되어 있다. 이처럼 강변에 거주하면서 죽은 소나 말의 처리를 담당한 사람들은 일찍부터 존재한 듯하다.

고대의 사전인 『왜명류취초(倭名類聚鈔)』에는 소와 말고기를 취급하는 사람을 '도아(屠兒)'라는 한자어로 표현하고 있는데 이 단어는 불전 등에서 번역된 말에 지나지 않고 이러한 호칭으로 불린 집단이 실제로

가죽만들기. 교토·시조카와하라주변인 듯, 주거와 텃밭이 보이며 동물가죽 2장을 펼쳐서 말리고 있다.(『天拘草紙』伝 三井寺巻, 개인소장)

존재했는지는 의심스럽다. 또한 이 사전은 '도아'의 일본식 명칭을 '에토리(餌取り)'라고 지적하고 있으며, 나아가 중세의 『진대(塵袋)』등에는 '에토리'에서 '에타'가 되었다는 전와(轉訛)설을 채용하여 후세에 큰 영향을 미쳤다. 그러나 이러한 안이한 전와설에는 문제가 많아서 따를 수 없다.

고대 말기에 강변은 장례의 장소였으며 여기에 많은 사체가 버려졌다. 카와라모노가 어떻게 하여 형성된 집단인지는 아직 잘 알려져 있지 않지만, 남북조 시기에 카와라모노와 키요미즈사카 히닝(이누지닝)이 사체의 처리권을 둘러싸고 다툰 예가 있으며 카와라모노도 '히닝'과 같이 장례에 관계하고 있었다고 추정된다.

1490년 3월에 교토의 키타노텐만궁(北野天満宮)에서 농민 봉기를 일

일본 부락의 역사—차별과 싸워온 천민들의 이야기

으킨 사람들이 갇혀서 불타 죽은 사건이 있었는데, 기타노신사는 키요메라 칭하여 사체 처리를 카와라모노에게 명령하였다. 중세 후기 카와라모노의 촌락을 키요메 촌이라고 부른 예도 있으며, 카와라모노도 광의의 '히닝'으로 취급되었다. 따라서 무사와 수렵·어업민 등 '살생'과 관련된 업무가 많은 가운데 특히 카와라모노만을 '부정'하다고 하는 관념은 그들의 직능과 깊이 관련되어 성립했다고 할 수 있다.

카와라모노라는 천칭이 거주의 특색에서 이름 붙여진 것이라면, 그 집단의 생업에서 명명된 천칭이 '사이쿠'이다. 사이쿠라는 단어는 폭넓은 의미를 가지고 있었으며, 당시 '여러 가지 사이쿠'라는 말은 모든 직인을 지칭하는 단어였다.

피혁세공에 관계한 사람들도 역시 단순히 '사이쿠'로 불렸으며 특히 중세 나라에서는 참수역을 담당하는 사람들을 이렇게 부른 예가 있었던 듯하다. 남북조 시대에는 호류사(法隆寺) 문 앞의 마을에서 처형역으로 사이쿠가 등장하였으며, 코후쿠사에서도 1445년 9월에 사이쿠가 참수역으로 사역되었다. 그리고 호류사 문 앞의 마을에서도 이후 그 역을 '에타'로 표기하고, 코후쿠사에서도 엔타라든가 카와라모노로 표기한 예가 보이기 때문에 특정한 사이쿠 집단이 피차별민이었던 것은 틀림없는 듯하다.

나라의 사이쿠 집단도 얼마간의 집락으로 나뉘어서 생활한 듯하다. 이와이(岩井) 강 주변에 거주한 집단은 고카쇼·쥬자 쇼모지와 동일하게 다이죠인가를 본소(本所)로 하는 사이쿠좌를 결성했다. 이 사이쿠좌는 로우지제(臘次制, 일반적으로는 불교 용어로서 출가한 이후의 연수에 따른 승려의 서열을 지칭함. 중세 '히닝' 집단 중에서도 일정한 서열을 나타내는 것으로 도입하였다-역자)를 차용한 좌로 본좌와 신좌(新座)의 두 가지 조직을 가지고 있었다. 사이쿠는 역시 피혁가공업을 의미하는 것인 듯하다.

그들은 짚신 만들기라는 잡역 봉사를 대신하여 문주(門主, 사원의 住職-역자)에게 사이쿠좌의 활동을 보호받았으며 피혁세공이라는 직능으로 다이죠인가에 봉사하는 관계를 맺고 있지는 않았다. 매년 8월에 코후쿠사에 속한 호코인(放光院)에서는 '행도염불회(行道念佛會)'라는 행사가 개최되었다. 이와이 강의 사이쿠좌가 다이죠인가에서 명받은 직무는 이 행사 등에서 승려가 신는 짚신(裏無·板草履, 바닥에 가는 판을 댄 짚신-역자) 12인분을 준비하는 것이었다. 따라서 사이쿠좌는 이타콘고좌(板金剛座)라고도 불렸다. 다이죠인가로서는 사이쿠좌의 구성원은 이 역을 수행하면 그만으로 쇼모지처럼 인부역을 부과한 사례는 전혀 보이지 않는다.

사이쿠 집단을 참수역으로 징용하는 것은 영주의 다이죠인가가 아니라 나라의 집행권을 가진 코후쿠사였다. 1447년 7월에 덕정(德政)을 요구한 봉기가 발생했을 때 갑옷을 입은 모습을 한 이와이 강 주변의 카와라모노가 이 봉기를 물리쳤다고 전해진다. 그리고 이 무장집단으로서의 카와라모노의 동원에는 다이죠인가는 전혀 관계하지 않았으며 그들은 협의의 '히닝'과 쇼모지를 포함한 '삼당자'로서 동원되었고 그 권한은 코후쿠사의 소사(惣寺)체제에 있었다. 사이쿠 역시 쇼모지처럼 영주와 행정의 이중적 지배를 받고 있었다.

카와라모노 지로(次郎)의 생애

다이죠인가에는 마굿간에 소속된 카와라모노 등 사이쿠좌와는 조직이 다른 카와라모노가 여러 명 출입하고 있었다. 카와라모노도 다이죠인가에서 토목 인부역을 명받은 예가 있다. 이러한 카와라모노 가운데 지로(次郎)라는 이름의 카와라모노가 있었다. 그는 다이죠인 문주 진손(尋尊)의 생가인 잇죠가(一条家)의 카와라모노로, 오닌·분메이의 난(応仁·文明の乱, 무로마치 시대의 8대 쇼군 아시카가 요시마사 때 일어난 내란이 오닌의 난이다. 이것이 전국적으로 확대된 것을 계기로 전국시대로 들어서게 된다. 이를 오닌·분메이의 난이라 칭함—역자)으로 교토 시내가 불타고 들판으로 변했을 때 1470년 4월에 진손을 따라 나라로 이주하여 살았던 듯하다.

지로는 다이죠인 영내에 살면서 작은 밭을 일구어 살았던 듯하다. 그는 이른바 센스이(山水) 카와라모노인 듯하며, 다이죠인가의 정원 만들기에 종사한 기록이 있다. 젠아미(善阿弥, 무로마치 시대의 정원사—역자)의 아들 쇼지로(小次郎)가 야마토의 토호 오치씨(越智氏)의 저택에 초청되었을 때에도 이를 수행하고 있다. 그는 다이죠인가를 출입하는 직인과 같은 취급을 받았고 직인과 같이 매년 정월·연말·팔삭에는 다이죠인가를 방문하여 짚과 골풀로 만든 짚신(金剛草履)과 빗자루를 헌상하고 원가(院家)에서 소액의 축의금을 받았다.

1481년 12월에 지로는 마침내 나라에서 임종을 맞이하는데, 진손은 자신의 일기에서 특히 여러 행에 걸쳐 '집안(一条家) 대대의 봉공물'로 그에게는 세 명의 자식이 있었던 사실을 전하고 있다. 당시 영주계급의 인간이 피차별민의 개인적인 관계를 기술하고 있는 예는 극히 드문데, 큰 난을 피해 자신을 따라온 지로의 일생이 다이쬬인 진손에게 매우 깊은 감명을 준 듯하다.

다음 해 1월 초에 지로의 자식이 연래의 짚신과 빗자루를 가지고 진손을 방문하였으며 그 후에도 지로의 이름이 일기에 종종 나타나는 것은 지로의 자식이 다이쬬인가 카와라모노로 그 이름을 계승한 듯하다.

당시의 카와라모노는 각자 영주에게 속하여 잡역에 종사한 듯한데 다이쬬인가가 잇쬬가와 깊은 관계에 있었다고 하지만, 다른 섭관가(攝關家)인 니쬬가(二条家)와 큐쬬가(九条家)도 문주를 보냈다. 따라서 지로 일족의 예는 카와라모노가 거주의 자유를 가지고 있었을 뿐만 아니라 영주를 선택할 자유도 어느 정도 가지고 있었던 사실을 말하고 있다. 카와라모노는 결코 고대의 노비처럼 노예 신분이 아니었다.

피차별민의 조직

1489년 8월에 다이쬬인가의 석축지(石築地) 건설공사 때 다이쬬인가가 이와이 강의 보에 사용할 큰 돌을 반출하려고 하여 이와이 강의 사이쿠와 다툰 사건이 있었다. 이때 문주와 교섭한 사이쿠의 책임자는 이치로(一臘)의 쬬렌뉴토(乘蓮入道)라는 인물로, 사이쿠 역시 로우지제(臘次制)로 조직 편성되었다.

또한 쥬자 쇼모지도 오토나(乙名)법사로 불린 지도자층이 조직을 통제하고 그 내부의 쿠세마이좌(曲舞座)는 고닌슈(五人衆)의 좌를 편성했다. 카와카미의 쇼모지 조직도 역시 이치로(一﨟)·니로(二﨟)라는 로우지제로 구성되었다. 사이쿠와 쇼모지는 다이죠인가의 가정(家政)기관에 좌로써 편입 조직되었기 때문에 이들이 로우지제를 채용하고 있음은 당연하다.

더욱이 가마쿠라 시기에 '히닝' 집단은 각 슈쿠(宿)마다 두령으로 죠리(長吏)를 두었으며 니로(二﨟)·산로(三﨟)라는 순서의 좌 조직을 형성했다. 칸겐(寬元) 대논쟁 시기에 키요미즈사카 히닝은 7명의 조직으로 지배의 중핵이 구성되어 있었던 듯한데 이것이 고대·중세의 수공업 좌와 유사한 점에서 '히닝'의 직능적 성격이 종종 강조되는 부분이다.

그러나 죠리(이치로, 一﨟)를 정점으로 하는 연령 서열적인 로우지제는 당시의 사원·상업·예능·촌락에서 일반적으로 보이는 조직원리이며, '히닝' 집단의 특수성을 나타내는 것이라고 보기는 어렵다. 당시의 관례로 추정한다면, 이 로우지제는 아마도 '히닝' 상층부의 좌, 중세적인 표현을 빌린다면 '사타닝슈(沙汰人衆, 사물의 선악, 시비를 논하여 정하는 집단 — 역자)'의 좌로, 그 아래에는 '소법사중(小法師衆)'이라고 표기하는 젊은이 집단이 존재한 듯하다.

상층의 '히닝'은 분명히 가족을 이루며 에치고(越後)법사, 셋츠(摂津)법사처럼 국명(國名)을 붙인 법사명을 사용하고 있다. 국명은 출신지를 의미하는 것이 아니라 이른바 수령명으로 승려로서의 격식을 나타내는 칭호라고 생각해도 좋다. 아마도 코후쿠사와 엔랴쿠사 등의 대사원의 말단조직과 연결되었을 것이다.

고대에서 중세 전기에 걸쳐 나라사카라는 지명은 두 곳에 있었다고 한다. 하나는 동도(東道)라고도 하며 키타야마·한냐사(般若寺) 앞을 통과하는 길이고, 다른 하나는 교토에서 우타히메(歌姬)로 넘어가는 길을 지나 홋케사(法華寺)에 이르는 길이다. 후자가 나라의 주작대로와 바로 연결되는 고도라고 할 수 있는데, 중세 후기부터는 나라사카라고 하면 키타야마를 넘어가는 길을 지칭하게 되었다. 키타야마에는 13세기 초반부터 '히닝슈쿠'의 존재가 확인되는데, 이 때문에 칸겐(寬元)의 '히닝' 논쟁에 등장하는 나라사카 히닝은 키타야마 히닝이라고 해석되고 있다.

그러나 논쟁의 사료에는 나라사카와는 별도로 키타야마슈쿠의 이름이 명기된 곳이 몇 군데 있으며, 양자가 동일한 슈쿠라고 하는 것은 부자연스럽다. 가마쿠라 시기부터 야마토 최대의 '히닝슈쿠'는 일관되게 키타야마슈쿠이며, 남북조 시기에는 야마토국 내의 '히닝슈쿠'에 병사역을 부과하는 권한을 가지고 있었다.

한편, 나라사카슈쿠라는 큰 '히닝슈쿠'의 이름은 중세의 기록에는 등장하지 않는다. 더욱이 논쟁 사료는 사건의 상세한 경과와 함께 키요미즈사카와 나라사카 죠리의 이름을 표기하고 있기 때문에 『명월기(明月記)』에 기재된 죠리 처형사건에 대해서 언급한 곳이 전혀 없다. 나라사카의 죠리와 키타야마의 죠리는 동일 인물이 아닌 듯하다.

키요미즈사카의 로우지에게서 말숙(末宿)의 죠리가 파견되는 시스템이 있었는데 그 키요미즈사카 히닝이 키요미즈슈쿠라고 이름하지 않은 점을 고려한다면, 나라사카 히닝이라고 하는 것도 개별적인 '히닝슈쿠'가 아니라 야마토국 내의 슈쿠를 조직하는 죠리층의 조직일 가능성도 부정할 수 없다.

3. 키요메(キヨメ)의 구조

강제된 키요메

　고대·중세부터 역사에 등장하는 '히닝'은 다원적이며 고대국가가 다양한 피차별민을 '히닝'이라는 용어로 일괄해서 불렀다. 따라서 고대·중세의 '히닝'은 근세사회의 '히닝' 신분과는 이질적인 것이며 그중에서도 고대·중세사회에서 차별의 최대 대상이 된 것은 한센병 환자들이었다. '히닝' 가운데는 쇼모지라고 불린 사람들도 있었지만 그 집단은 특히 장례와 피혁생산을 전문적인 직업으로 하고 있었던 것은 아니다.

　다이죠인가는 반복되는 고카쇼 쇼모지의 인부역 거부에 더 이상 참지 못하고 다이죠인의 본령으로 이주할 것, 다른 영에 거주한다면 지금까지와 동일하게 인부역을 제공할 것, 이것도 거부한다면 쇼모지로서의 활동을 중지한다는 요구를 밝힌 적이 있다.

　쇼모지의 활동은 다이죠인가의 보호 하에 있었기 때문에 가능했던 면이 있어 특권을 정지당하면, 생활이 궁핍해질 것은 분명했으며 다른 영주 아래에서 별도의 피차별민으로 재편성되는 경우도 있었다. 따라서 현실적으로는 그들이 쇼모지로서의 활동을 포기하는 것은 간단하지 않았다. 다이죠인가는 그런 곤란한 상황을 알고서 이 난제를 쇼모지에게 요구하였다.

코후쿠사도 나라사카의 '히닝슈쿠'의 주민들이 나라 시내에서 자유로운 장사를 행할 수 없게 했다. '히닝'이 '히닝'으로서 사회적으로 공인되기 위해서는 키요메로서의 직능이 불가결한 것으로 인식되었다. 여기에는 영주 계층이 '히닝'에게 키요메로서의 직능을 전업으로 유지시키려한 움직임이 분명히 인정된다.

그러나 앞서 본 다이죠인가의 말에 의하면, 쇼모지로서의 활동을 그만두고 키요메의 기능을 포기한다면, '히닝'으로서의 신분에서 벗어나는 것도 완전히 불가능하지만은 않았다. 다이죠인가의 쇼모지 지배는 '쇼모지'의 좌 구성원인 한에서만 미치기 때문이다. 중세 피차별민이 열악한 조건 하에서 생활할 수밖에 없었던 것은 분명한 사실이지만, 카와라모노지로의 예에서 보듯이 근세의 신분제와는 다른 '자유'가 어느 정도 보증되고 있었던 점도 무시할 수 없다. 이러한 '히닝' 직능의 존재형식을 검토해 보면, 결국 히닝은 사회적인 키요메의 세계를 '짊어지고 있'으며, 키요메는 '히닝'의 본원적인 직제라기보다는 오히려 중세라는 시대 속에서 사회적으로 부여된 기능에 지나지 않는다고 생각된다.

12세기 초두에 귀족 오에노 마사후사(大江匡房)의 이야기를 기록한 『강담초(江談抄)』라는 책에 카모(賀茂) 축제에서 호멘(放免, 영외관인 케비이시의 부하를 지칭하는 말―역자)이 화려한 옷을 입는 관습에 대하여 기술한 부분이 있다. 호멘은 원래 범죄자로 케비이시의 하급 부하를 지낸 자를 의미한다. 감옥과 관련된 사람들은 중세에 이르기까지 '히닝'이라고 불렸으며 호멘 역시 '히닝'에 포함된 사람이었다. 당시 신분을 초월하여 화려한 복장을 하는 것은 범죄였음에도 불구하고 호멘이 축제에서 화려한 복장을 한 것은 그들이 '히닝'으로서 기피하는 것이 없는 인간이기 때문에 죄를 묻지 않는다고 한다.

'히닝'이 '기피하는 것이 없는 사람들'이라고 하는 관념은 가마쿠라 시기의 나라사카 히닝의 논쟁문서에도 보이며 '히닝'의 본질규정이라고도 할 수 있다. 나라사카 히닝은 키요미즈사 주변의 사원을 소각했다는 비난에 반발하여 그러한 행위를 했다는 것은 범죄에 대해 '히닝이 기피하는 것이 없기' 때문이라고도 할 수 있지만, 그것은 이미 오래전의 표현이라고 단언하고 있다. '보통의 사람들이 기피하는 행위를 하는 사람들'이란 차별적 관념이 고대 말기부터 발생한 듯하다. '히닝' 등 중세 피차별민이 키요메와 연결되어 가는 과정에는 이러한 배경이 있다.

고대에 히덴(悲田)·세야쿠인(施藥院) 등의 빈민구제시설은 쿄시키(京職, 율령제 하에서 교토의 사법, 경찰, 민정 등을 담당한 관청-역자)의 관할 하에 있었으며 교토에 유입되는 빈민의 수용을 담당하였고, 관할권은 쿄시키에게 속했다. 쿄시키는 곧 이들 '히닝'을 시가지의 청소와 전염병으로 쓰러진 시체의 처리에 사역한다. 즉 율령국가 체제가 점차로 붕괴해 가는 과정에서 국가는 계속적인 구제활동이 불가능해지고 생산활동을 지속할 수 없게 된 사람들을 흡수할 필요성이 제기되어 '히닝'의 사역체제를 만들어갔다고 생각된다.

이후에 쿄시키를 대신하여 교토 시내의 행정권을 장악한 케비이시청이 시내의 '히닝'에게 음식을 제공하게 된 것이나 호멘을 하급관리로 편성하게 된 것도 쿄시키의 권한이 케비이시청으로 옮겨가 키요메로서의

'히닝'의 사역체제를 계승했기 때문이다.

따라서 '히닝'은 처음부터 키요메의 직능을 가지고 있었던 사람이라고 할 수는 없으며, 이 직은 사회적으로 이른바 외부에서 강제된 것이라고 생각함이 타당하다. 그들은 직능 때문에 피차별민이 된 것이 아니라 오히려 '히닝'으로서 국가에 의해 인정됨으로써 키요메의 직능을 떠맡게 되었다. 그리고 이 시점에서 비로소 '히닝'이 일정한 신분으로 조직되었다고 할 수 있다.

케가레와 접촉할 기회가 많은 피차별민들을 케가레적 존재로 위치지우는 경우도 많지만, '금기'에서 자유롭다는 규정이 그대로 피차별민 자신의 케가레를 의미하는 것은 아니다. 중세의 센즈만자이(千秋万歳) 등의 예능은 종종 구걸행위로서 천시되었지만, 재앙을 막고 복을 부르는 종교 민속적인 키요메 행위로서 널리 받아들여졌다. 그러나 이 예능을 행하는 사람들이 본질적으로 부정한 존재로 인식되어 사회에 정착되었다면, 케가레를 기피하는 귀족들의 저택에 들어가 구복적이고 주술적인 예능을 허가받은 것 자체가 모순되는 것은 아닐까.

오히려 그들은 '케가레를 겁내지 않는 사람들'로 인정됨으로써 귀족들의 케가레를 받아갈 수 있는 직능을 부여받았다고 생각해야만 할 것이다. 피차별민의 예능은 이러한 범위에서 키요메의 예능이고, 그들은 처음부터 케가레의 상징으로 존재한 것이 아니라 일정한 신분에 위치함으로써 케가레의 세계를 사회적으로 짊어지게 되었다고 할 수 있다.

일본 부락의 역사─차별과 싸워온 천민들의 이야기

케가레관의 변화

　고대사회에서 케가레라는 것은 우선 죄의 케가레를 의미하였으며, 오염과 죽음의 케가레가 아니라고 한다. 율령제 국가가 출현하기 이전 각자의 지역 국가에서 일어난 법질서에서는 공동체의 생활 질서를 방해하는 행위를 죄로 인식한 듯하다. 율령국가 성립 이전의 지방관인 쿠니노미야츠코(国造)는 오래전부터 이러한 지역 국가의 수장으로, 그 법질서를 표현하는 『고사기(古事記)』에 기재된 '국가의 오하라에(大祓, 매년 6월과 12월 그믐날 여러 사람의 죄와 부정을 없애고 정화하기 위하여 궁중과 신사에서 행하는 행사—역자)'에서는 '살아있는 말의 가죽을 벗기는 것(生剝, いきはげ), 짐승의 가죽을 꼬리부터 벗기는 것(逆剝, さかはぎ), 밭두렁을 무너트리는 것(阿離, あはなち), 밭에 물을 대는 도랑을 메워버리는 것(溝埋, みぞうめ), 더러운 것을 뿌리는 것(尿戸, くそへ), 친자혼(上通下通婚), 말과 성교하는 것(馬婚, うまわたけ), 소와 성교하는 것(牛婚, うしたわけ), 닭과 성교하는 것(鶏婚, とりたわけ)'을 구체적인 죄로 열거하고 있어, 공동체의 질서와 금기를 범하는 것이 고대사회에서는 케가레로 인식되었다.

　죄는 율(律)과 같은 형벌제재(制裁)로 처리되는 것이 아니라, 예를 들면 인형과 같은 불주(祓柱, 신에게 빌면서 죄나 부정을 씻기 위해 내놓는 물건—역자)에 케가레를 옮김으로써 제거할 수 있었다. 그리고 이 죄의 부정을 제거하는 의식이 '국가의 오하라에'로 다양한 불주를 필요로 했는데, 텐무(天武)기에는 노비가 불주가 된 사례가 있다. 즉 위에서 본 것처럼 조정이 케가레를 노비에게 부가하는 의식을 거행하였다.

　오염과 죽음의 케가레가 명확하게 케가레를 대표하게 된 것은 나라시대 말기라고 한다. 나아가 9세기부터 10세기의 엔기식(延喜式)이 제정되기까지는 죽음에 관련된 케가레 관념이 결정적인 배경이 되어 엔기식에서는 천황과 도성을 케가레에서 지킨다는 관념이 강화되었으며 케가레에 접촉한 사람들을 엄격히 통제하는 규율이 매우 세밀하게 정해졌다.

　이처럼 고대와 중세에 피차별민의 내용과 존재형식을 살펴보면, 그 환경의 변화는 결코 적지 않다. 케가레의 구조적 변혁이 일어나 고대에서는 사회의 가장 저변에 위치한 노비에게 케가레를 전가시키던 것이 중세에는 노비가 아니라 '히닝'에게 케가레를 전가시켰다. 더구나 중세 후기가 되면, 케가레의 의미는 급속하게 죽음의 케가레에 집약되어 간다. 케가레의 내용도 분명히 시대와 함께 변화하였다.

근 세

부락사 관계		세계의 인권	
1582년	태합검지(太閤檢地) 시작. 검지 장(檢地帳)에 '카와타' '사이쿠' 의 표기가 보임.	15~19세기	유럽의 주요 국가에 의한 노예무 역.
1591년	도요토미 히데요시(豊臣秀吉) 신 분통제령을 발포.		
1637년	시마바라(島原)의 난이 일어남.	1628년	영국의회가 왕정을 제한한 「권리 청원」을 가결함.
1652년	단자에몬(彈左衛門)과 쿠루마젠 시치(車善七)와의 사이에 최초의 논쟁(1740년경까지 이어짐).	1689년	영국의회가 국민의 권리를 인정 한 권리장전을 제정함.
1660년	카와치국(河内国) 탄보쿠군(丹 北郡) 사라이케(更池) 마을의 부 락 사람들만을 별도의 책자로 종 문개장(宗門改帳)을 만듦.	1776년	미국 독립선언.
1778년	막부가 전국의 '천민'을 대상으 로 단속령을 내림.	1789년	프랑스 인권선언.
1831년	쵸슈번(長州藩) 텐보(天保) 2년 봉기.	1838년	영국에서 보통선거의 실시를 요 구하는 차티스트운동이 시작됨.
1843년	부슈하나오(武州鼻緒) 소동.	1848년	「공산당선언」 발표.
1855년	카가(加賀) 번사 센쥬 후지아츠 (千秋藤篤)가 『치에타의(治穢多 議)』를 저술.	1851년	청나라에서 민중에 의한 태평천 국의 난이 일어남(~1864년).
1856년	오카야마번에서 시부조메(渋染) 봉기.	1861년	미국에서 남북전쟁(~1865년).
1867년	셋츠국(摂津国) 와타나베(渡部) 마을이 막부에 천칭 철폐의 원을 제출함.	1863년	노예해방선언 흑인연대 성립.

일본 부락의 역사—차별과 싸워온 천민들의 이야기

시대개관

　일본의 근세는 일반적으로 오다(織田)·도요토미(豊臣)시대부터 막 말기까지를 가리킨다. 군웅이 할거하던 전국의 동란을 거쳐 오다 노부나가 그리고 도요토미 히데요시에 의해 점차로 천하통일 사업이 진척되었다. 오다 정권은 여러 다이묘를 굴복시킴과 더불어 농민 봉기(土一揆), 일향 봉기(一向一揆, 전국시대에 一向宗의 淨土眞宗本願寺파의 신도들이 일으킨 봉기의 총칭—역자)에 보이는 민중의 반권력 투쟁을 철저하게 탄압하여 해체하려고 하였다. 이러한 지방분권적인 지배는 중앙집권적인 지배로 바뀌면서 신분 간의 유동이 심했던 하극상 사회가 엄격한 신분제사회로 변해갔다.

　도요토미 정권은 소촌(惣村, 중세 일본에서 백성의 자치적, 지연적 결합에 의한 촌락 형태의 공동조직을 지칭함—역자) 등에 보이는 민중자치의 맹아를 잘라버리고 나아가 일향 봉기를 해체하여 민중의 반란을 미연에 방지하였으며 권력지배를 안정시키기 위하여 신분의 고정화·제도화를 꾀함과 동시에 태합검지와 카타나가리(刀狩り, 무장권을 무사 신분에게 한정하여 민중의 무장해제를 꾀한 정책—역자)를 강행했다.

　태합검지는 전국을 빠짐없이 측량하여 각 경지의 연공부담자를 파악하고 확실히 연공을 징수하기 위하여 시행되었지만, 결과적으로 병농분리와 백성의 토지긴박(중세 유럽의 장원제와 같이 농민이 이동의 자유가 없어 토지에 얽매여 있음—역자)을 가져왔다. 또한 이 정권은 두 차례에 걸쳐 조선 침략을 감행하였다.

1600년의 세키가하라(関ヶ原) 전투에서 승리한 도쿠가와 이에야스(德川家康)는 1603년에 에도(江戸)에 막부를 열었다. 이후에 오사카의 진(陣)에서 도요토미 세력을 일소한 도쿠가와 정권은 아마쿠사(天草), 시마하라(島原) 난을 계기로 쇄국정책을 실시했다.

단, 이 쇄국은 중국과 네덜란드를 교역국으로 하고 조선과 류큐를 통신국으로 하여 이들 나라와는 교류를 인정하고 있었는데, 무역과 문화의 교류는 종래에 생각하고 있던 것 이상으로 활발하게 행해졌다. '쇄국'은 막부에 의한 무역과 문화교류의 창구일원화를 의미했다.

근세사회는 엄격한 신분사회였다. 중세의 상당히 유동적이며 사회적인 신분은 새롭게 편성된 고정적이고 법률적, 제도적 신분으로 바뀌었다. 무가는 주요한 지배 신분이었으며, 백성·상인(町人) '에타' '히닝' 등은 피지배 신분이었다. 이들 신분 외에도 천황, 공가, 승려, 신관 등이 존재했다. 또한 어부, 소마(杣, 임업 종사자)도 있었으며, '슈쿠(夙)'와 온보(隱亡, 사체 화장장의 작업원 – 역자) 등의 피차별 신분 계층도 존재했다.

근세의 막번제 사회 속에서 상업적 농업이 한층 발달하면서 그 외의 상업과 여러 산업이 부흥하였으며 화폐경제가 사회의 구석구석까지 침투했다. 세상이 자본주의로 진행되면 진행될수록 막번체제의 모순은 격화되었다. 쿄호(享保)의 개혁, 칸세(寛政)의 개혁, 텐보(天保)의 개혁은 체제 측의 대응책이었는데 결국 반동적 대응일 수밖에 없었기 때문에 모두 실패하였다.

근세의 엄격한 신분제의 최하층에 위치한 근세 피차별부락민에게는 고유한 직업과 부역의 부담이 강제 혹은 고정되었으며, 거주지에도 규제가 있었다. 그러나 근세 부락의 사람들은 고유한 업무인 죽은 소나 말의 처리 및 피혁업에 뛰어난 기술을 발휘했을 뿐만 아니라 농업, 설상화(雪駄), 태고(太鼓)의 제조 등 활발한 경제활동을 전개하였다. 근세 일본의 인구 전체가 정체 혹은 감소하던 18세기 중반 이후에도 전국의 많은 부락에서 인구가 계속 증가한 주요한 이유는 여기에 있다고 생각된다. 또한 특히 에도 후기가 되면 영주 측의 차별정책에 반대하는 투쟁이 각지에서 계속 일어났으며, 막 말기가 되면 쵸슈번의 피차별부락 민병은 반막부 투쟁에 참가하기도 했다.

1. 전국시대 민중의 동향과 '카와타' 지배

하극상의 세계

피차별부락은 일반적으로 근세 초기, 즉 16세기 말부터 17세기 후반에 걸쳐서 전국의 많은 지역에서 성립했다. 그러나 어떤 역사적 경위 없이 근세 초기에 한꺼번에 성립한 것은 아니다. 즉 이미 중세에 존재하던 '카와라모노' 등 천시·부정시된 신분과 신분의식, 케가레관을 역사적 전제로 하고 있다. 그리고 중세 말기부터 근세 초기에 걸친 역사적 추이, 특히 농민 봉기, 일향 봉기와 전국 다이묘와 통일권력에 의한 철저한 탄압이라는 민중 측과 지배권력 측과의 투쟁의 경위를 포함하여 근세 초기에 성립한 것으로 생각된다.

무로마치 시대에 들어오면 이모작이 칸사이에서 칸토지방으로 확대되며, 지금까지 비료로 사용되던 풀이나 목탄 외에 인분, 쇠두엄 등도 사용하게 되어 농업생산력이 높아졌다. 어업에서도 전업 어부가 증가하였으며 염전을 통한 제염업도 발전했다. 금, 은, 동, 사철의 채굴도 빈번하게 행해졌으며 제련기술도 발달했다. 운송에서도 바샤쿠(馬借, 말에 물건을 싣고 운반한 운송업자-역자), 샤샤쿠(車借, 수레를 이용하여 물건을 운송한 운송업자-역자)가 활약하였으며 회선업(廻船業)도 융성하였다.

이러한 생산력 발전을 기반으로 하여 촌민에 의한 소촌(惣村), 쵸닝(町人)에 의한 소쵸(惣町) 등의 자치조직이 발생했다. 소촌에서는 마을 사람들의 집회인 요리아이(寄合, 농민의 자치적 모임으로 여기서 제례와 입회권, 연공의 할당 등을 상의함-역자)가 만들어졌으며, 소(惣)의 맹약(惣掟)이 정해지고, 오토나(乙名, 무로마치 시대에 소를 지도한 유력 명주-역자), 토시요리(年寄, 에도시대에 정촌의 행정에 관하여 지도적 입장에 있는 사람-역자) 등의 마을 지도자를 선출했다. 사카이(堺)에서는 36명의 에고슈(会合衆, 도시의 자치활동을 지도한 특권적 상인층-역자)에 의한 마을 행정이, 하카타(博多)에서는 12명의 츠키교지(月行事, 매월 교대로 마을 사무를 처리하는 자-역자)에 의한 마을 행정이 행해졌다.

이들 자치조직을 포함하여 마침내 민중들은 장원영주와 슈고에 대하여 악한 대관(代官, 주군의 관직을 대행하는 자를 총칭하는 말-역자)의 파면과 연공의 감면을 요구하게 된다. 이 투쟁은 수소(愁訴, 농민이 봉건영주나 막부에 요구를 탄원하는 것), 강소(強訴, 정식적인 수속을 거치지 않고 집단으로 요구하는 것), 도산(逃散, 요구가 받아들여지지 않을 경우 경작을 포기하고 다른 영지로 도망가는 것)이라는 수단을 통해 이루어졌으며, 그래도 요구가 받아들여지지 않을 때에는 봉기라는 형태로 발전했다. 농민들이 일으킨 봉기를 도잇키(土一揆)라 한다.

봉기는 14세기 후반부터 일어나기 시작하여 15세기에 들어서서는 대규모화 하였다. 이렇게 하여 세상은 사회의 저변에서부터 움직이기 시작하였으며 전통적인 신분 서열과 질서를 무시하거나 부정하는 하극상의 사회로 들어서게 된다.

1470년(文明2년)에 나라의 코후쿠사 다이죠인의 원주(院主)인 진손(尋尊)은 당시의 야마토(大和)지방의 상황에 대해 "최근에 토민(土民), 사무라이 계급을 볼 수 없는 시절이 되었으며, 히닝 3당(三党)의 무리들이라 하더라도 슈고(守護), 코쿠슈(国守, 율령제 하의 지방장관－역자)의 요구를 이룰 수 있으며, 이를 심각하게 좌우할 수 있는 자들이다"고 평했다. '3당의 무리'라는 것은 나라사카의 '슈쿠히닝' 등 피차별민을 지칭하는 단어이다. 그로부터 5년 후에 진손은 "최근에 마땅히 존중되어야 할 혈통과 가문이 무시되고 평민과 나라의 백성은 입신하여 자국 타국 모두 이와 같이 이런 짓만 하는 하극상에 이르렀다"고 말하여 하극상 사회의 심화를 자각하고 있다.

계속되는 농민 봉기

1418년(應永25년)에 오우미(近江), 오츠(大津)지방의 바샤쿠 수천 명이 스스로의 권익을 지키기 위해 교토로 들어가 기온샤를 점거하였다. 10년 후인 1428년(正長원년) 9월에 같은 오우미 사카모토(坂本)의 바샤쿠가 봉기하여 다이고(醍醐), 교토, 나라를 연루시킨 대규모의 농민 봉기가 일어났다. 이때 다이죠인의 승려가 "천하의 농민이 봉기했다. 덕정(德政)이라 칭하고 고리대 업자(酒屋·土倉), 사원 등을 파괴하고 여러 물건을 원하는 대로 가져갔으며, 빌린 돈 등을 모두 파기했다. 관청은 이를 처벌했다. 일본이 개국한 이래 농민 봉기는 이것이 처음이다"라고 한탄한 내용은 잘 알려져 있다.

그 다음 해에 하리마국(播磨国)에서는 반슈고의 농민 봉기가 일어났다. 봉기의 무리는 "무릇 농민이 사무라이를 지칭하며 나라의 중심에 있어야 한다"고 당당하게 주장했다.

농민 봉기에는 천시 받던 피차별민도 참가하였다. 1433년(永享5년)에 사카모토의 바샤쿠가 도성 안에 난입했을 때 기온샤의 이누지닝(犬神人, 교토 기온의 야자카신사의 예속민. 신사 경내의 청소, 도성 내의 시체 처리를 담당함. 평소에는 신발이나 활을 만들었으며 야자카신사의 하급 무사이기도 하다－역자)이 이에 호응하여 행동을 일으켰다. 또한 1520년(永正17년)의 봉기는 중세 피차별민이었던 니와시(庭師, 정원을 손보는 사람－역자) 쇼고로(小五郎)가 일으킨 것이다.

1485년(文明17년) 12월부터 다음 해에 걸쳐서 야마시로국(山城国)에서

일본 부락의 역사－차별과 싸워온 천민들의 이야기

봉기(国一揆)가 일어났다. 이 봉기는 슈고의 배제를 목적으로 한 것으로, 같은 국 내에서 대립·항쟁하고 있던 하타케야마 마사나가(畠山政長)와 하타케야마 요시나리(畠山義就)의 양 군대를 물리치고 이후 8년간에 걸쳐서 36인중(人衆)을 중심으로 막부와 슈고에 대하여 자주적, 자율적 행동을 취했다. 그러나 이들 농민 봉기(国一揆)는 각지에서 일어난 봉기 상호간의 연결이 없었기 때문에 전국 각지에서 계속 발생했음에도 불구하고 결국 전국 다이묘에 의해 진압되었다.

일향(一向) 봉기의 발생

일향 봉기란 일향종(지금의 浄土眞宗)의 신자 집단이 중심이 되어 일으킨 봉기이다. 이 봉기는 농민 봉기와는 달리 같은 신자 집단으로 횡적 연결이 강하고 단결력이 강고하였다. 이 때문에 일향 봉기는 영주 등 지배 세력을 종종 궁지에 몰아넣을 정도의 위력을 나타냈으며 영주층에 공포감과 증오감을 안겨주었다.

일향 봉기는 1465년(寬正6년)에 오우미에서 발생한 것을 시작으로 1585년(天正13년) 4월의 기이국(紀伊国) 오타성(太田城)의 함락까지 실로 120년간 계속되었다. 그 범위도 호쿠리쿠(北陸), 칸토에서 남쪽 규슈에 이르기까지 많은 지역을 포함하는 거의 전국적인 것이었다. 그런 만큼 전국 다이묘는 이 일향 봉기를 철저하게 탄압하였다. 에치고(越後)의 나가오씨(長尾氏, 이후의 上杉氏)는 1521년(永正18년)에 규정서(掟書)를 통해 일향종 신도의 체포, 일향종을 허가한 재지 영주의 개역(改易, 영주 신분의 몰수) 등의 정하였다.

칸토의 고호죠씨(後北条氏)도 1506년(永正3년)경부터 일향종을 금지했으며, 미카와(三河)의 도쿠가와 이에야스도 정토진종에서 정토종으로 개종을 거부한 사원과 도장을 모두 파괴하였으며 진종의 승려를 국외로 추방하였다. 사츠마(薩摩)의 시마츠씨(島津氏)도 일찍부터 일향종을 금지했다. 그리고 에도 시기를 통해 그리스도교와 나란히 일향종도 금지했다.

전국 다이묘의 '카와타' 통제

전국시대에 들어서면 갑옷과 마구(馬具) 등의 무구 제작에 피혁이 중요한 위치를 점하게 된다. 전국 다이묘는 군수물자로서의 피혁의 안정적인 확보를 위해 피혁업에 대한 권력의 통제를 강화했다.

1526년(大永6년)에 이마카와씨(今川氏)는 가신인 오이신에몬(大井新右衛門)에게 스루가국(駿河国)의 부중(府中, 율령제 국가의 수도－역자) 서쪽에 있는 '카와타' 히코하치(彦八) 소유의 카와하라 신토지(川原新屋敷)는 이전에 오카베(岡部)의 야마토슈(大和守)가 소쟈(奏者, 양자 사이에서 물건을 중계하는 사람－역자)였을 때 받은 것으로, 그때와 같이 오랫동안 히코하치의 토지임을 인정하고 매년 피혁 공납 등의 책임을 지워 과실이 없도록 지배해야만 한다고 명령하였다. 이 '카와타'는 피혁업자이다. 피혁

일본 부락의 역사－차별과 싸워온 천민들의 이야기

가공에 편리한 강변에 있었다고 생각되는 토지에 정착했다고 추정된다.

1528년(享祿 원년)의 이마카와씨 「친후실수계니주인장(親後室寿桂尼朱印状)」에 의하면, 이마카와씨에게 급한 용무가 있을 때 히코하치는 온 나라를 뒤져서 피혁을 조달해야만 한다고 명하고 있다. 그 후 이마카와씨는 1544년(天文12년)에 불에 그을린 가죽, 피혁, 부드럽게 가공한 가죽 등을 렌쟈쿠 상인(連雀商人, 행상인)이 다른 나라로 가지고 가서 판매하고 있기 때문에 피혁을 숨기고 있는 자가 있으면 붙잡아 두고 알려야 하고, 그 명에 따르지 않는 자는 피혁을 압수하는 조치를 취하라고 명령하고 있다.

1549년(天文18년)에는 '피작상매(皮作商賣)'는 하치로에몬(八郎右衛門)과 히코타로(彦太郎)의 두 사람이 독점하였으며 어느 집안의 것이더라도 긴급한 시기에는 이마카와 요시모토(今川義元)의 명령에 따라야만 한다고 하여 영내의 피혁 매매에 통제를 가하였다.

1560년(永祿3년)에 이마카와씨는 오케하사마(桶挾間) 전투에서 오다 노부나가 군대에 패했는데, 스루가국에서는 아나야마 노부키미(穴山信君)가 1579년(天正7년)에 '강변의 가죽 작업'에 대하여 후신역(普請役, 축성, 사원과 신사, 궁전의 조영, 가옥, 물길의 수리 등에 노동력을 제공하는 것), 전역(田役, 토지에 부과하는 조세)의 면제를 재차 확인하고 있다. 고호죠씨와 타케다씨(武田氏) 등의 전국 다이묘도 이마카와씨와 동일하게 '카와타' 지배정책을 취하고 있었다.

전국 다이묘 하의 '카와타'는 이후에 근세 피차별부락(주로 '에타' 신분. 이하 근세부락이라고 한 경우도 있음)처럼 형집행, 경찰역을 고유한 임무로 부과되었다고 할 수는 없는 상황이며, 오히려 피혁업자로서 장인으로 파악되었다고 이해된다. 이 '카와타'의 고유한 직업으로서 피혁업이 강제되었던 것으로 여기에서 근세부락 성립을 향한 중요한 첫걸음이 시작되었다.

전국시기 피차별민의 상황

중세를 통해 강화된 '에타' 신분에 대한 부정(不淨)의식은 혹독했다. 예를 들면, 전국시기인 1569년(永祿12년)의 오사카 주변에서는 다음과 같은 상황이 보인다.

에타란 독일의 마라바르의 보레아처럼 일본에서 가장 비천하고 따돌림 당한 천민으로 그 직업은 죽은 짐승의 거죽을 벗겨서 이것을 가죽으로 파는 것이다. 그들은 마치 다른 사람들과 교제할 수 없는 부정한 사람들처럼 언제나 부락에서 떨어져 살았다.(루이스 프로이스, 『일본사』4, 동양문고 平凡社)

그러나 다른 한편으로 나라의 코후쿠사 다이죠인 원주인 진손이 1470년(文明2년)의 나라의 상황에 대하여 쓴 것처럼, 비록 '히닝'들이라 하더라도 이들이 슈고와 코쿠슈가 되려는 희망을 가져도 지배자들은 이것을 어찌할 수 없는 사회가 되었다. 실제로 16세기 중엽에 키이국(紀伊国)과

이즈미국(和泉国)에서 커다란 세력을 가진 네고로 집단(根来衆, 전국시기에 키이국 북부의 네고로사를 중심으로 한 일대에 거주한 승병 집단－역자)은 출신 '혈통의 비천함'은 '오점'이 아니라고 믿었다고 한다.

죽은 소·말 처리, 거죽 벗기기의 케가레관

죽은 소나 말의 사체를 부정하다고 보는 의식은 상당히 옛날부터 있었다. 9세기 초반의 내용을 기록한 『고닌식(弘仁式)』에서 6축(말, 소, 양, 개, 돼지, 닭)의 사체는 5일간 부정하다고 규정되어 있다. 이것은 10세기 전반의 『엔기식(延喜式)』에도 계승되어 중세 이후에까지 영향을 미쳤다. 그 때문에 특히 죽은 소나 말의 처리는 천시·부정시되던 신분인 카와라모노 등의 업무로 인식하는 경향이 발생했다.

전국시기에 들어간 1558년(弘治4년) 6월의 시나노국(信濃国) 스와시모미야(諏訪下宮)의 금기(物忌, 부정을 피하기 위하여 심신을 깨끗이 유지하는 것－역자)에 관한 기록에 의하면, 죽은 소나 말의 "거죽을 벗기는 것은 5일간의 케가레가 있다"고 되어 있으며 더욱이 "뼈를 처리하는 것은 백일간 케가레가 있다"고 기록되어 있어 죽은 소나 말을 해체 처리하는 일(당연히 죽은 짐승의 뼈까지 처리하게 됨)은 케가레가 너무 많은 직업이라고 인식되었다.

단, 이러한 지배층의 케가레관이 어디까지 민중에 침투되었는지, 신슈(信州) 이외에서는 어떠했는지, 특히 일향 봉기 등에 보이는 것처럼 민중의 자치와 단결이 강고했던 지역에서는 어떠했는지를 이후 충분히 검증하는 것이 중요하다.

2. 오다 노부나가 정권의 민중 지배와 근세부락의 성립

오다 노부나가와 일향 봉기

오다 노부나가는 1560년(永禄3년) 3월에 오케하사미 전투에서 이마카와 요시모토를 물리치고, 1568년(永禄11년)에는 아시카가 요시아키(足利義昭)를 받들어 숙원이던 입성을 이루었다.

노부나가는 혼간지에 군자금 5천관을, 자유도시 사카이(堺)에는 2만관을 요구하였다. 사카이는 이것을 거부했지만 혼간지는 싸움을 피하기 위하여 그 요구를 받아들였다. 그러나 1570년(元亀 원년) 1월에 노부나가는 혼간지의 이시야마(石山) 퇴장을 요구하였다.

혼간지 법주(종주라고도 불리며 혼간지 승려의 우두머리) 겐뇨(顕如)는 노부나가 군대와의 일전을 피할 수 없다고 보고, 동년 가을 전국의 문도(門徒)들에게 봉기할 것을 재촉하는 격문을 보냈는데 이에 응하지 않는 자는 파문한다는 엄격한 태도를 보였다.

이렇게 하여 동년 9월 12일에 드디어 이시야마 혼간지 전투(이시야마 전투)가 일어나 이후 10년간에 걸쳐 일향 봉기와 오다 군단과의 총력전이 시작되었다. 혼간지의 방어가 견고했기 때문에 정면 돌파를 포기한 노부나가는 이세(伊勢), 나가시마(長島) 봉기에 대한 탄압으로 변경하였다. 1574년(天正2년) 9월에 나카에(中江), 야나가시마성(屋長島城)에 있던 봉기 군중 2만 명은 노부나가의 속임수 공격을 받아 전원이 불에 타 죽었다. 다음 해 에치젠(越前)에서도 3만에서 4만 명의 봉기 참가자가 학살되었다.

이시야마 혼간지의 함락

1576년(天正4년) 4월에 노부나가는 주력부대를 동원하여 이시야마 혼간지 공격에 전력을 쏟았다. 겐뇨는 곧바로 전국의 문도들에게 봉기할 것을 재촉하였다. 다음 해 2월에 노부나가는 혼간지 철포부대의 주력이었던 기슈(紀州)의 사이카(雜賀) 집단을 공격하였으며, 나아가 오사카만의 제해권을 잡기 위하여 쿠기 요시타카(九鬼義隆)와 타키가와 카즈마스(滝川一益)의 이세(伊勢) 수군을 출동시켰다. 이제 혼간지의 패배는 시간 문제였다.

노부나가는 혼간지의 함락을 눈앞에 두고 나가시마와 에치젠의 일향 봉기에 대하여 취한 것과는 달리 전원 사살을 피하고, 오교마치(大親町) 천황의 칙령에 따른 강화방식을 취하여 '오사카 퇴성'과 '총사면'의 두 가지 조건을 제시했다. 혼간지는 이것을 수락하고 1580년(天正8년) 윤3월에 마침내 노부나가에게 굴복하였다. 노부나가가 이러한 칙령 강화방식을 채택한 것은 전국 각지에서 여전히 철저한 항전 태세를 보이고 있는 봉기 군중을 천황의 권위와 법주(法主)의 명령으로 억제하려고 했기 때문이다.

그러나 그 후에도 키타리쿠(北陸), 북부 이세, 이즈미(和泉) 남부, 키슈 북부 등에서 일향 봉기 집단은 오다 정권에 계속하여 저항하였다. 노부나가는 1582년(天正10년) 6월에 교토의 혼간지에서 중신인 마케치 미츠히데(明智光秀)에게 공격당하여 전사했다.

도요토미 정권에 의한 일향 봉기의 해체

노부나가의 사후 천하통일 사업을 계승한 도요토미(당시는 하시바羽柴) 히데요시는 1583년(天正11년)에 이즈미, 키이의 일향 봉기 세력을 억압하기 위해 오래된 충복 다이묘 나카무라 카즈우지(中村一氏)를 키시와다 성(岸和田城)에 보냈다. 호쿠리쿠(北陸)에서도 여전히 일향 봉기 집단은 영주가 된 마에다 토시이에(前田利家)에게 계속 저항하였으며, 다음 해 여름에는 이세 북부에서도 봉기가 일어났다.

같은 해 4월에 히데요시는 오다 노부나가의 아들 노부카츠(信雄)와 도쿠가와 이에야스(德川家康)의 연합군과 코마키(小牧), 나가쿠테(長久手)에서 전투를 벌여 휴전을 이끌어내었다. 해가 바뀌어 1585년 3월에 히데요시는 최후의 일향 봉기 토벌을 위해 10만이 넘는 대군단을 센난(泉南)과 키호쿠(紀北)에 출병시켰다. 센난에 있던 센고쿠보리성(千石堀城, 현재의 오사카부 貝塚市)을 약 5천 명의 사람들이 점거하고 있었는데, 무거운 나무 울타리를 치고 불을 붙이자 전원 불타 죽었다. 이렇게 하여 '백성들이 점령한 성'이라고 불리던 하타케나카성(畠中城) 그 외 샤쿠젠사성(積善寺城), 사와성(沢城) 등이 모두 함락되었다.

키슈의 문도(門徒)들은 오타성(太田城, 지금의 와카야마시)에 틀어박혀 저항했으나 히데요시의 수공(水攻)으로 1개월 후에 패배했다. 히데요시는 주모자 53명을 참수하여 목을 오사카의 아베노(阿倍野)에 매달았으며, 그들의 처 23명을 책형(磔刑, 죄인을 나무기둥에 묶고 찔러 죽이는 형벌—역자)에 처하였다. 이렇게 하여 약 120년간에 걸쳐 계속된 일향 봉기는 종말을 고했다.

도요토미 정권의 민중 지배

히데요시는 1582년(天正10년)에 야마시로국(山城国)에서 검지(檢地)를 실시한 이래 전국 각지에서 검지를 강행하였다. 검지는 촌 단위로, 하나의 구획마다 이루어졌으며 토지의 등급, 면적, 평균 수확량이 명기되어 연공부담자가 명확해졌다. 중세 이래의 복잡한 제공사(諸公事, 장원영주 등에 대한 공납물의 일종으로 특산물 등을 납입하는 것)도 연공 속에 편입시켰고, 츠쿠리아이(作合)라고 칭해진 무거운 동료 착취도 부정되었으며, 하나의 토지에 영주 한 명의 원칙이 제시되었다.

이른바 태합검지에 의해 근세 신분제도의 기축을 이루는 병농분리가 추진되었다. 히데요시는 1585년(天正13년) 4월에 키슈, 오타성을 함락시킬 때 검의 몰수를 시행했는데, 1588년(天正16년) 7월에 봉기의 해체와 재발 방지라는 목적으로 이것을 전국적 규모로 실시하는 법령을 발포하고 민중의 무장을 해제함과 동시에 백성에게 경작 강제를 꾀하였다.

1591년(天正19년) 8월에 도요토미 정권은 조선침략을 염두에 두고 군단 구성원과 병량미의 확보를 위해 신분령을 발포하였다. 따라서 이 법령은 반드시 신분의 법제화를 목표로 제정된 것은 아니지만, 결과적으로 무사, 백성, 상인 신분의 분리와 고정화를 촉진시켰다는 점은 부정할 수 없다. 다음 해 1월에 관백 히데츠구(秀次)의 이름으로 조선침략 태세 강화를 지시했으며, 3월에 그 준비로 66개국에 인소령(人掃令)을 내리고 마을마다 가구 수, 사람 수 등을 영주의 봉공인, 백성, 상인이라는 신분별로 작성하였다.

근세부락의 성립

도요토미 정권은 농민 봉기, 일향 봉기로 발전해온 민중의 저항투쟁을 해체시키는 과정에서 민중 지배 정책을 입안하였다. 그 중요한 일환으로 검지의 실시, 검 몰수령, 신분령, 인소령 발포 등이 있었으며, 병농분리를 축으로 한 근세 신분제도의 원형을 만들었다.

그런데 태합검지장 속에 이후에 '에타' 신분=근세부락에 직결되는 '카와타'라는 칭호가 붙어있는 나우케닝(名請人, 경작인)이 보인다. 이러한 검지장의 존재 범위는 광범위하여 동으로는 무사시국(武蔵国)에서, 서로

사라이케 마을 카와타 토지(屋敷)라고 기재 「河内丹北郡布忍郷内更池村御検地帳」(1594년)

는 히고국(肥後国)에 걸쳐 있으며 모두 합쳐서 99개국, 30여 책에 달한다.

이 '카와타'라는 명칭을 피혁업자라는 직인의 직업을 지칭하는 명칭으로 볼 것인지, 천시·부정시된 사람의 신분적 호칭으로 볼 것인지 여전히 논란이 많다. 그러나 1594년(文祿3년)의 카와치국(河内国) 탄보쿠군(丹北郡) 사라이케 마을의 검지장에 이 마을 내 백성의 토지와는 별도로 더구나 말미에 '사라이케 마을의 카와타 토지'라는 기록이 보이는 점, 그 다음 해의 셋츠국(摂津国) 카와베군(川辺郡) 고가즈카(御願塚) 마을의 명기장(名寄帳, 검지장의 기록이 경작지별로 되어 있는 것을 경작자별로 정리한 장부)에 백성 27명을 기재한 뒤 '카와타' 3명을 나열하여 기록하고 있는 점, 이러한 기록이 보이는 카와치국, 셋츠국은 도요토미 정권의 중추부이고, 더욱이 이 분로쿠(文祿)의 검지가 태합검지의 전형적인 검지로 평가되고 있는 점 등의 이유로 도요토미 시기에 '카와타'의 상당 부분이 신분으로 파악되기 시작했다고 할 수 있다. 이것은 다른 사료에서도 뒷받침된다.

　전국 다이묘 등에 의해 '카와타'와 피혁업을 긴밀하게 연결한 정책이 채용된 점은 앞서 논했는데, 도요토미 시기에 들어서면 그 정책은 보다 광범하고 강력하게 추진되었다. 카이국(甲斐国)에서는 1592년(天正20년) 1월에 4명의 '카와타(皮多)'의 토지연공, 제역 등이 면제되었는데 이 '카와타'에게 도성 내 도심(城下町)으로 들어오는, 만리키(万力) 일대, 오이시와(大石和) 일대, 니시고오리(西郡) 일대의 죽은 소나 말의 처리, 피혁업을 통괄하는 권한을 부여했다고 생각된다. 시나노국 마츠모토번에서도 동년 11월에 '카와타 동량(棟梁)'에 의한 군 단위의 피혁업 통제가 확립되었으며, 1594년(文祿3년) 2월에 '카와타'는 가죽 한 장씩 상납할 것을 명령하였다. 시나노국 마츠요(松代)번에서도 1598년(慶長3년) 11월에 성주 타무라 나오마사(田村直昌)는 '가와야 총책(かわや惣頭)' 마고로쿠(孫六)에게 코 가죽(말고삐, 말의 입에 물리는 가죽 끈)의 상납을 명령하였다.

　'카와타'의 역 부담에 대하여 살펴보면, 앞에서 본 마츠요번에서는 1598년의 동 법령으로 청소역과 간수역(牢番役)을 명했다. 코모로번(小諸潘)에서는 1597~1600년(慶長2~5년)에 센코쿠씨가 도시(城下町)를 완성시키는 과정에서 '쵸리(長吏, 근세에 '에타'(칸토) 또는 '히닝'(오사카 등)의 우두머리를 지칭함. 넓게는 '에타' 신분을 이르는 호칭의 하나)'를 코모로의 아라(荒) 마을에서 카마스(加増)로 이동시켜, 코모로의 동쪽 입구 부근에서 성내로 들어오는 사람들을 감시하게 했다고 한다.

　교토의 로쿠죠(六条) 마을은 텐쇼(天正) 연간(1573~1592년)에 '카와타 마을(皮田村)'로 불리며 단죄역(斷罪役)에 종사하고 있었다고 하며, 셋츠의 와타나베 마을도 케죠(慶長) 연간(1596~1615년)에 단죄역이 부과되었다고 전해진다. 키이의 오카지마(岡島) 카와타 마을도 텐쇼 연간에 도요토미 히데나가(秀長, 히데요시의 동생)로부터 와카야마(和歌山) 성내의 청소역과 간수역을 명받았다고 한다.

이상과 같이 도요토미 정권 하의 상당히 많은 지역에서 '카와타'('革屋' '革作' 'かわや')에게 피혁업이 고유의 직업=가업으로 강제, 고정되었으며 동시에 그 고유한 역 부담으로 피혁의 상납, 형집행역(行刑役), 경찰역, 청소역 등의 역무가 부과되기 시작했다고 생각된다. 즉 무사―백성·상인 등의 아래에 '카와타'가 천시·부정시된 신분으로 놓이기 시작했다. 이렇게 하여 기본적으로 근세부락은 성립했다. 이것이 이른바 피차별부락의 기원이다.

단, 근세의 부락 모두가 이 도요토미 시기에 한꺼번에 성립한 것은 아니고 지역에 따라서는 에도 전기(17세기 초에서 말)에 걸쳐서 형성되었다.

편입된 사회계층

근세 초기에 피차별부락이 만들어질 때 여기에 편입된 것은 도대체 어떠한 사회계층의 사람들이었을까. 중세에 니와노모노(庭者)로 정원 건설에 종사한 '카와라모노'의 계보를 잇고 있다고 하는 노구치(野口)부락은 라쿠호쿠(洛北)에 거주하던 '노구치 카와라모노'와 계보적으로 연결되어 있다고 생각된다. 나라의 히가시노사카(東之坂)부락은 중세의 '키타아마(北山) 히닝'을 지배하던 '히가시노사카 쵸리'의 계보를 잇고 있으며, 하리마국(播磨国)의 이와(伊和)신사의 '카와라모노'의 거주지는 근세부락과 중첩된다고 보인다.

오우미국(近江国)에서는 온죠사(園城寺), 붓쇼사(仏性寺), 콘고사(金剛寺), 사이묘사(西明寺)—이상 천태종), 다이엔사(大円寺—화엄종, 렌게사(蓮華寺—시종時宗) 등의 사원에 예속되어 있던 사람들과 근세부락이 연결되어 있다고 보인다. 시나노국의 우에다(上田) 지방에서도 중세의 오미야(大宮)신사의 '니와하기(庭掃)'가 점차로 '쵸리역'(경찰역 등)을 부담하였으며 근세부락이 되었다고 보인다. 그 외에 여러 직인 상인의 계보를 들 수 있다. 죽은 소나 말의 사체에 직접 접촉하는 거죽 벗기기 공정을 담당하였던 피혁업자와 동일하게 천시 받았다고 생각되는 아오야(青屋, 염색업자) 등이 근세부락에 편입되었다. 타지마(但馬)와 시나노 등의 지방에서는 물의 운반에 종사한 와타시모리(渡守)와 센도(船頭) 집단의 일부도 근세부락에 계보적으로 연결된다고 보인다.

또한 칸토지방에서는 둑 파수꾼(堰守)의 계보를 잇는 근세부락이 있었다고 하며, 키이지방에서는 멧돼지와 사슴이 농작물을 훼손하지 못하게 하기 위해 설치했던 엽사(獵師)의 계보를 잇는다고 전해지는 근세부락이 존재한다. 수는 적지만, 탄바(丹波)와 나고야 지방에서는 유민과 빈곤민의 흐름을 가진 근세부락이 존재했다.

농민의 일부도 근세부락에 편입된 흔적이 있다. 근세에는 농촌부락이 많았으며 그중에는 마을 소출이 200석 전후인 한마을 독립형의 근세부락도 존재한다. 또한 근세부락 가운데는 근세 초기에 20석 전후의 소출을 가진 부농 계층에 속하는 자도 있었다. 이러한 사실은 농민적 계보의 부락 출신자가 있을 가능성을 시사한다.

이상과 같이 근세부락에 편입된 사회계층은 다양하며 어느 하나의 사회계층으로 압축할 수는 없다. 근세의 권력은 중세 말기에 천시·부정시된 신분·직업의 존재와 신분의식, 케가레관을 전제로 하여 활용하는 방식을 취하였으며, 다른 사회계층의 사람들까지도 포함하여 일정한 사람들에게 원칙적으로 고유한 직업인 죽은 소나 말의 처리, 피혁업을 강제하거나 고정시킴과 동시에 고유의 역 부담으로 형집행, 경찰, 청소역 및 가죽제공(皮役)을 부과하였다. 이렇게 하여 근세 초기(도요토미 시기~에도전기)에 거의 전국적인 규모로 근세부락을 만들었다.

근세부락의 선조와 일향종·일향 봉기

근세부락에 편입된 사람들 가운데 일찍부터 일향종의 신자가 상당히 많이 포함되어 있었으며, 이들 신자 중에는 일향 봉기에 참가한 사람들도 있었다. 특히 긴키(近畿)지방의 부락에 위치하는 이른바 부락사원의 거의 대부분은 정토진종계 사원이었으며 더욱이 그 개창연대가 일향 봉기가 끝나는 해인 1585년부터 이전으로 거슬러 올라가는 것이 적지 않다. 또한 와카야마, 오사카, 나라, 효고 등에서는 일향 봉기 참가를 뒷받침하는 기록이 발견되었다. 왜 이러한 역사적인 현상이 보이는 것인지 이후의 연구과제이다.

어쨌든 부락의 선조들인 사람들 중에는 일향 봉기에 참가한 사람들이 있었다는 사실은 주목해야 할 부분이다.

직업기원설, 이민족 기원설의 오류

부락의 기원에 관하여 부락의 선조들이 죽은 소나 말의 처리 등 '부정한' 직업에 종사하고 있었기 때문에 점차로 주위의 사람들에게 소외, 차별 받게 되어서 부락이 형성되었다고 하는 설이 있다. 이것을 직업기원설이라고 하는데 이것은 잘못된 견해이다.

사실은 앞서 논한 것처럼 죽은 소나 말의 처리와 피혁업에 종사하지 않은 사람들도 당시의 상황 하에서 각 영주의 사정에 따라 근세부락에 편입되었다. 물론 당시에 천업시되고 있던 죽은 소나 말의 처리, 피혁업, 특히 생가죽을 벗겨서 부드럽게 가공하는 공정을 업으로 하고 있던 사람들이 그대로 근세부락에 편입된 경우도 존재한다. 그러나 이 경우에도 주위 사람들의 차별적인 언행에 의해 자연발생적으로 형성된 것이 아니라 영주 측의 일정한 정치적 작위(作爲)가 작용하였다. 이 점을 놓쳐서는 안 된다.

부락의 기원에 관해서 하나 더 잘못된 생각이 있다. 이것은 부락의 선조를 이민족, 특히 고대에 일본으로 건너온 도래인에게 구하여 이민족이었기 때문에 일본 민족으로부터 소외, 차별을 받아서 부락이 성립했다고 하는 것이다. 그러나 현재의 역사학이 분명히 밝히고 있는 바로는 고대에 한반도에서 건너온 도래인(渡來人)이 일반적으로 멸시당하고 차별당하지 않았다는 점이다. 그들의 대부분은 진보된 문화와 기술을 가지고 있었으며, 그로 인하여 오히려 당시의 사회에서 중용된 경향조차 있었을 정도였다.

원래 도래인 중에는 하층의 사람도 있었는데 고대, 중세라는 긴 역사의 흐름 속에서 도래인과 처음부터 일본열도에 거주하고 있던 사람들 사이에 통혼이 진척되어, 근세부락이 전국적으로 형성되었다고 생각되는 근세 초기(16세기 말~17세기 후반)에는 누가 순수한 도래인의 자손인지 전혀 구분할 수 없었다.

따라서 이민족 기원설은 전혀 근거가 없으며 이미 전전에 키타 사다키치(喜田貞吉) 등의 연구에 의해 논파되었다. 그럼에도 불구하고 이러한 설이 지금까지도 여전히 남아 있는 것은 현재 재일조선인을 멸시하는 의식이 광범위하게 존재하고 있고 이것과 부락차별을 연결시키려는 심리가 작용하고 있기 때문이라고 생각된다.

3. 막번체제의 성립과 '천민' 지배

막번체제의 성립

　도요토미 히데요시는 1592년(文祿 원년)에 약 17만 명의 대군을 동원하여 조선침략에 나섰다. 일시적으로 강화가 성립되었으나, 감합(勘合)무역의 부활 등 일본 측이 요구한 조건이 충족되지 않았다는 이유로 1579년(慶長2년)에 재차 출병하였다. 그러나 이순신이 이끄는 조선 수군이 제해권을 장악하는 등 조선 민중의 강한 저항에 직면하였다. 이러한 상황 하에서 케이쵸(慶長) 3년 8월에 히데요시가 병사하면서 일본군은 퇴각했다.

　그 후 도쿠가와 이에야스의 권력이 강력해지면서 마침내 1600년(慶長5년)에 이시다 미츠나리(石田三成) 등은 히데요시의 아들 히데요리(秀頼)의 이름으로 이에야스 토벌병을 일으켜 9월 15일에 세키가하라(関ヶ原)에서 전투가 개시되었다.

　이 전쟁에서 승리한 이에야스는 1603년(慶長8년) 2월에 후시미성(伏見城)에서 고요제(後陽成)천황에게 장군 선지(宣旨)를 받아 에도에 막부를 열었다. 그는 기본적으로 도요토미 정권의 지배정책을 계승 발전시켰다. 1605년(慶長10년)에는 장군직을 히데타다(秀忠)에게 넘기고 슨부(駿府, 에도 초기에 잠시 존재한 번으로 현재의 시즈오카시 부근—역자)에 머물면서 오고쇼(大御所, 옛날에는 親王의 은거를 지칭하거나 친왕을 부르는 존칭으로 사용되었다. 가마쿠라 시기 이후에는 장군의 아버지 혹은 직에서 물러난 장군에 대한 존칭으로 사용함－역자)로서 막부의 정치를 지휘하였다. 이후 오사카의 진(陣)에서 도요토미씨를 멸하고 1615년(元和1년)에 도쿠가와 정권이 확립되었다.

그런데 3대 장군 이에미츠(家光) 시대인 1637년(寬永14년) 10월 말에 아마쿠사(天草)와 시마하라(島原)의 난이 일어났다. 많은 그리스도 교도를 포함한 봉기세력은 약 3만 7천 명에 달했다고 한다. 다음 해 1월에 막부와 번의 병사 12만 5,800여 명이 하라성(原城)을 공격하여 함락시켰다. 막부군은 주모자 4명의 목을 나가사키에, 그 외의 만 수천 명의 목을 하라성 밖에 내걸었다.

이 난을 계기로 막부는 1639년(寬永16년)에 포르투갈 선박의 내항을 금지하고, 1641년(寬永18년)에는 네덜란드인을 데지마(出島)로 이동시키는 등 쇄국정책을 완성시켰다.

이렇게 하여 막부체제가 확립되었는데 이 체제는 총영주인 도쿠가와 장군이 개별영주인 제다이묘에게 일정한 정치적, 경제적 자립성을 인정하면서 그 휘하에 편입시키고, 막번 영주가 모든 농민, 상인 등의 민중을 지배하고 착취하는 사회 시스템이라고 할 수 있다. 이 체제 하에서 장군은 다이묘를 파직하기도 하고, 전봉(轉封, 지배지역의 변경), 멸봉(지배지역의 축소)할 수 있었기 때문에 상급의 토지소유권을 장악하고 있었으며, 다이묘는 그 직에 있는 동안 장군에게서 영지를 분여(分與)받아, 통치를 위탁받는 형태를 취하였다. 외교권도 장군이 수중에 장악하고 있었으며 장군은 사실상의 국왕이었다.

근세 신분제도의 특징

막번체제는 민중의 무권리와 착취 위에서 성립했기 때문에 막번 영주층은 농민, 상인 등 민중의 불만이 반권력 투쟁의 형태로 폭발하는 것을 가장 기피하였다. 이를 위해 막번권력은 기본적으로는 도요토미 정권의 민중 지배 정책을 계승하면서 이것을 상회하는 교묘한 지배정책을 취하였다.

5인조(5人組)제도와 종문개(宗門改)제도 등을 창출하여 민중 파악과 통제를 행함과 더불어 신분제도를 정비하고 강화하였다. 그런데 이 근세 신분제도의 특징은 첫째로 중세의 신분제가 유동적이고 신분의 계열도 복잡했던 것에 비하여 극히 고정적이고 신분의 계열도 각 영지별로 다소의 차이는 있지만 그 근간은 거의 비슷하였다.

둘째로 각각 신분 고유의 직업(家職)과 역 부담이 정해져 있었다는 점이다. 무사는 통치, 행정 등에 관계하는 직업을 가지며 만약의 경우는 군역을 부담하였다. 백성은 농업을 직업으로 하며 백성역(연공의 납입 등)을 부담하였으며, 상인(町人)은 상공업에 종사하며 상인역(토지에 관련된 地子錢, 運上金 – 잡세의 하나로 상, 공, 철, 어, 운송업 등의 종사자에게 일정한 비율로 세금을 거둔 것, 冥加金 – 막부와 번에서 특히 영업을 허가하거나 보호하는 것에 대하여 상공업자가 낸 헌금 – 의 납입 등)을 부담했다.

'에타' 신분은 신분 고유의 직업으로 죽은 소나 말의 처리, 피혁업에 종사하며 '에타역'으로 형집행역, 경찰역, 청소역, 가죽제공을 부담했다.

'히닝' 신분은 모노모라이토세(物貰渡世, 경조사가 있는 집에서 축사 혹은 조사 등을 행할 권리로 가지고 있거나 鳥追, 季節候, 大黑舞 등의 예능으로 금품을 받는 생업)를 업으로 하며 '히닝역'을 부담했다. '히닝역'에는 형집행, 경찰 업무가 있었다.

오해가 없도록 하기 위하여 언급해 두자면, '에타' 신분 고유의 직업이 죽은 소나 말의 처리, 피혁업이었다는 것은 모든 '에타' 신분의 사람들이 이 일에 종사했다는 의미는 아니며, 또한 다른 일을 하지 않았다는 의미도 아니다. 후술하는 것처럼 '에타' 신분의 사람들은 농업을 시작으로 다양한 일을 하고 있었다.

또한 근세 신분제 하에서는 원칙적으로 신분마다 거주지가 나누어져 있었다. 무사는 도시의 무사지역에, 농민은 농촌에, 상인은 도시에, '에타' 신분은 '에타 마을'에, '히닝' 신분은 '히닝 소옥(小屋)'으로 정해져 있었다. 단, 거주지 규정은 도시에 사는 농민이 인정되기도 하였으며, 반대로 농촌에 사는 상인이 존재하기도 하였는데 앞서 논한 직업과 역 부담에 대한 규제만큼 강력하지는 않은 듯하다.

근세 신분제도의 실태

다음으로 근세 신분제도의 실태를 살펴보자. 일반적으로 '사, 농, 공, 상, 에타, 히닝'이라고 칭하는 근세의 신분제도와 그 서열은 당시의 있던 그대로의 사실과는 상당한 차이가 있다. 우선, 공과 상을 일괄하여 죠닝(町人) 신분으로 위치지우는 것이 일반적이다. 그리고 백성(농민) 신분도 상인 신분과의 사이에 제도상의 상하관계는 없으며, 병렬적인 신분이었다.

그 외에 어부 신분이 있었던 지역도 있었다. 단, 쵸슈번과 같이 전업 어부라 하더라도 백성에 속한 경우도 적지 않았다. 채목꾼과 같은 임업 종사자는 적지만 농지를 소유한 경우가 많았으며 이 때문에 백성 신분으로 규정되는 경향이 강했다.

더욱이 근세 사회에서는 천황, 황족, 공가, 승려, 신관, 학자, 의사 등의 여러 신분이 존재했다. 피차별 신분 중에도 '에타, 히닝' 이외에 '토나이(藤內)' '챠센(茶筅)' '슈쿠(夙)' 등 다양한 신분의 사람들이 존재했다.

각 신분 중에는 '신분 내의 여러 신분'이라고도 칭해지는 더욱 상세한 신분이 존재했다. 무사 가운데는 크게 나누어도 장군, 다이묘, 하타모토(旗本, 장군을 호위하는 가신단－역자), 고케닝(御家人), 번사의 구별이 있었으며, 다이묘의 가신단도 대별하면, 카츄(家中), 카치(徒士), 아시가루(足輕)의 차이가 있었다. 백성 가운데도 본백성(本百姓), 미즈노미(水吞), 나고(名子－譜代, 門屋, 家抱, 門前) 등 예속민의 구별이 있었다. 상인(町人) 중에도 예를 들면 에도의 경우 지주, 가주(家主), 가차(家借), 점차(店借), 봉공인의 차이가 있었다.

'에타' 신분에 대하여 보자면, 칸토에서는 '에타 우두머리' 단자에몬(弾左衛門) 하에 에도부 내에서 테다이(手代), 카키야쿠(書役)－야쿠닝(役人)－히라모노(平者)가 있었으며, 그가 지배하는 12개국에는 쵸리고가시라(長吏小頭)－고쿠미가시라(小組頭)－쿠미시타(組下)가 있었다. '히닝가

시라' 쿠루마젠시치의 아래에는 '히닝쿠미가시라(ひにん組頭)'—고야가
시라(小屋頭)—고야누시(小屋主)—고야모노(小屋者)가 있었다.

종문개장(宗門改め)과 '천민' 지배의 강화

막번 영주는 보다 확실하게 민중을 파악하고 관리하기 위하여 호적부
적인 성격을 갖는 종문개장(宗門改帳, 宗門人別帳, 宗旨人別帳 등으로도 칭
함)을 작성했다. 이미 개별적으로는 1622년(元和8년)의 「코쿠라번 인축
개장(小倉潘人畜改帳)」과 1633년(寬永10년)의 「히고번 인축개장(肥後潘
人畜改帳)」 등이 작성되었다. 또한 1635년(寬永12년) 경부터 종문(宗門)
수정이 행해졌다고 하는데, 사원의 인가를 받아서 사람의 신원을 증명한
다는 사청제(寺請制)가 확립되었다. 이른바 종문개장이 일반적으로 작성
된 것은 칸분기(寬文期, 1661~1673년) 이후이다.

막부가 1664년(寬文4년) 11월 25일에 만석 이상의 다이묘에 대하여 종
문개장의 관리인을 두고 매년 영내를 조사하도록 명령한 것이 종문개장
제도 성립의 계기가 되었다. 겐로쿠기(元禄期, 1688~1704년)에 이르러 종
문개장의 형식도 확립되었고, 쿄호기(享保期, 1716~1736년)에는 사람 구
분이 전국적으로 확대되었으며, 이에 따라 전국의 인구조사도 가능하게
되었다.

도요토미 정권 하에서 일정한 지역에서 만들어지기 시작한 '카와타'
신분=근세부락은 에도 초기에는 제도적으로 고정되어 확립되기 시작했

다고 할 수 없는 상황이었다. 앞에서 논한 「코쿠라번 인축개장」이든 「히고번 인축개장」이든 '카와타'에 대한 기록은 보이지만, 통일적으로 '카와타'만을 말미에 기재한다든지 별도의 장부에 기재한다든지 하지는 않았는데, 이것은 이들 지역에서는 '카와타'가 천시·부정시된 신분으로 완전히 고정되지 않은 상황을 나타낸다.

그런데 1660년(万治3년)의 「카슈 탄보쿠군 사라이케 마을 카와라 종지어개장(河州丹北郡更池村河原宗旨御改帳)」은 제목 그대로 '카와라'라고 칭해지는 부락 사람들만을 별도로 기록한 장부이다. 1662년(寬文2년) 1월의 시나노국 시모사쿠라이(下桜井) 마을의 5인조 개일찰(改一札)에서 그리스도교 종문 조사에 대하여 출가, 야마후지(山伏, 산야에 살면서 수행하는 중-역자), 종치기(鐘たたき) 등과 함께 '에타, 히닝' 등도 충분히 조사해야 한다는 취지가 명기되어 있다.

또한 17세기 중반부터 후반에 걸쳐서 교토의 부락, 오사카의 와타나베 마을을 시작으로 각지에서 보다 열악한 장소로 부락이 강제 이전되었다.

'히닝'에 대한 지배정책

다음으로 에도 전기의 '히닝' 신분에 대한 지배정책을 살펴보자. 오사카의 도톤보리(道頓堀) '히닝'들은 1620~1621년(元和6~7년) 경에 늦어도 1622년(元和8년)에 오사카 시가지가 부흥된 시기에 만들어진 '걸식부지'에 모여들었다고 생각된다. 1644년(寬永21년)에 '히닝 개정'이 실시되었으며, 1648년(慶安원년)에는 '히닝'의 단나사(旦那寺, 선조 대대의 무덤이 있는 사원—역자)인 치쿠린사(竹林寺)가 창건되었다.

에도에서는 1635년(寬永12년)에 시나가와(品川)의 '히닝 우두머리' 마츠에몬(松右衛門)의 선조 쵸쿠로(長九郎)가 유랑자를 모아서 그 우두머리가 되었다고 전해진다. 1657년(明曆3년) 1월에 에도에서 큰 화재가 발생하였는데 뒷날 아사쿠사(浅草)의 '히닝 우두머리' 쿠루마젠시치는 단자에몬으로부터 불타 죽은 사람의 처리를 명받고 3천 명 가까운 인부를 동원하였다.

히로사키번(弘前藩)에서는 1654년(承應3년)에 쵸스케(丁助)를 히로사키 성하(城下)의 '고지키(乞食) 우두머리'에 임명하였다. 1663년(寬文3년)에는 교토에서 '신 히닝 개정'이 행해졌는데, 이세의 카메야마(亀山) 번영(藩領)의 백성 한 사람이 섞여 있는 것을 알고 동 번에 넘겨주었다.

후쿠시마번에서는 1669년(寬永9년)에 2년 전부터 계속된 기근이 특히 이 해에 심하여 임시 숙소를 건설하고 여기에 '히닝'과 '빈민' 등을 수용하였다. 이 '빈민'은 아마도 '히닝'과는 다른 '신히닝(新非人)' 혹은 '노히닝(野非人, 빈곤으로 인하여 '히닝'의 처지가 된 농민·상인 등)'으로 취급되었다고 생각된다.

동년 6월에 막부는 교토와 오사카에 있는 많은 '히닝'을 신전 개발 등을 위해 지방으로 파견하는 제안을 했는데, 이것도 기근에 의해 '신히닝'이 대량으로 발생한 것에 대한 막부의 정책 가운데 하나였다고 할 수 있다. 다음 해 6월에 카나자와번(金沢藩)이 이시카와군(石川郡) 카사마이(笠舞) 마을에 '히닝 숙소'를 건설하고 가난한 자를 수용한 것도 같은 사정에 따른 것이라 생각된다.

단자에몬 지배의 성립

'에타 우두머리' 단자에몬은 칸토 8주(무사시 武蔵, 코우즈케 上野, 시모
츠케 下野, 카즈사 上総, 시모우사 下総, 히타치 常陸, 아와 安房, 사가미 相模)
및 이즈(伊豆), 스루가(駿河), 카이(甲斐), 무츠(陸奥)의 4개국(스루가, 카
이, 무츠는 일부)을 합쳐서 12개국의 '에타' '히닝' '사루카이(猿飼)' '고우
무네(乞胸)'를 지배했다. 1800년(寛政12년)에 단자에몬이 에도마치(江戸
町) 부교(奉行, 주군의 명을 받들어 사무를 집행하는 것－역자)에 제출한 「단
자에몬 수하의 집과 소옥의 수에 관한 서(弾左衛門手下のもの家数小屋数
書付)」에 의하면 수하에 있는 집은 7,720채에 달한다. 인구로 환산하면
7만 명을 넘는다고 한다. 단, 카이국 등의 사루카이는 단자에몬의 지배
를 받지 않았다고 한다.

단자에몬가는 에도 신마치(新町)에 '카코이노우치(囲内)'라고 불리는
1만 4천 평의 토지를 소유하고, 그 속에 있는 232채의 집에 기거하는 자
를 직속의 수하로 지배하였으며, '야쿠쇼(役所)'로 불린 통치기관에 배속
했다. 또한 수하로부터 가별은(家別銀)과 피혁구은(皮革口銀) 등을 징수
하는 권한을 가지고 있었다. 단자에몬은 타이로(大老, 에도시대 직제의 하
나로 장군의 보좌역, 임시로 로쥬의 상위에 설치된 최고직. 보다 넓은 의미로는
다이묘 집안 혹은 집정기관의 최고 책임자들을 지칭함－역자)나 로쥬(老中, 에

　　　　　　　일본 부락의 역사－차별과 싸워온 천민들의 이야기

도막부 및 번의 직명. 장군에게 직속되어 국정을 통괄하는 직－역자)를 만날 때와 봉공소(奉公所)에 출두할 때에는 무사의 예복 차림을 하고 칼을 찰 수 있도록 허가받았으며, 생활수준은 약 3천 석 정도의 무사에 상당했다.

단자에몬의 선조는 전국시대에 무사시국의 피혁업의 우두머리였다고 추측된다. 칸토(関東)에서는 다른 호쿠죠씨(北条氏)의 지배 하에 있었다고 보이는 오다하라(小田原)의 타로자에몬(太郎左衛門), 사가미국의 타로에몬(太郎右衛門), 코우즈케국의 우마자에몬(馬左衛門) 등 가죽제조의 우두머리가 있었다. 1590년(天正18년)에 도쿠가와 이에야스가 칸토로 온 이후 이에야스와 단자에몬과의 관계가 형성된 듯하다. 그리고 이에야스가 패권을 확립함으로써 단자에몬이 다른 가죽제조의 우두머리를 압도하고 막부권력 하에서 그들에 대한 지배를 확립했다고 생각된다.

각지의 '천민 우두머리'

단자에몬의 지배가 미치지 않은 지역에서는 별도로 '에타 우두머리' 등의 '천민 우두머리'가 있었다. 에도 전기에는 카미가타(上方, 교토, 오사카 지방)의 '에타 우두머리'적 존재로서 교토의 시모무라가(下村家)가 있었다. 초대 히코죠(彦惣, 彦助라고도 함)는 1634년(寛永11년) 경까지 교토 쇼시다이(所司代, 무로마치 막부의 직명. 사무라이도코로를 통솔하는 자－역자)에 의해 카미가타의 '에타 우두머리'에 임명되었다고 전해진다. 시모무라 집안의 직무는 니죠성(二条城)의 청소역으로, 3대째의 분로쿠(文六) 때에는 오우미의 13개 마을, 셋츠의 13개 마을, 야마시로(山城)의 8개 마을과 교토 부근의 '에타 마을' '아오야(青屋, 염색업자-역자)'에게 그 역을 부담하게 했다.

단, 단자에몬과 비교하여 수하에 대한 사법 행정상의 권한은 약하였으며, 시모무라 집안을 '에타 우두머리'라고 부르는 것은 적당하지 않다는 의견도 있을 정도이다. 더구나 시모무라 집안은 3대 분로쿠가 1708년(寶永5년) 7월에 사망하자 그 후계 상속자가 없어서 단절되었으며 니죠성의 청소역도 몰수당했다.

그 외의 지역에서는 아키마츠카이치(安芸甘日市)의 카와노단에몬(河野団右衛門), 이요마츠야마(伊予松山)의 렌게히라에몬(蓮華平右衛門), 부젠부나이(豊前府内)의 하타소헤(秦惣兵衛), 히젠사가(肥前佐賀)의 오가와스케자에몬(小川助左衛門) 등의 '에타 우두머리'가 있었다.

카나자와번(金沢藩)에서는 '토나이(藤内) 우두머리'가 강대한 권력을 가지고, '토나이'뿐만 아니라 '에타' '히닝' 등의 '천민' 전체를 통괄했다고 한다. 히로사키번(弘前藩)에는 앞에서 논한 것처럼 '코츠지키(乞食) 우두머리' 죠스케(丁助)가 있었으며, '소(惣)의 비천한 자'에 대한 지배를 명함과 더불어 도적 등의 체포도 명하였다.

4. 근세 중기의 사회 상황과 '천민' 지배의 강화

상품경제의 발전

에도 전기부터 중기에 걸쳐서 농업생산력은 비약적으로 높아졌다. 그 이유는 우선 첫째로 신전 개발 등으로 인해 경지면적이 16세기 말에 150만 정보였던 것이 18세기 중반경에는 300만 정보로 약 2배 증가했기 때문이다.

두 번째로 농업기술이 한 단계 진보한 점이다. 비료로 기름 찌꺼기, 말린 정어리, 석탄(이것은 돈으로 구입하였기 때문에 金肥라고도 불렀다) 등이 사용되었다. 농기구로 쟁기의 보급과 괭이의 사용이 보이며, 센바코키(千歯こき)라는 탈곡기가 개발되었다. 또한 조정 도구로 풍구, 센고쿠도오시(千石どおし, 탈곡한 낟알을 고르는 농기구─역자)가 발명되었으며, 관개, 양수 도구로 수차, 용골차(龍骨車, 발로 밟아 높은 곳에 있는 논으로 물을 길어 올리는 기구─역자), 답차(踏車, 사람이 발로 밟아서 물을 퍼 올리는 물레방아─역자) 등이 사용되었다. 그리고 논밭 이외에서도 뽕, 차, 닥나무, 옻나무 및 잇꽃, 쪽, 마 등의 작물재배가 장려되었다. 또한 영주의 의향에 반하여 목면, 생사 등의 의복 원료, 유채, 황로 등의 등유 원료, 잇꽃 등의 염료가 상업 작물로 생산되었으며 상업적 농업의 발전이 현저하게 이뤄졌다.

그 외 다른 산업의 발전도 현저하게 이뤄졌다. 광산에서는 사도(佐渡)의 금산(金山), 이시미(石見)·이쿠노(生野)의 은산(銀山) 등의 막부 직할

광산이 융성할 뿐만 아니라 스미토모키치자에몬(住友吉左衛門)이 경영한 벳시(別子)광산도 크게 번영했다. 니시진(西陣), 하카타(博多), 키류(桐生), 아시카가(足利) 등의 견직물업, 미카와(三河), 마오카(真岡)의 목면, 사츠마죠후(薩摩上布), 오지야치지미(小千谷縮) 등의 마직물업, 에치젠호쇼(越前奉書) 등의 제지업, 이케다(池田), 이타미(伊丹), 나다(灘)의 주조업 등 여러 산업이 눈부시게 발전했다.

이러한 여러 산업의 발전은 쌀의 상품화를 촉진하였다. 상품유통의 침투는 화폐경제와 금융업의 발전을 촉진하였다. 환전업도 출현하였으며 오사카에서는 텐오지야(天王寺屋), 히라노야(平野屋), 코노이케야(鴻池屋) 등 10명의 환전업자가 정해져 막부와 번에 대한 대부를 행했다. 이들 호상은 칼을 찰 수 있도록 허가받았으며 마치야쿠(町役)를 면제받기도 하여 이러한 부분 때문에 근세의 신분제도는 흔들리기 시작했다.

여러 산업의 현저한 발전에 따라 도시의 인구가 증가하였다. 에도 중기에 에도의 인구는 100만 명 이상으로, 교토가 50만 명, 오사카가 40만 명이라고 생각된다. 농촌도 크게 변모하여 농민층 분해가 진행되었으며, 자급자족 경제 위에 성립시키려고 한 막번체제의 내적 모순이 현실화되었다.

단자에몬 지배의 확립

겐로쿠·쿄호기(元祿·享保期, 1688~1736년)를 거쳐 단자에몬 지배가 확립되어 가는데, 이것은 주로 아사쿠사의 '히닝 우두머리' 쿠루마젠시치와의 논쟁을 거쳐서다. '에타 우두머리'인 단자에몬과 쿠루마젠시치와의 사이에 권진장(勸進場, 에도의 '히닝'이 가진 걸식=권진을 행하는 데 있어 할당된 지역)을 둘러싼 소송이 발생한 것은 1652년(慶安5년)경인데, 에도마치 부교의 조사 결과 젠시치가 단자에몬의 지배를 받는 것으로 되었다고 한다. 앞서 논한 것처럼 1657년(明曆3년)에 큰 화재가 있었을 때 단자에몬의 지배 하에 쿠루마젠시치가 불타 죽은 사람의 처리를 위한 인부를 동원했다. 1648년(貞享원년)에는 젠시치가 단자에몬에게 매년 정월에 증문(証文, 계약을 체결할 때 당사자가 자신의 책무를 인정하여 교부한 서면 혹은 계약서—역자)을 보내는 제도가 성립되었다.

그러나 양자의 지배/피지배 관계는 이것으로 결정된 것이 아니고 양자의 대립은 오히려 강화되는 경향을 보였다. 양자의 논쟁은 1701년(元祿14년)에도 일어났다. 동년 젠시치가 단자에몬에게는 비밀로 하고 신법(新法)의 증문을 나이든 부하에게 강요했는데, 이것을 패륜이라 하여 단자에몬이 젠시치를 폐하고, 선대 젠시치가 은거 후에 태어난 칸시치(勘七)에게 임무를 인계하고 싶다는 소송을 내었다. 젠시치는 물러나는 것은 인정하나 가독(家督)은 아들 고타로(小太郎)에게 넘겨줄 것을 인정해 달라고 청했기 때문에 1703년 소송은 매듭을 지었다.

그러나 1719년(享保4년)부터 1722년에 걸쳐서 다시금 논쟁이 일어났다. 젠시치 측이 소송을 제기한 것으로 단자에몬이 젠시치 수하에 있는 '히닝' 5천여 명에게 인력 공출을 명하고 또한 신법으로 어려운 문제를 요구하고 있다고 주장하였다. 조사한 결과 '히닝'의 인력에 대해서는 2천 5백 명으로 한정하고, 신법에 대해서는 소송을 기각하였다.

1720년에는 단자에몬 측이 소송을 제기하였다. 단자에몬에게 매년 증문을 제출하는 관행에 젠시치가 3번에 걸쳐 이를 행하지 않고 있다는 것으로, 재판의 결정은 종전처럼 매년 증문을 제출해야만 한다는 것이었다. 2년 후에 젠시치가 병사하자 후계를 이어받은 조직 우두머리 7명도 이전의 관행을 거부했기 때문에 그해에 1652년(慶安5년) 이래의 증문 제출을 명하여 젠시치 수하의 조직 우두머리 스케쿠로(助九郎) 이하 7명은 단자에몬의 카코이노우치(囲内)에 감금당하는 처벌을 받았다. 이러한 경위를 거쳐서 단자에몬의 '천민 우두머리'로서의 지위가 확립되었다.

막번 영주에 의한 차별정책

막번 영주가 근세부락, 즉 '에타' 신분 고유의 직업으로서 죽은 소나 말의 처리, 피혁업을 고정하고 강제하였으며, 고유의 역 부담으로 형집행역, 경찰역, 청소역, 가죽제공을 점차 체계적으로 강제한 것은 앞서 논한 것과 같다. 이러한 정책이야말로 영주에 의한 근본적인 신분차별 정책이었다.

왜냐하면, 우선 첫째로 죽은 소나 말의 처리에 관한 일은 근세에는 극히 케가레가 많은 '천업'으로 인식되었기 때문이다. 1735년(享保20년)에 완성된『나라방목졸해(奈良坊目拙解)』에는 "세상 사람들이 에타를 증오"하는 것은 "죽은 소나 말을 도살하고 혹은 단죄 형벌자의 주검을 수습하는 일을 관장하기" 때문이라고 기록되어 있다. 이 책에 의하면 나라의 상인들은 부락의 사람들을 '더럽고 부정(汚穢)'한 신체로 보고, 그 이웃에 사는 것을 누대의 병(累世の病)이라 하여 싫어하였으며, 부락 사람들의 '부정함(穢気)'과 '섞이'는 것을 기피했다고 한다. 막번 권력은 중세이래 강화되어온 죽은 소나 말의 처리에 관한 케가레관을 실로 교묘하게 활용하였다.

둘째로 형집행역은 처형당한 사람의 '주검(死穢)'에 관한 역할로, 이 때문에 "세상 사람들이 에타를 증오"하는 하나의 중요한 이유가 되었다. 예를 들면, 1786년(天明6년)에 후쿠야마번(福山藩) 전체에서 봉기가 일어났을 때, 후쿠야마 성하(城下) 부근에 사는 3개의 부락민이 '에타 우두머리'의 지휘 하에 진압의 최전선에 서게 되었다. 이에 분노한 백성들은 "밉살스러운 에타가 백성들을 향해 무례를 범하면, 모두 패 죽이고 개의 먹이로 주어야 한다"(『安倍野童子問』)고 욕했다고 한다.

이러한 막번 권력의 차별적인 장치에 의해 '에타' 신분의 사람들은 '천민'으로서 최하층의 신분으로 고정되었을 뿐만 아니라 '부정한 사람'으로 사회에서 소외, 박해받았으며 더욱이 증오의 대상이 되었다. 이러한 점을 이해하는 것은 일본의 근세 신분차별을 생각함에 있어 매우 중요하다.

차별정책의 추진

17세기 말부터 몇 개의 번에서 법령으로 차별을 강제하는 정책이 실시되었다. 가장 빠른 것은 1683년(天和3년) 9월의 토요라번(豊浦藩, 현재의 야마구치현에 위치함)의 법령이다. 이 번은 '에타'의 의류를 목면(홑옷만은 마포로 함)으로 한정하여 우선 의복에서 차별적인 규제를 실시하였으며, 한눈으로도 알 수 있도록 했다. 조금 뒤에 토쿠시마번(德島藩)도 1699년(元祿12년)에 '에타'의 의류는 백성보다 나쁜 것으로 하라고 명령했다.

1695년(元祿8년) 12월 당시에 막부령이었던 카와치국(河内国) 탄보쿠군(丹北郡) 사라이케(更池) 마을의 '카와타 마을' 촌민은 마을 주위를 대나무 담으로 둘러칠 것, 정월 첫날에 배우(太夫, 노·카부키·죠류리 등에서 배역을 맡은 배우)로 카도즈케(門付, 집의 문 앞에서 노래와 춤을 행하고 돈이나 음식을 받는 행위)를 하지 말 것, 향토의 신사에서 행하는 일에는 금줄 밖에서 구경할 것 이상의 세 가지를 지킬 것을 서약한 문서를 영주에게 제출했다. 이러한 차별적인 법령은 '히닝'에 대해서도 적용되었다. 하나의 예를 들면, 1680년(延寶8년) 4월에 오사카마치(大阪町) 봉행소는 '히닝'이 파는 의류를 구입한 자를 도둑과 같이 취급하는 포고를 발표하였다.

이 시기가 되면 종문개장의 별도 장부화를 규정한 조문이 보인다. 물론 종문개장의 별도 장부화는 개인별로는 칸분(寬文) 연간(1661~1673년) 전후부터 보이지만, 별도의 장부화에 관한 규정 그 자체는 보이지 않는다. 1693년(元祿6년) 6월에 오가키번(大垣藩)에서는 이전부터 '에타, 히닝'의 종문개장을 별도의 장부로 한 다음 이것을 마을의 관리가 관리하게 했으나 이후에는 종문봉행 담당자가 관리한다는 규정이 발표되었다. 이 기록에 의하면, 별도의 장부로 하는 것은 이전부터 있었던 일이다. 우와지마번(宇和島藩)에서도 1696년(元禄9년)에 '에타'의 종문개장을 별도의 장부로 할 것을 결정했다.

막번체제 모순의 현실화

18세기를 맞이하면서 여러 산업의 발전과 화폐경제의 침투 등에 의해 막번체제의 내부모순이 격화되었는데 특히 막부와 번의 재정 궁핍화로 나타났다. 여기서 막부는 8대 장군 요시무네(吉宗)의 지휘 하에 쿄호(享保)의 개혁(1716~1736년)을 실시했다. 이 개혁은 경제정책뿐만 아니라 막부기구의 개혁, 사상통제에까지 미쳤다.

경제정책에서는 우선 농민에게서 연공의 증징(增徵)을 꾀하였다. 연공의 수거방식을 지금까지의 케미토리(檢見取り, 쌀 수확 전에 관리를 파견하여 벼의 생육 상황을 검사하여 연공을 정하는 방식)에서 정면법(定免法, 과거 수년간의 수확양의 평균을 기초로 하여 연공을 정하고 이 일정액을 특별한 경우를 제외하고는, 예를 들면 흉작이라 할지라도 변경하지 않고 정하는 방식)으로 변경하여 영주 재정의 안정을 꾀하였다.

두 번째로 농업생산력의 향상책을 채용하였다. 신전 개발을 장려하고 감자, 채소, 깨, 고구마 등 특정한 품목에 한정하여 상품작물의 재배를 인정하였다.

세 번째로 토지의 소유권 이동(質流れ)의 금지와 최근 5년 이내에 소유권이 변경된 토지의 반환이 인정(원금을 지불하면, 소유권이 변경된 토지를 반환할 수 있는 것)되었다. 그러나 토지의 사실상의 상품화가 진행된 상황 아래서는 경제계의 혼란을 불러왔으며 이 때문에 정책은 좌절되고 철회되었다.

네 번째로 모든 일에 대하여 검약(諸事倹約)하라는 령을 내림과 더불어 다이묘에 대하여 쌀 상납령(上げ米令)을 내려 1만 석당 100석의 상납을 부과하였다. 그 대신에 참근교대(參勤交代) 중 에도에 있어야 하는 기간을 종래의 1년에서 반년으로 단축했다(1722~1730년).

다섯 번째로 계속 발전하고 있는 상업을 영주 권력 하에 두기 위하여 목면, 쌀, 술, 간장, 소금, 된장, 숯, 종이, 기름 등의 도매상 '집단(仲間)'을 결성시켜 이 '집단'을 통해서 막부의 통제를 강화하였다.

막부기구의 개혁으로는 로쥬(老中) 가운데 한 사람을 재정 담당인 '캇테카카리(勝手掛)에 임명하고, 칸죠부교(勘定奉行, 에도막부의 직명의 하나로, 재정에 관한 업무의 최고 책임자-역자)를 쿠지가타(公事方, 사법 담당)와 캇테가타(勝手方, 재정 담당)로 분리하여 재정 부분의 강화를 꾀하였다. 또한 인재등용을 위해 타시다카제(足高の制, 신분이 낮은 무사라도 능력이 있으면 발탁할 수 있도록 직무를 담당하고 있는 동안은 부족하지 않을 만큼의 녹봉을 지급하는 제도)를 정하였으며 법제 정비를 위해 「쿠지가타 어정서(公事方御定書)」의 편찬사업을 행하였다.

사상통제에서는 1722년(享保7년)에 출판통제령을 발포하여 유학, 불교, 신도, 의학, 가도(歌道), 서도 등에 관한 서적 이외의 출판을 금지하였으며 호색본(好色本)을 절판하였다.

차별정책의 강화

이러한 개혁 때문에 흔들리기 시작한 신분제도에 대한 강화 정책이 채용되었다. 단자에몬 지배의 확립도 이 정책과 관련이 깊을 것이다. 에도에서는 1719년(享保4년)에 '에타' 신분에 대한 조사가 이루어져 동년과 1725년에는 단자에몬에게 경위서 제출을 명하였다.

차별정책에 대하여 살펴보면, 막부는 1720년(享保5년)에 '에타'가 납입하는 연공미의 금납화를 명령했는데, 이것은 '에타'가 납입한 연공미가 '부정한 것'이라고 생각했기 때문이라고 한다. 정말이지 이 정책에 대해서는 강한 저항이 있었다고 생각되며 2년 후에는 철회되었다.

1722년(享保7년)에 단자에몬과 쿠루마젠시치 사이의 논쟁이 결말을 본 뒤에 '히닝'과 농민·상인 등의 '평민'이 서로 섞이지 않게 하기 위해 '히닝'의 상투를 잘라서 머리를 묶지 못하게 하였다고 한다. 「가침의 꿈(仮寝の夢)」이라는 기록에 의하면 이 조치는 에도마치부교 오오카 타다스케(大岡忠相)에 의해 추진되었다고 한다.

여러 번에서도 이 시기에 차별정책이 한층 더 강화되었다. 돗토리번(鳥取潘)에서는 1726년(享保11년) 2월에 타노시마(田ノ嶋) 마을의 '에타 우두머리' 마고지로(孫次郎)가 두건을 쓰고 높은 게다를 신은 것이 패륜이라 하여 추방의 처벌을 받았다. 부젠고쿠라번(豊前小倉藩)에서는 1728년(享保13년) 12월에 비 오는 날 성하(城下)에 나온 '에타'는 대나무 껍질로 만든 조롱이(竹の皮笠)를 입을 것, 평일에는 수건, 두건 등을 일절 착용하지 말 것, '히닝'은 비가 오더라도 모자를 착용하지 말 것, '히닝 숙소'는 가옥의 형태로는 안 되며 가건물로 할 것, '히닝'은 짧게 자른 머리를 짚으로 묶을 것 등에 대하여 언급하고 있다.

쵸슈번(長州藩)에서는 1737년 12월에 '에타'와 '평민'을 구분하기 힘들다고 하여 '에타'의 머리에 대하여 남자는 짧게 자른 머리를 짚으로 묶도록 하였으며, 여자는 접어서 둥글게 묶도록 명령했다. 또한 코모로번(小諸藩)에서도 다음 해 4월에 '에타'는 '평민'의 집이나 가게에 들어가지 말 것, 성하(城下)에 짚신을 팔러갈 때에도 집의 출입구 안쪽으로는 들어가지 말 것 등 8개의 규정에 걸쳐 일상생활상의 세세한 규제를 덧붙였다.

치카마츠 몬자에몬(近松門左衛門, 1653~1724)의 작품으로 소네자키(曽根崎)의 자살〈天滿屋の段〉.
신분이 다른 사람들의 결혼이 인정되지 않았기 때문에 자살이 유행했는데, 1723년에 자살금지령이 공포되었다.

이러한 규제가 발생한 배경의 하나로 피차별 민중이 경제적인 향상을 기반으로 인간답게 살고자 하여 '평민'과 대등하게 교제하려는 움직임이 있었다는 점도 염두에 둘 필요가 있다.

일본 부락의 역사—차별과 싸워온 천민들의 이야기

다른 피차별 민중의 실태

1725년(享保10년)에 단자에몬이 막부에 제출한 경위서에는 1180년(治承4년)의 하라 요리아사(原頼朝)의 「수결문서(御判物)」가 있다. 여기에는 단자에몬이 그 수하로 인정하고 있는 28개의 직이 열거되어 있다. 그 가운데 중요한 것을 보면, 쵸리(長吏), 자토(座頭), 사루가쿠(猿楽), 음양사(陰陽師), 카베누리(壁塗り), 도나베시(土鍋師), 주물사(鑄物師), 히닝, 사루히키(猿曳), 이시키리(石切), 토기사(土器師), 와타시모리(渡守), 야마모리(山守), 세키모리(関守), 염색업자(青屋), 후데유이(筆結), 문신업자(墨師), 사자춤(獅子舞), 쿠구츠시(傀儡師), 하치타타키(鉢たたき) 등이 있다.

이 「수결문서」 자체가 위조문서였고, 이들 직종에 종사한 사람들 모두가 반드시 단자에몬의 지배에 굴복한 것은 아니었다. 그러나 이들 직업에 종사한 많은 사람들은 정도의 차이는 있지만 천시받은 피차별 민중이었다. 모토오리 우치토(本居内遠, 1792~1855년)의 『천자고(賤子考)』에도 여기서 예를 든 직종의 대다수를 포함한 50종의 '천자'가 열거되어 있다.

하라다 토모히코(原田伴彦)의 연구에 의하면, 히타치국(常陸国)에는 에비스, 하후리코(모두 최하위의 神職), 모리코, 오호유미(모두 무녀), 오코모(高野聖, 일본 중세에 코야산에서 여러 지방으로 가서 勧進이라고 불리는 모금을 위해 勧化, 唱導, 納骨 등을 행한 승ー역자), 키라쿠, 타라우(모두 '히닝'), 지이('에타') 등의 종류가 있었다. 센다이번(仙台潘)에서는 '에타' 아래에 '지우'라는 죽은 소나 말을 취급하는 '천민'이 있었으며, 카나자와번(金

沢潘)에서는 '토나이(藤內)' '에타' '히닝' '모노요시(物吉)' 등이 있었고, 에치젠번(越前潘)에서는 형리(刑吏)를 주로 하는 이마사카노모노(今坂の 者), 그 일종인 하시노시타노모노(橋の下の者), 오카노모노(岡の者), 예능에 종사하는 세이간지노모노(誓願寺の者), 가죽을 취급하는 '에타'의 구별이 있었다. 후쿠야마번(福山潘)에서는 '에타' '차센(茶筅)' '키노하나(木の花)' '하치(鉢)' '산키치(三吉)' '카와라모노' 등이 있었으며, 쵸슈번에서는 '차센' '카이토(垣之內)' '미치노모노(道の者)' '유쿤(遊君)' '산다(三田)' 등이 있으며 '에타'와 동일시되었다. 카고시마번에서는 '시쿠(四苦)' '켄고(慶賀)' '안갸(行脚)'가 있으며, 타카나베번(高鍋潘, 지금의 宮崎県)과 카고시마번에는 '세라이(靑癩)'가 있었다. 에도와 그 부근에는 '코무네(乞胸)'가 있었으며, 긴키지방에는 '슈쿠(夙)'가 있었다.

여기서 코무네, 토나이, 슈쿠, 차센, 켄고에 대해서만 간단히 살펴보자. 에도와 그 부근에 살고 있던 코무네는 신분은 상인에 속하지만, 아야토리(綾取, 실뜨기 놀이 ─ 역자), 사루와카(猿若), 에도만자이(江戸万歳), 아야츠리(操り, 꼭두각시놀이), 죠루리(浄瑠璃, 가면 음악극의 가사를 음곡에 맞추어 노래하는 옛이야기 ─ 역자), 흉내내기(物真似) 등의 가업에 종사하는 동안은 가업에 대해서만 코무네 우두머리인 진다유(仁太夫)를 통해서 '히닝 우두머리'인 쿠루마젠시치의 지배를 받았다. 그들은 가업을 그만두면, '히닝 우두머리'의 지배를 받지 않았기 때문에 농민, 상인 등의 '평민'과 '천민'의 중간에 위치하는 존재였다.

토나이는 카나자와번과 그 지번(支潘)인 토야마번(富山潘)에 존재한 '천민'으로, 생업으로 장송(葬送)과 의료, 등불과 짚신 제조 등에 종사하면서 토무라(十村, 지방의 유력한 농민을 회유하여 현장감독으로 활용하여 농촌 전체의 관리감독과 징세를 원활히 하기 위한 제도－역자)라는 오쬬야(大庄屋, 최상위의 마을 간부)의 부정적발과 종교적인 집회에 대한 '감시' 외에 간수, 형집행, 경찰역 등을 담당하였다.

슈쿠(夙)는 중세의 피차별 민중이었던 슈쿠(宿)의 계보를 잇는다고 생각되며, 긴키지방에 분포했다. 근세에는 주로 농업에 종사하였는데 그중에는 주조업에 종사하는 자도 있었다. 신분상으로는 '평민 정도'로 취급되었으나 일반 사회에서는 '슈쿠(夙)가 근간인 자'로서 '아랫것'의 처우를 받았으며 교제와 결혼에서 엄격한 차별을 받았다.

차센은 주로 츄코쿠 지방에 존재했으며 하치타타키의 계통에 속한다. 산인(山陰)지방에서는 하치야(鉢屋)로 불렸다. 교토의 극락원 코야도(空也堂)의 신자로 염불하면서 차를 끓일 때 사용하는 도구인 차센을 판매한 하치타타키를 기원으로 하고 있다고 전해진다. 차센의 생업은 농업을 주로 하고 죽세공, 매장, 예능, 우치와(団扇), 짚신 제조 등의 일을 하였다. 역 부담으로는 간수역이 부과된 경우도 적지 않았다. 1807년(文化4년)에 빗츄국(備中国)의 차센과 '에타' 사이에 논쟁이 일어났는데 막부의 평정소(評定所, 재판의 관리기관－역자)는 차센이 '에타'의 지배 하에 있다는 판결을 내렸다.

마지막으로 켄고는 카고시마번, 노베오카번(延岡藩), 사도하라번(佐土原藩, 현재의 宮崎県) 등에서 보이는 피차별민으로, 카고시마번에서는 백성과 '에타'·켄고가 결혼하는 경우 쌍방에게 벌금을 부과하는 등의 방법으로 통혼을 제한하였다. 켄고는 이름 그대로 경축행사에 관계하였다.

사도하라번에서는 연극과 춤 등의 예능에 관계하며 정월에는 하루고마(春駒, 정초에 말머리 모양을 한 것을 들고 노래하거나 춤을 추며 집집마다 돌아다니던 노래꾼-역자)를 한 듯하다. 카고시마번의 켄고는 역 부담으로 간수역이 부과되었다.

민중의 반격과 칸세(寬政) 개혁

막부에 의한 민중 통제와 착취 강화에 대하여 1720년(享保5년)에 우선 아이즈(会津)지방의 민중이 연공의 연납과 세율 인하 등 13개조의 요구를 막부 측에 제출했다. 그리고 만약 받아들이지 않는다면 장군에게 직소한다고 위협하면서 저항 의사를 표시하였다. 1722년에는 소유권 이동 금지책에 대하여 에치고와 테바(手羽) 막부 영지의 백성들이 대규모의 토지반환 요구소동(質地騒動)을 일으켰다.

1732년(享保17년) 여름에 긴키 서쪽지방의 수확량은 장마와 메뚜기 때문에 약 400만 석이 줄었다. 이른바 쿄호의 대기근이다. 이로 인하여 쌀값이 급등하여 다음 해 정월에 에도에서 지차(地借), 점차(店借)를 중심으로 한 도시 빈민 약 1,500명이 쌀 상인 타카마 덴베(高間伝兵衛)의 집을 습격하였다.

그리고 10대 장군 이에하루(家治) 시기에 실권을 장악한 것은 로쥬 타누마 오키츠쿠(田沼意次)였다. 타누마는 인바누마(印旛沼), 테가누마(手賀沼, 현재의 千葉県)의 간척을 시도하여 도자(銅座, 에도시대에 동의 거래나

일본 부락의 역사-차별과 싸워온 천민들의 이야기

주조를 행한 장소-역자), 테츠자(鉄座), 슈자(朱座), 석탄소 등을 설치하여 어용상인을 정했다. 또한 카부나카마(株仲間, 도매업자가 일종의 조직을 만들어 카르텔을 형성한 것-역자)의 결성을 장려하여 어용금(御用金, 에도막부가 재정 궁핍을 보충하기 위해 임시로 농민, 상인 등에게 부과하는 돈-역자), 운상금(運上金, 금전으로 납부하는 세금-역자), 명가금(冥加金, 에도시대에 산, 들, 강, 바다를 이용하여 영업을 하는 면허를 대상으로 막부와 번에 지불한 일종의 세금-역자)의 확보를 꾀하였다.

타누마 오키츠쿠, 오키토모(意知) 부자의 정치는 식산흥업을 기본으로 하여 상업자본을 적극적으로 이용하고 통제하는 가운데 막부 재정의 안정을 꾀한 것이다. 그러나 이 타누마 시대(1770~1780년대)에는 뇌물이 공공연히 오가는 등 정계는 매우 부패하였다.

여기서 1783년(天明3년)에 아사마산(浅間山)의 대분화가 전조를 보이고 있는 것처럼 텐메이 대기근이 일어나 수년간 계속되었다. 동년에는 오사카에서, 1787년(天明7년)에는 에도에서, 그 다음 해에는 교토에서 쌀소동이 일어났다. 특히 그때 에도에서의 파괴는 시내를 4일간이나 무정부 상태에 빠트린, 에도막부 개설 이래 최대의 사건이었다.

1787년에 오슈(奥州)의 시라카와(白河) 번주 마츠다이라 사다노부(松平定信)가 로쥬의 수장이 되어 칸세 개혁을 진행시켰다. 1790년(寛政2년)에는 몰락한 백성이 도시로 유입되는 것을 방지하고 농촌의 황폐를 막기 위하여 귀농령을 내려 백성을 본관(출신지)으로 되돌리는 정책을 취하였다. 또한 하타모토(旗本), 고케닝(御家人)의 궁핍을 해결할 목적으로 1789년에 기연령(棄捐令, 채권자인 후다사시에게 채권 포기나 채무의 변제를 연장시킨 무사 구제 법령-역자)을 내렸다. 이것은 후다사시(札差, 하타모토, 고케닝이 가진 쌀을 받고 이를 돈으로 바꾸어 주는 청부 상인)로 하여금 6년 이전에 빌린 돈을 모두 파기시키고 5년 이내의 것만 이자를 낮추어서 연부(年賦)로 갚도록 한 것이다.

그 외에 사다노부는 에도의 이시카와지마(石川島)에 사람이 모이는 장소를 만들기도 하고, 흉작 대책으로 사창(社倉), 의창(義倉)을 세워 곡물을 저장시켰으며, 에도 시내에서는 7분금적립법(七分金積立法, 에도의 지주가 부담하는 町費를 절약하여 그 가운데 70%를 적립해서 천재나 기근에 대비하게 한 법-역자)을 실시하였다. 1790년에는 사상통제 강화책으로 이학(異學)의 금지를 실시하였다. 그러나 이 개혁도 쿄호의 개혁처럼 이미 사회가 자본주의 경제로 이행하는 것을 멈추게 하지는 못했으며 결국 실정으로 끝났다.

차별정책의 추이

앞에서 본 역사적 과정에서 우선 막부가 어떠한 '천민' 지배책을 전개했는가를 살펴보자. 1769년(明和6년) 6월에 막부는 촉서(觸書)를 발포하여 칸토 8개주와 이즈(伊豆), 카이(甲斐) 2개국을 합쳐서 10개국에서 '에타, 히닝'을 경찰의 말단에 위치시킴과 동시에 낭인(浪人)들을 체포하면, 칸테부교(勘定奉行 중 公事方)에게 알리도록 했다. 1772년(安永원년) 9월에 막부는 「문서(書付)」로 앞의 10개국 이외의 다이묘, 하타모토에게도 만약 희망한다면 메이와(明和) 6년 6월 촉서의 적용을 인정하였다.

1774년이 되면 막부령, 다이묘령, 사찰과 신사령을 구분하지 않고 낭인의 체포에 '에타, 히닝'을 동원할 것을 명령하였다. 이것은 지방에 따라서는 단순히 피혁생산자 혹은 '카와타 백성'으로 존재하는 자까지 하급 경찰기구에 편입시키는 법적 근거를 의미하며, 막부의 '천민' 지배정책사상 중요한 위치를 점한다.

이상과 같은 지배정책을 총괄하는 형태로 발포된 것이 1778년(安永7년) 10월의 '천민'단속령이다. 막부는 여기서 처음으로 전국의 '천민'을 대상으로 한 단속령을 발포하고, 관할도 전국적으로 칸테부교가 담당하도록 하였다. 이 막부령은 전국적으로 주지되었으며 지역에 따라서는 상당히 엄격하고 철저하게 적용된 것을 관계 사료에서 볼 수 있다.

1781년(安永10년) 11월에는 '에타, 히닝 결락취계방(穢多非人欠落計方)'을 정하여 '에타, 히닝'의 도망은 기간을 정하지 않고 발견될 때까지 조사하며, 종문개장에서 제외하는 것은 인정하지 않는다는 취지를 발표했다.

다음으로 여러 번의 '천민' 지배정책에 대하여 간단히 살펴보자. 고치번은 1780년(安永9년) 12월에 영내 마을에 있는 '에타'의 풍속이 나쁘고 백성과 구분하기 힘든 것은 발칙하다고 하여 단속에 대하여 언급하였다. 더욱이 '에타'가 마을에 나올 경우 낮 7시(오후 4시)에는 돌아가도록 했기 때문에 이를 지키지 않는 것은 괘씸한 것이며, 또한 '에타'는 사람이 사는 민가에 들어가서는 안 된다는 등 '에타'에 대한 규제를 강화했다.

카고시마번은 1784년(天明4년) 7월에 켄고·'에타'와 백성이 결혼한 경우 쌍방에 벌금을 부과할 것, 이후 '시쿠(死苦)'를 '에타'로 부를 것 등을 언급하고 있다.

동년 쵸슈번은 '평민'과 교제한 '에타'를 유배 보내고, 1787년(天明7년) 6월에 '에타'를 숙박시킨 자를 처벌하였다.

카나자와번에서는 1800년(寬政12년) 11월에 '토나이'에 대하여 '평민'과 교제하는 것, 의료에 관계하는 것을 금지했다.

이상과 같이 여러 번은 앞에서 본 막부의 '천민' 지배정책의 영향을 받으면서 피차별 민중에 대한 풍속규제를 강화하고 피차별 민중과 농민, 상인의 교류를 법규로써 금지하려고 하였다.

5. 피차별 민중의 생활

'에타' 신분의 역 부담

근세부락(주로 '에타' 신분)의 사람들에게 부과된 역 부담은 같은 막부 영내에서도 지역에 따라 약간의 차이가 있었으며, 각 다이묘영에서도 다소간 차이가 있었다. 이것을 분류하면, 1) 피혁 등의 상납, 2) 형집행역, 3) 경찰, 소방에 관한 역무, 4) 청소역, 5) 들과 강에 대한 감시역이라는 5종류로 구분할 수 있다.

1) 피혁 등의 상납─이 가운데는 ① 피혁의 상납, ② 말고삐의 상납, ③ 북 가죽의 교체라는 3가지 종류가 포함된다. 이들 역 부담은 근세부

락 사람들의 신분 고유의 직업으로 인식된 죽은 소나 말의 처리, 피혁업에 부수되어 부과된 것이다.

① 피혁의 상납부터 보자. 마츠모토번에서는 1594년(文禄3년)에 영내의 '카와타'에게 종래와 같이 가죽 한 장씩 상납을 명했다. 후쿠오카번에서는 1602년(慶長7년) 1월의 '규정'으로 영내의 '카와타'에게 말가죽 100장, 무로가죽(室皮, 물건의 보존을 위해 외부의 공기를 차단하기 위해 만든 가죽－역자) 200장, 도합 300장의 상납을 규정하였다. 쵸슈번에서도 1645년(正保2년)에 스오국(周防国), 나가토국(長門国) 양국의 '죠리카와야역(長吏革屋役)'을 키치사에몬(吉左衛門)에게 명령하였으며, 이후 매년 소가죽 100장의 상납을 부과하였다고 한다.

카나자와번에서는 1672년(寬文12년)에 카가(加賀), 노토(能登), 엣츄(越中)의 3개국의 '카와타'가 납입하는 '역피(役皮)'의 매수를 정하여 3개국을 합쳐서 말가죽 98장, 부드럽게 가공한 가죽 43장, 아교에 담갔다가 두들겨서 굳힌 가죽 20장으로 했다. 또한 '에타 우두머리' 단자에몬도 피혁 상납이 부과되었다. 이러한 피혁 상납도 쿠루메번(久留米潘)과 같이 금전으로 대신하는 경우도 있었다.

②의 말고삐란 코가죽이라고도 하며 말의 입에 물리는 가죽 끈이다. 마츠모토번에서는 1598년(慶長3년)에 '카와야 마을 우두머리' 마고로쿠(孫六)에게 '코가죽' 5관의 상납을 명령했다. 후쿠오카번에서도 앞에서 본 케쵸(慶長) 2년 1월의 '규정'에서 말고삐 상납에 관해 규정하였다. 우에다번(上田潘)은 1648년(正保5년)에 무카이마치(向町)의 '쵸리 무리'에게 말고삐 상납을 부과하였다.

단자에몬도 막부에 의해 상납이 부과되었으며 그는 이 '업무'수행을 명목으로 수하에게서 '말고삐료'를 징수했다.

③ 북 가죽의 교체에 대하여 보면, 단자에몬은 막부로부터 '어진태고 (御陣太鼓)'의 교체가 부과되었으며 교토 아마베(天部) 마을의 토시요리 (年寄 : 에도시대에 정촌의 행정에 관하여 지도적 입장에 있는 사람—역자) 리에몬(利右衛門)은 니죠성(二条城)의 시간을 알리는 북의 교체를, 셋츠 관리인 마을과 와타나베 마을은 오사카성의 북을 교체할 것을 명받았다. 이러한 것은 토쿠시마번, 코마츠번, 우와지마번 등의 여러 번에서도 보인다.

2) 형집행역—이 역도 ① 형집행과 준비, ② 간수, ③ 감옥의 청소, ④ 옥사한 사람의 처리라는 4종류로 분류된다. 단, 전국의 모든 근세부락에 부과된 것은 아니며 도시(城下町) 외곽에 위치한 부락 등 특정한 부락에만 부과된 것이기 때문에 수적으로는 적었다.

3) 경찰, 소방에 관한 역무—경찰역은 전국의 많은 근세부락이 부담하고 있었다. 부락 사람들에 의한 경찰역의 수행으로 마을의 치안이 지켜졌던 사실에 대해서 이후 더 많은 관심을 쏟아야 할 것이다. 더구나 18세기 후반에 보이는 막부의 '천민' 지배정책 하에서 전국적인 규모로 '에타' 신분의 사람들을 경찰기구의 말단에 편입하는 법적인 근거가 부여되었다.

소방의 역무에 대하여 살펴보면, 셋츠의 와타나베 마을은 1724년(享保9년) 3월에 있었던 오사카의 대화재 시에 소화에 진력한 공으로 마을 내에 한해서 전당포와 술집 영업권을 인정받았으며, 1731년(享保16년)의 오사카 대화재 때에는 마치부교(町奉行)의 지휘 하에 소화에 진력할 것을 명받았다. 그 대가로 오사카의 마을마다 소변통을 두는 것이 허가되었다. 당시에 소변은 중요한 비료로 농민이 이것을 팔아서 수입을 올릴 수 있었기 때문이다. 또한 셋츠의 히라노쿄마치(平野郷町) 내의 부락도 화재가 났을 때에는 불이 번지는 것을 막기 위해 집을 부수기 위한 연락망(網人足)을 부과하였다.

4) 청소역－다이묘영에서는 마츠요번(松代藩)과 와카야마번 등과 같이 성내의 청소를 영내 근세부락의 사람들에게 부과한 곳이 있다.

또한 교토 니죠성의 청소역을 카미가타(上方, 긴키지방을 부른 명칭－역자)의 '에타 우두머리' 시모무라가(下村家)가 맡았으며, 시모무라가는 오우미, 야마시로, 셋츠에 있는 몇 개의 근세부락에 이를 위한 인력을 부담시켰다. 원래 1708년(寶永5년)에 시모무라가의 후계가 끊어진 이후에 청소역은 없어졌으며 이를 대신하여 감옥의 토지 외곽 경비역이 부과되었다.

5) 들과 강의 경비역－들에 대한 경비는 멧돼지나 사슴 등이 농작물을 훼손하는 것을 막기 위한 경비를 수행하는 것이 중심적인 역할로, 이세 지방 등에서 보인다. 칸토지방에서는 강물을 감시하는 역무가 부과된 부락이 존재했다.

'히닝' 신분의 사람들도 형집행, 경찰역이 부과되었으며, 카나자와번과 그 지번(支藩)인 토야마번의 '토나이' 신분의 사람들에게도 토무라(十村)라는 오죠야(大庄屋)의 부정 적발과 간수, 형집행 등의 역무가 부과되었다. 쥬코쿠(中国)지방에 존재한 '차센' 신분의 사람들도 간수역을 지내는 경우가 적지 않았으며, 사츠마번의 '켄고' 신분의 사람들도 역 부담으로 간수역을 명받았다.

'에타' 신분의 직업－죽은 소나 말의 처리, 피혁업

근세부락 사람들에게 그 신분에 고유한 직업은 반복해서 여러 번 설명한 것처럼 죽은 소나 말의 처리, 피혁업이었다. 중세를 통해서 소나 말의 사체는 케가레가 많다는 관념이 강하였으며 그 사체의 해체 처리 업무는 '카와라모노' 등 천시·부정시된 신분의 사람들에게 부과된 청소역(정화역)이라는 성격도 가지고 있었다. 그러나 근세 초두에 부락이 성립하기까지는 경우에 따라서 백성들 자신이 멋대로 처리한 경우도 있었다. 또한 중세 말기가 되면 죽은 소나 말에 대한 처리권한은 점차로 천시·부정시된 신분의 사람들에게 집중되는 경향을 보이지만, 아직은 유동적이며 와이즈미, 야마토 양국에서는 다른 신분의 사람들에게 그 권한이 매각되기도 했다.

이 때문에 후쿠오카번에서는 1602년(慶長7년) 1월에 죽은 소나 말은 모두 '카와타(皮多)'에게 넘기도록 하였으며 백성들이 훔쳐 가면 벌금을 부과하도록 조치를 취할 수밖에 없었다. 카나자와번에서도 1611년(慶長16년) 4월에 백성들이 멋대로 죽은 소나 말의 가죽을 벗기거나 강이나 바다에 버리거나 땅속에 묻거나 하면 처벌을 하라고 언급하고 있다.

막번 영주는 이러한 정책을 통해서 근세부락의 사람들에게 죽은 소나 말의 처리, 피혁업을 강제, 한정, 고정하였다. 단, 이 정책의 실시 시기에 대해서는 번에 따라서 차이가 있으며, 쵸슈번에서는 1645년(正保2년)에 비로소 이러한 정책이 채용되었다. 오가키번(大垣潘)처럼 소나 말이 죽은 경우 '에타'가 희망하면 가죽을 벗기고, 희망하지 않으면 마을의 매장지에 묻도록 한 지역도 있었다.

그러나 어떤 지역이든 죽은 소나 말의 처리권한(旦那株, 草場株)은 '에타' 신분에게만 부여되었으며 다른 신분의 사람이 여기에 개입하는 것은 금지되었다. 이것이야말로 일본 근세 '에타' 신분의 중요한 특징이며, 중세 '천민'과의 결정적인 차이라고 할 수 있다.

각 '에타 마을'의 죽은 소나 말의 획득 범위는 '에타' 동료들 사이에서 정해진 듯하며, 영주 측이 정치적으로 결정하지는 않은 듯하다. 취득 방식은 칸사이에서는 지역할당으로 한 것에 비하여 칸토에서는 요일별 할당이었다. 또한 칸토에서는 실제로 가죽을 벗긴 것은 '히닝' 신분의 사람이었다고 한다.

그런데 피혁 제조공정을 피혁생산의 선진 지역인 세이반(西播)지방(지금의 효고현 서부)의 예를 통해 보면 다음과 같다.

> 원피에서 털 제거 → 거죽 벗기기 → 원피의 오물과 지방질 제거 → 소금 절이기 → (유안과 염안 등의 약품을 첨가하여 - 역자) 드럼에서 돌리기 → 말리기 → 냄새 제거 → 가죽에 기름 묻히기 → 말리기 → 가죽 씻기 → 색깔 내기 → 말리기 → 소금기 제거 → 문질러 비비기 → 색깔 맞추기 → 건조 → 무두질 → 펴기(鈴木明·山本哲也,『揖竜の部落史1 近世編』, 揖竜部落史 刊行会).

한마디로 피혁생산이라 하더라도 거죽 벗기기부터 시작하여 이상과 같은 복잡하고 전문적인 기술을 요하는 공정이 있다. 피혁은 실로 광범위한 유통과정을 거쳐 거래되었다. 예를 들면, 셋츠 와타나베 마을의 거래선은 긴키는 물론이고 쥬코쿠, 시코쿠, 규슈에까지 미쳤다.

가죽의 가격에 대하여 살펴보면, 시대와 지역에 따라 변동이 있으나 와이즈미국에서는 1764년(明和원년)에 암소가죽 사방 6척(약 180㎝)짜리가 은 32문(匁), 수소가죽 사방 8척(약 240㎝)짜리가 은 52문이었다. 동년의 오사카 쌀 가격(肥後米)으로 쌀 한 석이 은 55.2문이었기 때문에 수소 한 마리에서 얻을 수 있는 가죽은 거의 쌀 한 석(거의 성년 남자가 1년간 먹을 수 있는 양)의 가치를 가진다.

더욱이 나라에서는 카스가대사(春日大社) 신록(神鹿)의 사체 처리권은 히가시노사카마치(東の坂町, 근세부락)의 진에몬(甚右衛門)이 소유하고 있었다.

'에타' 신분의 직업 – 신발업

근세부락의 사람들은 앞서 논한 피혁업에만 종사했다고 생각하는 경향이 있지만 결코 그렇지 않다. 신발업, 북제조업, 농업 등 다양한 업무에 종사하면서 열심히 살았다. 이하에서는 이러한 일에 대하여 살펴보자.

신발업 가운데서도 가장 중요한 것은 셋타(雪駄, 雪踏라고도 씀)라고 부르는 설상화의 제조, 판매, 수리였다. "죠쿄(貞享) 시기까지 지셋타(地雪踏)라는 것은 에타의 설상화를 가리킨다. 앞쪽은 푸른 대나무 껍질로 만들고 가죽은 말가죽이다"라는 기술이 있는 것을 보면, 이 일도 근세부락 사람들의 독점적인 직업이었다. 이 설상화는 당시 서민의 대표적인 신발이었기 때문에 수요도 많았으며 전국 각지 부락의 커다란 수입원이었다.

끈으로 묶는 구두의 제조, 판매에도 종사했다. 이것은 가죽 구두의 일종으로 비나 눈이 올 때 신는 신발이었는데, 농사작업용 신발로 사용하거나 산에서 일할 때에도 사용하였다. 또한 나라 부근의 부락에서는 가죽 나막신도 만들었다.

셋츠국 와타나베 마을에서는 1738년(元文3년) 7월에 오사카의 텐만교(天滿橋), 텐신교(天神橋), 니혼교(日本橋) 등에서 설상화, 끈, 구두 등의 노점판매를 신청했는데 이때 이 마을 내에는 400여 명의 신발세공 종사자가 있었다고 한다. 근세부락의 사람들이 얼마나 열심히 신발업에 종사했는지를 보여주는 한 가지 예이다.

다음으로 북 제조업에 대하여 살펴보자. 교토, 오사카, 나라는 말할 것도 없고 토쿠시마, 이요의 코마츠를 비롯하여 많은 지역의 근세부락 사람들이 북 제조업에 종사하였다. 와타나베 마을의 북 제조업자 마타베(又兵衛)가 "아마도 70만 량 정도의 부자로 일본과 중국의 진기한 물건이 창고에 가득 찼으며, 호사스럽고 첩도 7, 8명이나 있었다"(『世事見聞錄』)고 평가된 사실은 유명한 이야기이다.

'에타' 신분의 직업-농업

칸토, 칸사이를 불문하고 거의 모든 지역에서 근세부락은 농업에 관여하고 있었다. 원래 대부분의 막번 영주는 근세부락의 사람들이 농지를 소유하고 농업에 종사하는 것을 인정하였다.

당연한 것이지만 막번 영주는 전답을 소유한 '에타' 신분에게서도 원칙적으로 연공을 징수하였다. 단, 지역에 따라서는 형집행, 경찰, 청소 등의 역을 부담하는 대신에 다른 역을 면제하거나 거주 토지에 대한 연공을 면제하는 경우도 있었다.

그런데 근세부락 사람들의 농업경영 규모는 평균적으로 농민보다 확연히 영세하였으며 그런 만큼 소작과 일용의 농업노동이 많았다. 입회권은 가지고 있는 경우가 많았지만, 그 경우에도 입회 연못이나 산의 이용에서 불이익을 강요당하는 경우가 적지 않았다. 와이즈미국의 미나미오지(南王子) 부락에서는 소노연못(惣ノ池), 이마연못(今池)의 용수 분배에 대하여 이웃의 오지(王子) 마을이 종종 차별적인 조치를 취하였기 때문에 1729년(享保14년)에 소송을 제기하였다.

번에 따라서는 차별정책을 강화함으로써 '에타' 신분의 전답 소유를 금지하거나 이들에게 전답을 매각할 수 없게 하였다. 카나자와번은 1801년(享和원년) 2월에 '에타' '토나이'의 전답을 농민에게 팔도록 하였으며 이후 그 소유를 금지했다. 고치번은 1818년(文政원년) 2월에 '에타' 신분의 사람들에게 전답을 팔 수 없도록 하였다.

물론 이러한 차별정책을 강행한 번은 소수이다. 근세부락의 사람들이

일본 부락의 역사-차별과 싸워온 천민들의 이야기

황무지를 개간하기도 하고 경작지를 넓히면서 농업경영에도 상당한 노력을 기울인 사실은 최근에 널리 알려졌다.

지역에 따라서는 어업에 종사한 경우도 있었다. 이요국 오즈번(大洲藩)에서는 1804년(文化원년) 9월의 기록에 '에타 어부'의 기록이 보이고, 분카(文化) 3년에 최근 '에타'가 강에서 고기잡이 하는데, 여럿이서 함께 고기잡이 하는 것은 패륜이라 하여 이후에는 두 사람 이상이 함께 강에서 고기를 잡아서는 안 된다는 규칙을 추가하였다. 카와치국의 사라이케 마을의 '에타' 신분의 사람들도 연못에서 잡어를 잡을 수 있도록 본촌(本村)에 허가를 청하여 허락을 받았다.

'에타 우두머리'인 단자에몬은 등심초의 판매를 가업의 하나로 인정받았다. 그 외 근세부락의 사람들은 지역에 따라서 람(藍)판매, 매약업, 의료, 소나 말의 치료, 석공, 숫돌판매 등에 종사한 경우도 있으며, 실로 다종다양한 직업에서 다채로운 경제활동을 하였다.

'히닝' 신분의 직업

'히닝' 신분 사람들의 생업은 구걸(物貰い)이 일반적이었다. 길흉사가 있을 때 자주 가는 단골집에서 보시를 받는 것이 일상이었다.

오사카의 '히닝'은 매년 연말에 세키조로(節季候), 토리오이(鳥追), 다이코쿠마이(大黑舞)라는 거리 예능을 행하고 마을의 집주인에게 돈이나 물건을 받았다. '넝마주이'에도 종사하였다. 1755년(寶曆5년)에 이 장사를 위해 거주지 가까이에 있는 공터를 주워온 쓰레기를 말리기 위한 장소로 대여해 달라는 청원을 내었다. 이곳에서 건조시킨 종이 종류의 쓰레기를 수집인에게 팔아서 이익을 취하였다.

또한 찻집도 경영하였다. 이것은 특히 매년 추석 기간에만 오사카의 도톤보리(道頓堀) 묘지로 통하는 길에서만 허가된 것으로, 18세기 초반부터 후반까지 영업이 계속되었다. 여기서 차, 과자, 과일 등을 팔았다. 쿄호년간(1716~1735년)에는 매년 10채 정도의 '히닝 찻집'이 이 길 양측에 늘어섰다고 한다.

'히닝' 신분의 사람들 중에서도 부유한 자도 있었던 듯하다. 오사카 마치부교 오시오 헤이하치로(大塩平八郎)의 요리키(与力, 마치부교를 보좌하여 행정, 사법, 경찰의 임무를 담당하였으며 지금의 경찰서장에 해당함－역자) 재직 중에 부패한 요리키의 검거에 연좌되어 처형된 도톤보리의 '히닝의 중간 우두머리(非人小頭)' 키치고로(吉五郎)는 생전에 '8, 9척의 석탑'을 쌓고 '첩'을 두고서 호사스러운 생활을 했다고 한다.

근세부락의 인구 동태

그림1은 근세 일본의 인구 동태를 나타낸 그래프이다. 1600년대부터 1720년대까지는 순조롭게 계속 증가하고 있는데 1721년~1792년은 4.5%의 감소(연평균 0.15%)를 나타낸다.

그림1 • 근세 일본의 인구 동태(추이)

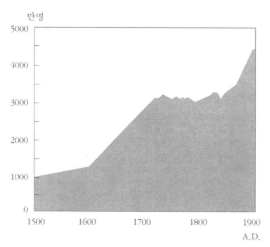

키토 히로시(鬼頭宏), 『日本二千年の人口史』(PHP硏究所, 1983년)

표1 • 센다이번(仙台藩) '에타'의 인구동태

년대	인구	지수
1742	409	100
1786	433	106
1801~04	474	116
1825	810	198
1828	831	203

나루사와 에이쥬(成澤永寿), 「東比」(部落問題研究所編『部落の歴史 東日本編』,1983년)에서 작성.

　　그런데 지역적으로 보면, 전체 인구가 감소 경향을 보이던 1721~1792
년에도 토산(東山은 中部, 関東, 東北의 산지 일대를 지칭함), 산인, 산요, 시
코쿠, 규슈 지방은 증가 경향에 있으며, 토카이, 호쿠리쿠 지방에서는 정
체 경향을, 나머지 긴키, 칸토, 도호쿠 지방은 감소 경향을 나타내었다.

따라서 각 지방 근세부락의 인구 동태의 특징을 분명히 하기 위해서는 그 부락이 위치하는 지역의 인구 동태와 비교하지 않으면 안 된다.

센다이번 내의 '에타' 신분의 인구 동태는 표1에서 보는 것처럼 계속해서 증가 경향에 있다. 도호쿠 지방이 감소 경향에 있던 1721~1786년의 기간에도 적은 폭이지만 증가하고 있다.

후쿠야마번 내의 피차별민의 인구 동태는 표2와 같다. 표 가운데 '카와타(皮太)'가 '에타' 신분인데 역시 계속해서 증가 경향이었다. 호쿠리쿠지방은 앞서 본 것처럼 1721~1792년의 시기는 정체 경향이었다.

표2 • 후쿠야마번(富山潘)의 피차별민 인구동태 ( )안은 자수

년대	카와타	토나이	빈민	분시로(分四郎)	계	총인구
1774	65(100)	762(100)	66(100)	20(100)	913(100)	46,307(100)
1798	76(117)	850(112)	71(108)	28(140)	1,025(112)	46,327(100)
1810	89(137)	937(123)	81(123)	28(140)	1,135(124)	50,038(108)
1840	-(-)	-(-)	-(-)	-(-)	1,112(122)	48,016(104)
1868	125(192)	1,190(156)	83(126)	33(165)	1,431(157)	-(-)

타카자와 유이치(高澤裕一), 「石川·富山」(部落問題研究所編, 『部落の歴史 東日本編』, 1983년)에서 작성.

신슈(信州) 우에다번(上田潘) 내의 '에타' 신분의 인구도 토산 지방의 인구가 조금이지만 증가할 때에도 상당한 속도로 증가하고 있다(1726년에 392명이었던 것이 1762년에는 541명으로 증가).

긴키지방에서는 1721~1792년에 감소 경향을 보임에도 불구하고 대부분의 부락은 증가 경향에 있었다(와이즈미국 미나미오지 부락, 카시이(樫井) 부락, 셋츠국 히라노(平野) 부락 등). 아마가사키(尼崎)지역의 인구 동태를

일본 부락의 역사─차별과 싸워온 천민들의 이야기

나타낸 것이 그림2이다.

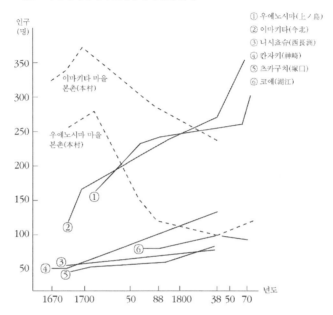

그림2 • 야마가사키지역 근세부락의 인구동태

尼崎部落解放史編纂委員会編, 『尼崎部落解放史』本編(尼崎同和問題啓発促進協会, 1988년)에서.

츄코쿠, 시코쿠, 규슈 지방은 1721~1792년에 증가 경향이었지만, 후쿠야마번, 히로시마번, 쵸슈번, 우와지마번, 카고시마번에서는 모두 영내의 '에타' 신분 혹은 피차별 신분 전체 인구는 전체의 증가율을 상회하는 형태로 증가하고 있다. 근세부락의 인구 증가 경향은 도시부락에서도 농촌부락에서도 공통적으로 보이는 인구 현상이다. 단, 츠와노번(津和野藩) 내의 '에타' 신분의 인구처럼 정체 혹은 감소 경향을 보이는 사례도 조금이지만 존재한다.

그러면 왜 많은 근세부락에서 1721년 이후에도 인구가 계속해서 증가한 것인가. 최근의 연구는 근세부락이 갖는 경제구조의 특징에서 그 원인을 구하고 있다.

예를 들면, 와이즈미국 미나미오지 부락의 경우 1850년(嘉永3년)의 부락 전체 수익의 견적으로는 죽은 소나 말 처리 수익은 0.7%, 농업 수익은 15.5%, 설상화 등의 '수익'에 의한 수입은 81.7%를 점하고 있다(『奧田家文書』第四卷). 설상화 산업을 중심으로 한 '수익' 및 농업 나아가 죽은 소나 말의 처리, 피혁업이라는, 농민이나 상인에게는 없는 독특한 경제구조를 가지고 있었다.

더욱이 인구 증가의 부차적 요인으로서 부락 사람들의 상호부조적 생활태도, 가족형태의 존재방식(말자상속이 상대적으로 많고, 분가하기 쉬운 상황이 있으며, 또한 친척과 동거하는 경우도 상대적으로 많이 보인다)도 열거할 수 있다.

여기에 부차적 요인을 하나 덧붙여, 낙태, 유아살해를 억제한 정신적 계기로서의 종교적 신앙심의 돈독함도 고려하여야만 할 것이다.

근세부락과 종교

근세 이래 부락과 깊은 관계를 가진 종파는 정토진종(淨土眞宗)이었다. 특히 칸사이에서는 오카야마번 내의 부락이 진언종(眞言宗) 및 일연

종(日蓮宗)이었던 것을 제외하면 거의 모두 진종(眞宗)이었으며 쥬부, 칸토지방의 부락에서는 진종 신자가 적었다.

차별계명(나가노현)

그러나 동서 양 혼간지(本願寺) 모두 진종계 부락사원과 그 주직에게 엄격한 차별을 적용하였다. 서 혼간지(혼간지파)는 에도 후기에 부락사원의 사종(寺種), 사호(寺號), 목불본존 표기(下付)년대, 주소, 상사(上寺), 영주명 등을 국(国)별로 작성한 장부인 「예사장(穢寺帳)」을 작성했다. 또한 원칙적으로 혼죠사(本照寺), 콘부쿠사(金福寺), 만센사(万宣寺), 후쿠센사(福専寺), 교토쿠사(教徳寺) 등 특정의 상사에만 부락사원을 말사(末寺)로 두는 방식을 취하였다.

동 혼간지(오타니파 大谷派)에서도 사정은 거의 동일하다고 보인다. 오타니파에 속한 콘부쿠사(혼간지파에 속한 동일한 사찰 명을 가진 사원과는 별도의 것)도 '에타 마을 상사(上寺)이다'라고 한다. 1809년(文化6년) 7월에는 동 혼간지에 의해 「승분인별장 에타 마을의 것(僧分人別帳穢村之分)」이 작성되었으며, 부락사원 주직만 별도의 장부로 하였는데 그 주직이 '에타 마을의 것'으로 취급되었다.

1802년(享和2년)의 「아사쿠사 혼간지 연번련서(浅草本願寺連番連署)」에는 "에타 사찰의 주직은 본산(本山)에 적(籍)을 둘 수 없었으며, 이는 별종으로 다른 것으로 취급한다"는 서술이 있다.

동서 양 혼간지의 차별체제는 신란(親鸞)의 평등주의와 케가레를 배제하는 가치관과는 완전히 상반되는 것이다. 그러나 근세부락의 사람들은 견고하게 진종 신앙을 유지하였다. 가난하면서도 집에는 훌륭한 불단을 두었으며, 부락 내에는 훌륭한 사원을 건립하였고, 본산(本山)에는 많은 기부금을 납부하였다. 1847년(弘化4년) 2월에 나라부교였던 카와지 토시아키라(川路聖謨)는 서 혼간지 법주(法主)가 나라에 왔을 때 '에타 마을'이 20량이나 납입하였다고 일기에 적었다.

진종 이외의 종파인 경우 '에타' 신분의 사람들만을 단가(檀家, 일정한 사원에 소속되어 금품 등을 내는 집안-역자)로 하는 부락사원은 거의 존재하지 않았다. 주로 미카와(三河) 동쪽 부락의 경우는 그 단나사(旦那寺, 선조 대대의 무덤이 있는 사원-역자)가 부근의 농민, 상인 등과 함께 있었기 때문에 이러한 지역에서는 차별 계명(戒名)이 존재했다. 단, 진종의 경우에도 수는 적으나 차별 법명은 존재했었다.

예를 들면, 조동종(曹洞宗)의 경우 1754년(寶曆4년)에 '에타' 신분 사람의 계명에 '추감축문복영(秋鑑畜門卜㚑)', 진언종의 경우 1810년(文化7년)에 '관달혁문창련혁녀영(觀達革門唱連革女㚑)'이라는 것이 있다. 영(㚑)은 영(靈)자의 약자로 통상적으로 계명에는 약자를 사용하지 않는다. 그외에 동 일본 각지에서 축남(畜男), 축녀, 박남(朴男), 박녀, 복남(僕男), 복녀, 초남(草男), 초녀, 예비녀(穢婢女), 선축(禪畜), 예남(隸男), 예녀, 찬드라(旃陀羅, 인도 카스트제도의 찬드라의 한어)남, 찬드라니(旃陀羅尼) 등의 차별 계명이 다수 발견되고 있다. 또한 이러한 차별 계명을 적어 놓은

일본 부락의 역사-차별과 싸워온 천민들의 이야기

책인 『무연자비집(無緣慈悲集)』, 『선문소승훈(禪門小僧訓)』, 『정관정요격식목(貞觀政要格式目)』 등이 에도시대에 간행되었다는 사실도 명확히 밝혀져 있다. 이렇게 하여 일본의 거의 대부분의 불교교단이 현세뿐만 아니라 이승에서까지 차별하고 있었다.

차별 사상의 전개

근세의 사상이라고 하면 대다수가 봉건적 신분질서를 당연한 전제로서 긍정하여 이것을 뒷받침하거나 의미 부여하는 사상이라고 해도 좋다. 근세의 사상은 크게 나누어 유교, 불교, 국학(나아가 근세 후기에는 양학이 추가되지만)의 3가지 사상을 기둥으로 한다. 예를 들어 유교에 대하여 살펴보면, 대의명분론을 하나의 중요한 이론적 기초로 하는 주자학이 막부의 정학(正學)으로 위치하였다. 막부가 칸세 개혁의 시기에 주자학 이외의 유학은 이학(異學)이라고 하여 문인에게 이를 금지하도록 대학두(大學頭) 하야시 노부타카(林信敬)에게 명한 것은 '칸세 이학의 금'으로 잘 알려져 있다. 이른바 이 시기의 유학은 무릇 막번제 국가를 보호하는 호국사상, 어용학문의 역할을 담당하고 있었다고 할 수 있다.

쿄호기에 이르기까지 근세 전반에는 유학자가 피차별 신분 그 자체를 열거하여 차별의 실태를 긍정한 것이 적지 않다고 한다. 그래도 근세 전기에 오카야마 번주 이케다 미츠마사(池田光政)에 고용된 쿠마자와 반잔(熊沢蕃山)은 승려를 비판하면서 "에타를 더럽다고 하지만, (승려는) 이보

다 더 더럽다. …… 죽은 소나 말을 취급하는 자를 단지 에타라고 한다. 더군다나 죽은 자를 수습하며, 거죽을 벗겨 음식과 옷으로 하며, 수많은 묘지와 나란히 기거하는 자는 큰 에타이다"(『三論物語』)라 하여 '비판 받아 마땅한 자(穢ないもの)'를 논하면서 당연하게 '에타' 신분을 열거하고 있다.

근세 중기의 유가 오규 소라이(荻生徂来)는 '히닝'에 대하여 "코츠지키(乞食), 히닝이라는 자는 원래 종류와 성질에 차이가 없으며 평민이었던 자다"(『政談』)라고 하여 '히닝' 신분에 대한 차별은 출생의 차이에 의한 것이 아니라고 보는 듯하다. 그러나 '에타' 신분에 대해서는 "에타의 무리들과 불을 함께 하지 말라는 것은 신국(神國)의 풍습임이 분명하다"(『政談』)고 하여 신국사상을 바탕으로 차별을 어쩔 수 없는 것으로 긍정하고 있다.

카이호 세료(海保青陵)는 "단지 에타는 원래 외국에서 온 오랑캐로서 우리 아마테라스오오카미궁(天照太神宮)의 끝에서 없어졌다"(『善中談』)고 하여 이민족 기원설을 주장하였으며, 더구나 "에타는 금수와 같다"(『善中談』)고 하여 철저한 차별의식을 나타내고 있다. 나아가 세료는 "에타의 마음속에는 선악이 없다"(『善中談』)고도 하여 얼굴에 문신을 한 네덜란드인처럼 "문자로 쓸 수 없는 이름"(『善中談』)을 붙이자고도 말하였다.

일본 부락의 역사–차별과 싸워온 천민들의 이야기

6. 근세 후기의 '천민' 지배

안에(安永) 7년의 막령(幕令)

 4절에서 본 것처럼 1778년(安永7년) 10월에 막부는 처음으로 전국의
여러 번에 대하여 부락민 단속에 관한 촉서(觸書)를 발표했다. 당시 막부
의 로쥬는 타누마 오키츠쿠(田沼意次)로 이른바 타누마 정치의 한중간에
이 막령을 제출한 것이 주목된다. 이 막령의 내용은 '에타·히닝'이 농
민, 상인에 대하여 신분을 구분하지 못하도록 행동하거나 농민·상인과
섞이는 것을 금지하고, 이들이 도적과 관계하지 못하도록 강하게 금지한
것이다.

 쵸슈번의 경우는 다음 해 3월에 이 막령을 부락민에게 들려주고 '에타
들'에게 '신원보증서'를 제출하게 했다. 그 내용은 '농민과 상인'에 대하
여 봉건적인 신분질서를 넘어선 행동을 하지 않으며 또한 피차별 신분을
벗어나 다른 신분으로 들어가지 않겠다는 점을 약속한 것이다.

 예를 들면, 거리에서 농민이나 상인과 만났을 경우 부락민이 길가로
피하여야만 하는데도 피하지 않거나, 사찰과 신사의 제례 등에서 장사를
하는 사람이나 예능인에게 돈을 강제로 달라고 하거나, 죽은 소나 말의
처리 이후에 그 뒤처리로 농민과 분쟁을 일으키거나, 부락민 자신이 예
능인으로 농민과 상인의 집을 돌아다닐 때 안뜰까지 들어간다거나 하는
등의 행위를 하지 않겠다는 약속이다.

 안에 7년 막령의 의미는 흐트러지고 있는 봉건적 신분질서를 강화하

고 이를 통해 봉건제도를 유지하려는 목적이었다. 또한 이러한 막령을 발표할 수밖에 없었던 것은 실은 부락민을 무시할 수 없을 만큼 그들이 실력을 축적하고 있는 사태가 조금씩 진전되고 있었음을 나타낸다.

탈천(脫賤)

1798년(寬政10년)에 시코쿠의 오즈번(大洲藩)은 7세 이상의 에타 남녀에게 평방 5촌(寸) 크기의 모피를 걸치게 했으며, 주택의 입구에도 모피를 걸어 놓게 하였다. 이것은 '에타' 신분인 자를 한눈에 식별할 수 있도록 한 것으로, 이러한 령을 내린 것은 '에타'가 농민이나 상인과 뒤섞인 상황이 상당히 진척되었다는 증거이기도 하다. 안에 7년의 막령으로 금지된 행위가 전국의 여러 곳에서 일어나고 있었다.

부락민이 다른 신분과 뒤섞이는 행위, 즉 타향으로 이주하여 살거나 신분과 직업을 바꾸어 살아가는 것을 여기서는 '탈천'이라고 부르는데, 이 탈천 행위에 대해서는 막말에 이르기까지 여러 번에서 반복적으로 금지령이 내려졌다. 신분제도의 최하층으로 고정된 부락민이 다른 신분으로 혼입되는 것은 봉건적 질서 붕괴의 싹이기도 했다. 탈천 행위는 전국의 여러 곳에서 반복하여 일어났으며, 이른바 흰개미가 집 기둥을 내부에서 갉아먹는 것처럼 봉건제도를 갉아먹었다.

이러한 탈천 사례는 얼마나 많은 부락민이 인간다운 삶을 희구했는가를 나타내고 있다. 그러한 일례를 살펴보자. 쵸슈번의 부락민인 슈스케

(周斎)는 신분을 속이고 의사가 되어 부젠(豊前)의 어느 마을 의사의 데 릴사위로 들어갔다. 그런데 장인과의 사이가 좋지 않아서 오래 거주하면 신분이 발각될 우려도 있었기 때문에 그는 부인과 함께 도망갔다. 칸몬 (関門) 해협을 건너는 지점에서 그는 자신의 신분을 밝히고 부인에게 이 혼을 청했다. 그러나 부인은 납득하지 못하고 둘이서 슈스케의 고향 부 락으로 돌아갔다. 그 후 부젠의 백부가 부인을 데리러 왔지만 부인은 슈 스케와 헤어지지 않겠다고 하면서 돌아가지 않았다. 그런데 슈스케는 메 아카시(目明し, 에도시대에 죄인을 체포하러 다닌 하급 관리－역자)에게 체포 되었으며 부인은 고향으로 송환되었다. 차별이 두 사람의 사랑을 갈라놓 았다.

에도시대 말기에 전국 각지에서 탈천이 행해지자 이에 대응하여 이른 바 '에타 사냥'도 각지에서 일어났다. 그 결과 부락민과 농민·상인 사이 의 틈은 더욱 깊어졌다.

위기의 심화와 차별의 강화

봉건제도의 동요를 막기 위해 봉건제도의 원점으로 돌아가서 농민을 여러 면에서 보호하고 연공의 수탈을 강화하여 재정을 안정시키는 정책 이 채용되었다. 이른바 막부의 3대 개혁인 쿄호 개혁, 칸세 개혁, 텐보 개혁이다.

이들과는 별도로 상업자본을 적극적으로 이용하고 이를 통하여 수탈을 강화하며 나아가 막부와 여러 번 자체가 상인화하는 방법으로 무사 지배의 안정을 꾀하려는 방책도 실시되었다. 타누마 오키츠쿠의 정치는 후자의 흐름에 속한다. 이른바 봉건제도의 동요 방지=무사 지배의 안정 유지책에는 두 가지 흐름이 존재하는데 실제로 막부와 여러 번에서는 이 두 가지가 교차하면서 실시되었다. 그러나 양자가 근세부락에 대하여 취한 태도에는 큰 차이가 없었다. 모두 차별강화를 방침으로 설정하고 있었기 때문이다.

상업자본을 이용하려는 타누마 정치도 부락차별을 이용하여 민중을 억압하려고 하였다. 안에 7년의 막령이 타누마 시대의 한가운데서 제출된 것도 상기시켜 두고 싶다. 또한 당시의 경세가(經世家) 카이호 세료(海保青陵)의 이론을 채용한 쵸슈번은 그 후 1808년(文化11년) 타바코(国産方, 번 내의 특산물을 장려하고 판매를 추진한 관청-역자)를 설치하고 서쪽으로 돌아가는 해운(동해안에 접한 해안선을 따라 큐슈의 칸몬해협을 지나 오사카로 돌아오는 항로. 한편 동쪽항로란 동해안에 접한 해안선을 따라 아오모리현의 츠가루 해협을 지나 에도로 돌아오는 항로를 지칭함-역자) 발전에 편승하여 번 내의 여러 산물을 전국적으로 유통시켰다. 더욱이 1829년(文政12년)에 산물회소(産物會所)를 설치하고 전매제를 강화하여 농민에 대한 수탈을 강화함과 동시에 근세부락에 대해서는 차별강화책을 적용하였다. 그 결과 텐보 2년에 대봉기가 일어났는데 이에 대해서는 뒤에서 서술하겠다.

코마에(小前) 무타카(無高) 층과 피차별 민중

　근세 후기=봉건제 붕괴기에 농촌에서는 농민의 계층 분해가 더욱 현저하게 진행되었다.

　호농은 대토지를 보유하고 지주 경영을 행하였으며, 수공업 경영에 관계한 자도 있었다. 한편 농촌에 살고 있으면서 약간의 토지밖에 가지지 못하거나 전혀 가지지 못한 코마에(小前, 에도시대의 농민이지만 특별한 권리나 家格을 갖지 않는 농민으로 소작농을 지칭하는 경우도 있음－역자), 무타카(無高, 에도시대에 석고가 없는 토지 또는 논을 갖지 않는 것－역자) 층의 수가 증가하였다. 코마에, 무타카는 지주 밑에서 소작으로 일하거나 수공업에서 임금노동자로 일하는 반(半)프롤레타리아라고도 할 수 있는 존재였다. 코마에, 무타카 층의 양적 확대는 농촌에 새로운 긴장감을 낳았다.

　농민 봉기도 농민 전원이 일치하여 무사와 대결하는 소(惣)농민 봉기뿐만 아니라, 계층분화가 진척된 지역에서는 코마에, 무타카 층이 쇼야(庄屋) 등 마을의 관리 일을 보는 호농을 습격하는 마을 소동이 빈번하게 일어났다. 그들 반프롤레타리아 층은 봉기 시에 전투성이 높았으며 무사나 호농과 날카롭게 대결하는 한편 부락민에 대해서도 노골적인 차별을 행하였다.

　코마에, 무타카 층이 근세부락에 대하여 차별자가 된 것은 왜인가. 그것은 가난한 자끼리 생활을 둘러싼 대립이 있었기 때문이다. 또한 그 배후에는 대립을 선동하고 무사 지배에 대한 불만을 다른 곳으로 돌리기 위한 지배계급의 정책이 있었기 때문이다.

생활을 둘러싼 대립으로는 예를 들면, 소작과 출작(出作, 거주지가 아닌 마을의 논밭을 경작하는 농사 – 역자) 등의 농업경영을 둘러싼 대립이 있었다. 부락 민중은 농민이 버린 농지를 경작하기도 하고, 농민보다 싼 소작료로 소작인이 되기도 하였는데 이러한 사태는 코마에, 무타카 층 농민에게는 위협이었다.

농업을 둘러싼 대립

한 예를 들어 보자. 와이즈미국 미나미오지 마을은 근세부락만으로 독립된 한 마을을 형성하였으며 마을의 수확량도 142석인 작은 마을이다. 이 마을의 부락민은 다른 마을로 나가 출작을 하였으며 1773년(安永2년)에는 263석, 1833년(天保4년)에는 463석으로 마을 수확량의 3배나 되는 출작지를 소유하게 되었다. 일반 마을로의 출작이 증가한 사실은 일반 마을에서 농민이 그만큼 토지를 내놓을 수밖에 없는 상황을 의미한다. 즉 농민 가운데 코마에, 무타카 층이 증가하고 그런 만큼 근세부락에 대한 반발이 증가했다고도 할 수 있다.

미나미오지 마을 사람들은 소작농으로도 진출하였다. 예를 들면, 미나미오지 마을 부근에 있던 쥬오사(中央寺) 소유의 소작지를 1782년(天明2년)부터 미나미오지 마을의 사람들이 소작하였다. 그러나 이 소작지는 이전에 일반 마을의 농민이 소작하고 있었는데 너무 소작료가 높아 소작을 그만둔 토지였다. 근세부락의 사람들은 조건이 나쁜 소작지라 하더라도 받아들였다. 이것도 농민들과의 대립을 심화시키는 원인의 하나였다.

이처럼 근세부락의 사람들이 일반적으로 소작과 출작으로 진출하게 된 것은 차별의식에 젖어 있던 백성들의 눈에는 화나는 일로 비쳤다. 일반 마을과 근세부락과의 사이에는 용수의 이용과 연공의 수납 등의 농업경영을 둘러싼 분쟁도 종종 일어났다. 이러한 사태는 긴키, 서일본 등 생산력이 높은 지역에서도 광범위하게 보이는 현상이다.

쵸슈번에서도 근세부락의 사람들이 일반 마을에 소작으로 진출하는 상황이 근세 후기에는 일반화되었다. 1844년(天保15년)에 쵸슈번의 지번(支藩)인 토쿠야마번에서 '에타들이 전지(田地)를 소유할 수 없음에도 불구하고 최근에는 표면적으로 농민의 명의로 토지를 구입하고 있다'고 하는 상황이 벌어지고 있었다.

이처럼 토지 소유도 진척되고 있는 가운데 소작인으로서의 진출도 왕성해졌다. 1826년(文政9년)에 키와(岐波) 마을의 농민 세지로(清二郞)가 야밤에 자신의 논에 물을 넣고 있는 중에 '에타' 3명에게 발각되어 얻어맞고 농기구도 부서지는 사건이 일어났다. 그해는 가뭄이었기 때문에 농민 세지로의 행위는 농업경영에 관계하는 자들에게는 용서할 수 없는 범행이었다. 3명의 '에타'들도 역시 농업경영을 행하고 있었으며, 쇼야에서 조사를 받은 3명은 '아무리 위협하더라도 용수에 관해서는 굴복할 수 없다'고 항변한 것은 그들의 생활이 얼마나 농업경영에 깊이 의존하고 있었는지를 말해주고 있다.

부락 내부의 계층분해

농촌의 계층분해와 같이 근세부락 내부에서도 계층분해가 진행되었다. 부락 내에서는 부호가 발생하였으며 다른 한편으로 일반 마을에서는 코마에, 무타카 층에 해당하는 계층이 발생했다.

표3 • 미나미오지 마을 계층표

	1750년 인수	1750년 %	1780년 인수	1780년 %	1810년 인수	1810년 %	1839년 인수	1839년 %	1869년 인수	1869년 %
20석(石) 이상	1		0		0		0		0	
15	0	6.7	1	3.6	0	2.1	0	2.6	1	2.3
10	1		0		1		2		1	
5	7		5		4		5		7	
1	19	14.1	34	20.3	40	16.5	30	11.2	25	6.3
1석 미만	28	20.7	33	19.8	45	18.6	42	15.7	43	10.9
불명	0	0	0	0	0	0	0	0	1	0.2
소계	56	41.5	73	43.7	90	37.2	79	29.6	78	19.7
차지인(借地人)	73	54.1	83	49.7	116	47.9	118	44.2	94	23.8
차가인(借家人)	5	3.7	10	6.0	35	14.5	14.5	26.2	217	54.9
불명	1	0.7	1	0.6	1	0.4	0.4	0	6	1.5
소계	79	58.5	94	56.3	152	62.8	188	70.4	317	80.3
합계		135	167	100	242	100	267	100	395	100

모리타 요시노리(盛田嘉徳)·오카모토 료이치(岡本良一)·모리 스기오(森杉夫), 『ある被差別部落の歴史』(岩波書店, 1979년)

일본 부락의 역사—차별과 싸워온 천민들의 이야기

표3처럼 미나미오지 마을에서 전답 소유자와 무타카 층(借地, 借家人)의 인구를 비교해 보면, 무타카 층이 점하는 비율이 해가 갈수록 증가한다. 근세부락에서는 피혁업과 그 외의 잡업을 생업으로 하는 자가 많았기 때문에 무타카 층이라고 해서 빈곤하다고는 할 수 없다. 그러나 대체적인 경향으로는 계층분해의 진행과 무타카 층의 빈곤은 관계가 있다고 보아도 무방하다.

부락 내에서 성장한 부호의 예를 보자. 와이즈미국 미나미오지 마을의 쇼야 간부인 리에몬가(利右衛門家)는 대대로 농업을 가업으로 하였으며, 1750년(寬延3년)의 시점에서 25석 정도를 확보하여 마을 수확량의 약 18%를 점하고 있다. 또한 이 마을의 고혜가(五兵衛家)는 설상화 제조를 기반으로 피혁 관련업에도 진출하여 거부를 쌓았으며, 1826년(文政9년)에는 수확량에서도 에몬가를 제치고 마을의 제1위가 되었다. 이 집안은 1847년(弘化4년)경에는 대가(貸家), 대지(貸地)를 합하여 35건이었으며, 그 주택도 대지 4무(畝) 24보(步) 안에 모옥(母屋), 직실(職部屋), 토장(土藏), 납실(納屋), 동류장(銅流場)이 있었으며, 그 외에 6무 18보의 밭이 있을 정도로 컸다.

카와치국 사라이케 마을의 카와노우치야(河内屋)도 피혁 관련업과 금융업으로 부호가 되었다. 막말에 카와노우치야가 상납을 명받은 어용금은 1860~1870년(安政7~明治3년)의 10년간 금 800량(兩)과 은 20관(貫), 특히 1864년(元治1년)에는 1년에 금 500량과 은 20관을 상납하는 등 카와노우치야의 재력은 상당히 뛰어났다.

쵸슈번 카미쿠바라(上久原) 마을의 오기하라 카츠지로(荻原勝二郎)도

부호였다. 그의 축재수단은 죽은 소나 말의 처리 관련으로, 피혁은 오사카에, 소와 말의 뼈는 사츠마에 팔았다. 1856년(安政3년)에 소뼈와 말뼈의 밀무역으로 체포되었을 때에 금 30량을 벌금으로 물고 석방되는 등 카츠지로의 재력은 상당했다.

막말에 쵸슈번이 물산 징수책의 하나로 사츠마−쵸슈 무역을 개시하자 카츠지로는 이에 관계하여 소뼈와 말뼈를 판매하여 부를 더욱 축적한 듯하다. 1862년(文久2년) 봄에 합계 6,942관의 뼈를 모아서 사츠마에 팔았는데 그 가운데 3,570관은 카츠지로가 내보낸 것이었다.

이처럼 부락 내 계층분해의 진행은 부락 내부의 대립을 낳았다. 부락을 지휘하는 부호층의 자의적인 지배와 부정에 관한 분쟁이 전국 각지의 부락에서 일어난 것도 근세 후기의 특징이다.

또한 지방에 따라서는 대립으로까지 심화되지는 않았지만, 부호층을 선두로 하여 부락이 일치하여 반차별운동, 예를 들면 본촌에서 분리 독립을 목표로 한 지촌의 분촌운동 등이 일어나는 경우도 있었다.

7. 근세부락과 봉기(一揆)·소동

연대와 상극

'케가레'를 강제 당하고 사회의 최저변으로 내몰린 근세부락민이 인간으로서의 자긍심을 가지고 살아가려고 할 때 여기서 투쟁이 발생하는 것은 필연적이다. 근세 후기 부락민의 투쟁은 이미 지적한 '탈천'행위도 있지만 꾸준한 경제활동을 통해 사회적 지위의 향상을 지향한 것도 있다. 또한 봉기와 소동이라고 불리는 투쟁에 참가한 경우도 있었다.

봉기와 소동에서 근세부락민의 모습을 쫓아가 보면, 거기에 보이는 것은 백성과 부락민의 연대와 상극의 다양한 모습이다. 반봉건 투쟁으로서의 백성 봉기에서 양자가 연대하여 번 권력과 투쟁하는 경우가 있는가 하면, 양자가 서로 증오하면서 피를 흘리는 경우도 있다.

양자가 상극하는 것은 권력에 의해 만들어진 사태이지만, 그 결론적인 모습은 어떠한 것이었을까. 한편 연대가 가능하다고 한다면, 그 연대의 조건은 어떠한 것이었을까.

분세(文政) 6년 키보쿠(紀北) 봉기

1823년(文政6년)에 키슈(紀州) 북부 일대에서 연공 감면과 번직영사업의 폐지를 요구하는 격렬한 백성 봉기가 일어났다. 번직영사업을 통한 수탈을 의도한 번과 이와 결탁한 호상, 호농들에 대한 백성들의 반격이었다. 그 가운데 번의 쌀 매입소, 쇼야, 술 상점, 쌀 상점 등을 습격하여 전투성을 발휘한 이들이 코마에, 무타카 층이었다. 이 지역은 생산력도 높고 상업적 농업도 행해져 농민의 계층분해도 진척되었다.

이 봉기에는 백성과 함께 부락민도 참가하였다. 또한 5개의 부락 내 부호의 집이 14채나 파괴되었다. 봉기에 참가한 부락민은 부락 내의 빈곤충이며, 파괴당한 자는 부락 내의 부호였다. 농촌의 계층분해와 근세 부락 내의 계층분해가 동일하게 진척된 것이 농민과 부락민의 공동투쟁의 기초가 되었다고 생각된다.

더욱이 이 봉기를 진압하기 위해서 번 권력 측에 동원된 부락민도 많았다. 이것은 부락민이 경찰 권력의 말단역을 강제당한 것에서 발생한 사태이지만, 이것이 양자의 상극의 한 원인이기도 했다.

쵸슈번 텐보(天保) 봉기

1831년(天保2년) 여름에 쵸슈번에서는 한때 10만여 명이 봉기했다고 하는 대백성 봉기가 일어났다. 이 봉기는 키슈 북부 봉기처럼 번에 의한 선물 징수책, 즉 전매제에 의한 상품 작물 수탈책에 백성들이 반대하여 봉기한 것이다. 그런데 이 봉기에서 주목할 것은 봉기의 발단이 피혁운송에 관한 농민과 부락민의 대립에 기인하며, 이것 때문에 백성의 근세 부락 습격으로 발전했다는 점이다.

쵸슈번에서는 봉건적 위기 극복책으로서 중상주의로의 경사가 심화되어 농민의 상품작물 생산에도 수탈의 손을 뻗쳤다. 이 때문에 농민의 반발이 예상되자 번은 신분차별정책을 강화하여 그 집중적 표현으로서 부락차별강화책을 계속적으로 실시하였다. 소나 말의 뼈와 가죽 운송의 시기와 계통을 제한한 것은 차별강화책의 일환이었다. 이러한 차별의식이 주입, 배양된 농민은 특히 하층의 코마에, 무타카 층으로, 번 권력에 대한 투쟁을 강화하는 동시에 피차별 민중에 대한 증오를 키워갔다.

이렇게 하여 피혁 운반에서 발단이 된 봉기는 그 대상을 번 권력으로 향하는 동시에 근세부락으로도 향하여 야마구치(山口) 마을, 이시다(石田) 마을, 요이치(夜市) 마을 등 각지에서 근세부락을 습격하였으며, 집들이 불타고 부락민이 살해되었다.

농민들의 부락 습격의 배후에 있는 부락민에 대한 증오는 번 권력에 의한 차별의식의 주입, 배양의 결과뿐만 아니라 실은 농업경영에 관한 대립도 배경으로 존재한다. 앞에서 본 것처럼 부락 사람들이 소작, 출작으로 농업에 진출한 것은 농민, 특히 코마에, 무타카 층에게는 위협이었다. 여기서는 코마에, 무타카와 부락 내 빈민층과의 이해가 배치되었다.

오시오 헤이하치로(大塩平八郎)의 난

1837년(天保8년) 2월에 오사카에서 일어난 오시오의 난에도 소수이지만 부락민이 참가하였다. 오시오 헤이하치로는 도시 오사카의 빈민과 근교 농촌의 코마에, 무타카 층 그리고 부락민의 봉기를 기대하고 거병했지만, 봉기한 사람들의 수는 도시 민중도 농민도 부락민도 모두 소수였다.

부락의 사람들이 해방에 대한 강한 희망을 가지고 있다는 것을 오시오는 알고 있었으며 이를 이용하려고 하였는데, 이를 통해 부락민의 힘이 이용의 대상이 되었을 정도로 상승했다는 것을 알 수 있다.

부슈하나오(武州鼻緒) 소동

　1843년(天保14년)에 무사시국(武蔵国) 이루마군(入間郡)에서 일어난 하나오 소동은 세상을 놀라게 함과 동시에 부락민의 힘을 확인시켰다. 하나오를 팔러온 부락민이 차별 받은 것에서 시작된 이 소동은 백성(그 배후에는 막부권력)과 부락민과의 전면 대결이었다. 부슈 이루마군, 오사토군(大里郡), 사이타마군(埼玉郡), 아다치군(足立郡), 히키군(比企郡) 등에서 500명이 넘는 부락민이 결집하여 관리들과 대결하였다. 관리들은 약 50여 개의 마을에서 800여 명을 동원하였으며 철포도 100정(丁)이나 준비하였다.

　이 소동은 실로 전대미문의 대소동이었으며 체포된 부락민은 250명에 이른다. 그중에서 에도로 송환된 자는 97명이었는데 에도에서의 조사는 가혹하여 실제로 49명이 옥사하였다. 주목할 점은 옥사자 가운데 28명이 9월 1일에 집중되었다는 사실인데(표4 참조), 이것은 독살로 추측된다.

　소동의 장본인으로 옥사한 나가요시(長吉)는 "이 소동은 에도가 시작된 이래 최초의 일본 제1의 소동이다. 이 소동의 발기인으로 나서는 바는 우리들도 매우 귀하다는 것을 신불에게 외치는 바이며, 한 번 죽으면 두 번 죽지 않으며, 하나뿐인 생명을 버릴 때 절실한 희망이 된다"고 하여 불합리한 세상에 대한 항의를 담아 차별 받는 부락민의 심정을 표시하였다.

　　　　일본 부락의 역사—차별과 싸워온 천민들의 이야기

표4 • 하나오 소동 입옥자의 형벌과 옥사일

형벌의 종류	인수	비고				
옥문(獄門)	1	만키치(10월 24일 사망)				
사죄(謝罪)	1	린조(윤 9월 15일 사망)				
중추방(重追放)	4	사다에몬(9월 28일 사망), 나가요시(윤 9월 3일 사망) 가지로(11월 28일 사망), 큐사에몬(9월 17일 사망)				
수갑(手錠)	83	이 가운데 30명 옥사				
곤장·이후 에도 십리사방으로 추방	1	날짜	옥사	출옥	귀촌	귀촌이후 사망
수갑 고가시라(小頭)역	1	8.29	1		26	
고가시라역	1	9.11		5		
		9.14	1			
		9.15	1			
거주지에서 추방	3	9.16	3			
		9.17	28			
감금(押込)	1	9.28	1			
		閏9.3	1			
질책	1	閏9.15	1			
		10.24	1			2
곤장이후 중추방(中追放)	5	11.15	1			
		11.28	1			
에도에서 추방	1	閏2.14				4
		3.10	4			

와키 노리오(和気紀夫), 「幕末武州の被差別民の抵杭」에서 작성.

시부조메(渋染) 봉기

1856년(安政3년)에 오카야마번에서 일어난 시부조메 봉기도 키보쿠 봉기나 쵸슈번의 텐보 봉기와 같이 번에 의한 국내 산물의 전매제 도입에 의한 수탈에 반대하는 움직임 속에서 일어난 것이다.

당시 오카야마번에서는 번정개혁파와 존황양이파(尊皇攘夷派)가 다투고 있었는데, 번정을 장악하고 있던 개혁파에 의해 상업자본 이용책이 채용되었다. 즉 오카야마번에서는 농민에게 상업 작물의 생산을 장려하고 그 성과를 직영기구를 통해 수탈하려고 하였고, 이를 성공시키기 위하여 봉건적 신분질서를 강화하는 민중 정책을 꾀하였다.

그 일환으로서 '검약령'이 공포되었는데, 그중에 부락민에 대한 차별 강화와 신분고정을 의미하는 것으로 '무늬가 없거나 감색이나 남색으로 물들인(無紋渋染, 藍染) 옷' 외에는 금지하는 명령이 포함되어 있었다.

이에 대하여 부락민은 단결하여 일어났는데 최종적으로는 강소(强訴)의 방법을 취하였다. 53개 부락의 15세 이상 60세 이하의 모든 남자에게 결집하라고 하여 약 1,500명 정도가 강소대를 형성하였다. 복장은 흰옷에 삿갓을 쓰고 등에 도시락과 허리에 부채를 찼는데 의복 통일은 정신적 단결의 표시이며 흰옷은 자신들의 청정과 죽음도 두려워하지 않는 결의의 표명이었다.

이 강소는 성공하여 부락민의 요구는 받아들여졌다. 강제된 '케가레'=차별을 부락민이 목숨을 걸고 물리친 것이다. 그 바탕에는 부락민의 힘에 대한 자각과 해방에 대한 강렬한 희망이 있었던 것은 말할 것도 없다.

이 시부조메 봉기에서는 백성과 부락민과의 연대와 상극은 표면으로 돌출되지는 않았지만, 돌아가는 강소대에게 길거리에서 백성들이 물을 권했다는 이야기는 양자의 연대를 예감하게 하는 것이다.

일본 부락의 역사─차별과 싸워온 천민들의 이야기

8. 막말 동란과 피차별 민중의 동향

개국의 충격

1853년(嘉永6년)에 미국의 함대가 사가미국(相模国)의 우라가(浦賀)에 내항하여 쇄국을 유지하고 있던 막부에 개국을 요구하였다. 다음 해에 막부는 마침내 이 압력에 굴복하여 쇄국을 풀고 여러 외국과 통교를 시작하였다. 봉건제도의 동요라는 국내 사정에 외국과의 수호통상 문제가 부가되었기 때문에 국내 정치는 크게 혼란하였다. 마침내 막부의 붕괴로 이어졌다.

개국의 영향은 정치적인 면뿐만 아니라 사람들의 의식면에도 대전환을 요구하였다. 지금까지 일본인의 세계관, 인간관, 문화관이 근본적인 수정을 강요받는 사태가 일어났다. 예를 들면, 서양인이 동물의 고기와 가죽을 먹기도 하고 몸에 걸치기도 하는 사태는 종래 일본인의 '케가레' 관념에 커다란 수정을 요구하였다. 동물의 사체를 처리하기 때문에 '부정'시 된 근세부락의 사람들은 그 근거가 소멸된 사실을 인식했을 것이다. 막말인 1867년(慶應3년) 2월에 셋츠국 와타나베 마을의 '에타 우두머리' 타이코야마타베(太鼓屋又兵衛)는 막부에 대하여 신분 상승의 탄원서를 제출했는데, 그 속에는 짐승의 고기를 먹는 외국인과 교통하기 위해서는 더 이상 우리들을 '부정'하다고 할 이유가 없다고 지적하고 있다.

이러한 인간관의 전향은 부락민 사이에서만 존재한 것이 아니라 다른 계층에게도 영향을 미쳐서 부락민을 '인간'으로 인정하자는 움직임이 시작되었다.

요시다 쇼인(吉田松陰)과 타카스 히사코(高須久子)

  페리가 시모다(下田)에 내항했을 때 미국의 함대에 올라타고 밀항하려고 하다가 실패한 쵸슈번의 요시다 쇼인은 새로운 의식을 가진 인물이었다. 그는 도막(倒幕, 막부 타도 – 역자)을 위해서는 '초망굴기(草莽崛起, 초야의 이름 없는 사람들이 일어나는 것 – 역자)'가 필요하다고 하여 무사 이외에 민중도 운동에 참가할 것을 설파하였는데 그 일부에 부락민도 인간으로서 인정하는 언동이 있었다.

  예를 들면, 쇼인은 피차별민인 궁지기 여성 토와(蹈波)의 20년에 걸친 복수를 칭송하고 있다. 이 쇼인의 행위는 마츠시타(松下) 마을의 서당(塾) 아이들에게 영향을 미쳐, 요시다 토시마로(吉田稔麿)와 레이제이 마사지로(冷泉雅次郎) 등은 뒷날 쵸슈번의 부락민 군사 등용의 실행자가 되었다. 토와도 1858년(安政5년)에 피차별 신분을 벗어나 '평민'이 되었다. 말하자면, 부락 해방의 제1호였다.

  그런데 쇼인의 피차별민 문제에 대한 생각에 영향을 미쳤다고 보이는 인물 가운데는 그가 노야마 감옥(野山獄)에 유배되었을 때 만난 같은 죄수 타카스 히사코가 있었다. 히사코가 옥에 갇힌 이유는 히사코가 부락민 남성과 연애를 했다는 의혹 때문이었다. 히사코는 오기번(荻藩)의 상급무사의 아내로 남편이 일찍 죽은 뒤에 죠루리(浄瑠璃), 촌가레 등을 하면서 다니는 부락민 남성을 돌봐주면서 점차 깊게 사귀게 되었다고 소문이 났다. 이 때문에 타카스 집안의 친척이 히사코를 '음란'하다고 하여 집안의 가옥에 가두었는데 이것이 번에 알려져 노야마 감옥에 가게 되었다.

이 히사코와 쇼인은 노야마 감옥에서 만나 아련한 애정을 느꼈다. 예를 들면 쇼인이 히사코에게 보낸 노래의 두 소절만 소개한다.

> 청명한 여름 나무 그늘에서 편안하더라도 사람 따라 흐트러져 있는 꽃에 미혹되어
> 포푸리(懸香) 향을 가슴속 가득 머금은 나 역시 피고 지는 옥사의 풍란일까

1행의 노래 앞에는 '타카스 미망인에게 많은 공로를 이야기한 흔적에서'라는 내용이 붙어 있다. 두 사람이 각자의 과거를 밝히고 서로 이해를 구한 것을 상상할 수 있다. 히사코의 영향도 있어서 쇼인은 부락민에 대한 의식적인 전향을 이루었다고 추측된다.

마츠시타 마을 서당에서는 '자유'라는 단어가 언급될 만큼 개명적인 분위기였다. 이 가운데서 '초망굴기'론도 발아했으며, 서당의 학생인 타카스기 신사쿠(高杉晋作)에 의한 기병대 창설과 요시다 토시마로에 의한 부락민의 군대 등용이 이뤄졌다.

막말의 '해방'론

　막말이 가까워지면서 정치 정세 때문인지 부락민의 '해방'론이 나타났다. 분고(豊後)의 호아시 반리(帆足万里)는 '에타' 신분 사람들의 홋카이도 이주를 논했는데 이 논의는 이후에 마키 이즈미(真木和泉), 야노 하루미치(矢野玄道)의 홋카이도 이주에 의한 북방 방위론으로 연결된다. 이러한 논의는 '에타'도 인간으로서 인정하고 있다는 점에서는 '해방'론으로서의 성격을 가진다.

　이보다 진보된 의견으로 카나자와번(金沢藩)의 센쥬 후지아츠(千秋藤篤)와 쵸슈번의 요시다 토시마로의 '해방'론이 있다. 센쥬 후지아츠는 『치에타의(治穢多議)』를 저술하여 '에타'를 인간으로 인정하고 민적(民籍)에 복귀시키며 토지를 주어 생활을 보장하라는, 즉 '해방'을 주장하였다. 단, 여기서 주장하는 '해방'이란 성격이 정의롭고, 용맹하며, 의로운 자를 우선하자는 선발에 의한 해방이다. 또한 '해방'시키지 않으면 안 되는 이유는 그들을 현재의 상태대로 피차별의 상황으로 방치해두면 마침내 그들이 반항하여 심각한 사태를 초래할 것이라는 예방적 입장에서의 '해방'론이다.

　요시다 토시마로의 '해방'론도 센슈와 비슷한 논리구성을 가지고 있다. 토시마로의 의견은 보다 구체적으로 '에타, 히닝'을 영원히 굴복시키고 싶다면, 지금 그들을 병졸로 발탁하여 이용하는 편이 좋으며 그때는 '에타'라는 명칭을 무엇인가 다른 것으로 고치는 '기개 있는 부락민 발탁(屠勇取立, 다가올 전쟁에 대비하여 에타 신분의 사람을 병사로 발탁하여 이름

　　　　　　일본 부락의 역사―차별과 싸워온 천민들의 이야기

을 고치고, 격을 높여 양민과 같이 대우하라는 정책―역자)'을 번 정부에 건의한 것이다. 우수한 인물을 선발한다는 선발 해방론이라는 점에서 양자는 일치한다.

양자의 차이점은 센슈의 주장이 '해방'에 따라 전답을 나누어주는 등 경제적 보장을 강구하려고 하는 것에 비하여 토시마로는 병사로 발탁할 것을 제안한 것으로 구체적으로 '해방'을 위한 방법론에 차이가 있다. 또한 여기에는 양자가 위치한 정치 정세의 차이가 영향을 미치고 있을 것이다. 요시다 토시마로가 속한 쵸슈번은 당시에 양이(攘夷)운동의 선두에 서 있었으며 마침 칸몬(関門)해협에서 양이전쟁을 막 시작하려고 했기 때문에 그 정세에 맞춘 '해방'론이었다.

기개 있는 부락민 발탁

양이전쟁을 시작하기 전에 요시다 토시마로는 '기개 있는 부락민 발탁'을 번 정부에 건의했지만 채용이 실현된 것은 시모노세키(下関)에서의 양이전을 마친 후인 1863년(文久3년) 7월이었다. 토시마로는 기개 있는 부락민 발탁 담당자에 임명되어 번 내 각지의 근세부락에 대하여 '기개 있는 부락민'의 발탁을 공표하였다.

이것은 곧 있을 두 번째의 양이전을 대비한 채용이며, 강인한 자, 용기 있는 자, 발이 빠른 자, 재주가 있는 자 중 어느 한 가지의 조건을 만족하는 자를 병사로 채용하여 '에타'라는 신분 호칭을 없애는 것이었다. 원래

한 마을 100가구에 대하여 5명의 비율로밖에 채용하지 않는 인원수 제한이 있었다.

봉건제도의 근간인 병농분리 원칙을 파기하는 '기개 있는 부락민 발탁'이 실시된 이유는 쵸슈번의 양이전 수행에 따른 긴박함이 주요한 원인이었을 것이다. 또한 요시다 쇼인의 흐름을 잇는 쵸슈번 혁신파는 '초망굴기'론을 발전시켜 기병대 결성으로 시작되는 '제대(諸隊)'의 설치에 착수하기 시작했다. 무사뿐만 아니라 농민, 상인 등의 참가를 인정한 제대, 농병대(農兵隊)의 출현은 봉건적 신분제도의 변질을 의미한다고도 할 수 있으며 그 와중에서 '기개 있는 부락민 발탁'이 실시되었다.

유신단과 일신조(一新組)

그러나 기개 있는 부락민 발탁 담당자에 임명된 요시다 토시마로의 '기개 있는 부락민 발탁'은 실시되지 못했다. 토시마로가 다음 해 6월에 교토 이케다야(池田屋)의 신센구미(新撰組)와의 전투에서 전사했기 때문이다. 쵸슈번의 정치 정세는 하마구리몬의 변(蛤門の変)에서 패한 이후 막부에 대한 순종적 태도에서 1865년(慶應1년) 1월에 타카스기 신사쿠(高杉晋作)의 기병대 봉기에 의한 도막으로 선회한다. 막부는 도막론으로 선회한 쵸슈번을 토벌하기 위해 재차 쵸슈 정벌을 공포한다.

여기서 쵸슈번도 막부와의 전쟁을 위해 군대의 증강이 필요하게 되어 군대편성의 혁신, 병사의 증원을 급하게 행하였다. 번 내 각지에서 향토

방위를 목표로 하여 사서(土庶)의 구별을 묻지 않는 '제대'가 하나 둘 결성되었으며, 사족(土族)의 부대도 편성되었다. 이들 쵸슈번 제대의 대다수는 서양식 장총을 가진 양식군이었으며 메이지 이후의 근대적 군대의 원형을 이룬다.

이러한 움직임 속에서 '기개 있는 부락민 발탁'책은 계속 시행되었으며 부락민만으로 구성된 부대가 결성되었다. 쿠마게군(熊毛郡) 타카모리(高森) 마을 주변에서 유신단이, 사바군(佐波郡) 나카노세키(中ノ関) 마을 부근에서 일신조(一新組)가 결성되었으며, 또한 야마시로(山代)지방에서는 야마시로 차센(山代茶筌) 무리가 결성되었다.

유신단처럼 부락민만으로 구성된 부대는 '도용대(屠勇隊)'라고 총칭되었다. 농민으로 구성된 부대를 농병대, 상인으로 구성된 부대를 상병대(商兵隊)라 칭한 것처럼 '에타'로 구성된 부대는 '에타대(えた隊)'로 불러야만 했지만 '에타라는 명칭을 제거한다'는 '기개 있는 부락민 발탁'이라는 취지에서 '에타'라는 이름을 없애고 '도용대'라고 칭했다.

유신단의 결성에 즈음하여 근세부락의 사람들은 자진해서 지원할 것이 예상되었다. 특히 오기하라 카츠지로, 오기하라 타메사부로(荻原為三郎) 형제는 자신의 자금을 제공하여 총기를 구입하는 등 커다란 역할을 하였다. 그들은 오사카와의 피혁 교역과 사츠마와의 소뼈와 말뼈 교역으로 거부를 쌓은 근세부락 내의 상층이었다. 또한 카츠지로를 시작으로 근세부락 사람들은 1860년(万延1년)에는 이웃 마을 사람들에 의한 차별 사건에 대하여 단결하여 규탄하는 등 의식적인 각성이 진척된 점도 도용대 지원의 바탕이 되었다고 생각된다.

차센 킨사쿠(金作)의 요구

비슷한 시기에 쵸슈번 내에서 차센들이 자력으로 군대를 결성하고 동란에 편승하여 자신들의 해방을 획득하려는 움직임이 있었다. 쵸슈번의 카미노세키(上ノ関)지방에 사는 차센 킨사쿠(金作)는 피차별 신분의 해방을 위해 한때 교토의 신센구미에 들어가려고 하였다. 그러나 막부와의 전쟁이 곧 개시될 것 같은 정세가 되자 신센구미 입대를 포기하고 스오(周防)지방의 차센 신분의 사람들을 규합하여 때마침 진행되고 있던 번의 '기개 있는 부락민 발탁'책을 모방하여 자신들만으로 부대를 조직하였다.

그런데 번의 승인을 얻지 않은 이러한 움직임은 1866년(慶應2년) 3월에 제2기병대에게 체포되어 해체되어 버렸다. 킨사쿠는 조사과정에서 사망했는데 고문에 의해 죽임을 당한 것은 아닌지 의심스럽다.

킨사쿠는 조사과정에서 "자신들은 차별 받던 자들이기 때문에 보통의 방식과는 다른 방법으로 어떻게든 해방을 실현하고 싶다. 이를 위해서 자신들과 같은 신분인 자를 규합하여 부대를 만들고 곧이어 시작된 막부와의 전쟁에 즈음하여서는 승리한 쪽에 참전하면 해방도 실현될 것이다"고 진술했다고 한다. 이들의 행동은 번의 소속의식을 넘어서 차별에서의 해방만을 제1의 목표로 한 것이었다.

막부-쵸슈전쟁과 도용대의 활약

1866년(慶應2년) 6월에 막부와의 전쟁(제2차 쵸슈 정벌, 四境戰争이라고도 함)이 시작되자 유신단, 일신조, 야마시로 차센 무리는 케슈(芸州) 오제(小瀨)강 입구의 전투에 투입되었다. 유신단은 소총대, 일신조는 지뢰부대, 야마시로 차센 무리는 척후대였다.

검은 소매에 검은 우산을 쓰고 소총으로 무장한 유신단이 케슈 입구의 전투에서 막부 후다이(譜代, 수대에 걸쳐서 왕가나 장군가에 고용된 가신-역자) 이이씨(井伊氏), 사카키바라씨(榊原氏)의 구식 군대를 타파한 것은 시대가 크게 바뀐 것임을 상징하는 사건이었다.

도용대의 부대명이 유신단, 일신조이고 메이지유신이라는 시대의 변혁 그 자체를 표상하는 것이라는 점도 흥미롭다. 이것은 부락민의 부대가 해방이라는 목표를 내건 것임을 보여주고 있다.

이후에 쵸슈번의 관료들에 의해 이른바 '해방령'이 발포되는데, 그 관료들의 뇌리에는 도용대의 존재와 활약이 강하게 남아 있었던 것이 '해방령' 발포의 배경 가운데 하나였을지도 모른다. 유신단의 중심인물이었던 카미쿠바라(上久原) 마을의 카츠지로를 잘 알고 있으며 그를 높게 평가한 이가 후에 쿄도부(京都府)지사 마키하라 마사나오(槙村正直)였던 점도 그 가능성을 추측케 한다.

막부-쵸슈전쟁이 끝나자 유신단, 일신조 등의 도용대는 해산되었다. 유신단의 고향 마을에 남아 있는 전승에 의하면, 이때 유신단 병사에 대하여 신분 발탁이 제안되었지만 그들은 명예를 취하기보다는 실리를 취하고 싶다고 하여 산림을 받았다고 한다. 더욱이 도용대 병사에 대한 차별적 취급은 전쟁 중에도 있었지만 전후에도 초혼장(招魂場)에 묻히지 못하는 등의 차별이 행해졌다.

그 후 막부 세력은 급속하게 약화되어 대정봉환(大政奉還) 이후 1868년(慶應4년)에 보신(戊辰)전쟁이 발생하였다. 이 시기에 막부 측에서는 막부에 대한 협력을 조건으로 단자에몬과 그 무리들의 신분 상승을 행하였다. 급한 상황을 수습하기 위한 부락민의 이용이었지만 이것은 막부의 몰락에 의해 실현되지 못했다.

일본 부락의 역사—차별과 싸워온 천민들의 이야기

근 대

부락사 관계	세계의 인권
1871년 '해방령' 발포. 각지에서 '해방령' 반대 봉기 일어남.	1896년 제1회 국제올림픽대회 개최.
1888년 나카에 죠민(中江兆民)이 『시노노메신문(東雲新聞)』에 「신민세계(新民世界)」를 발표.	1911년 청나라에서 삼민주의를 주장한 슌원(孫文)의 지도 하에 신해혁명이 일어남.
1902년 오카야마(岡山)에서 비사쿠평민회(備作平民会) 창립.	1917년 국제노동기관(ILO) 설립.
1906년 시마자키 토손(島崎藤村)이 『파계(破戒)』를 출판.	1918년 미국 대통령 월슨이 민족자결 등 14개조의 원칙을 발표.
1912년 나라에서 야마토동지회(大和同志会)를 창립.	1919년 처음으로 사회권을 인정한 바이마르헌법이 독일에서 제정됨. 한국에서 3·1 독립운동, 중국에서 5·4 운동이 일어남.
1914년 제국공도회(帝國公道會)를 창립.	1923년 한국에서 형평사(衡平社) 창립.
1918년 쌀소동이 일어남.	1935년 인도통치법으로 불가촉천민(不可觸賤民)에 대한 특별조치법을 실시.
1921년 동애회(同愛会) 설립.	
1922년 전국수평사(水平社) 창립.	
1925년 중앙융화(融和)사업협회 창립.	
1933년 수평사가 부락위원회 활동을 제기함. 타카야마(高山)결혼차별재판에 대한 규탄 투쟁 시작.	
1935년 융화사업완성 10년 계획을 작성.	
1937년 수평사 확대중앙위원회에서 비상시 운동방침을 결정.	
1942년 전국 수평사가 법적으로 소멸됨.	

일본 부락의 역사─차별과 싸워온 천민들의 이야기

시대개관

근대사회란 사람이 자유롭게 왕래하고 거주지를 옮기며 직업을 선택하는 사회이다. 메이지유신은 지금까지 민중을 얽매고 있던 틀을 한번에 날려버렸다. 이를 위해 정치적 지도자는 서구의 여러 제도를 배우는 등 새로운 틀을 모색했다.

그 변화를 상징하는 것이 '5개조의 서문'이며 사민평등 이념이었다. 일본의 근대는 천황을 중심으로 한 입헌국가로 방향을 정했다. 그 가운데 형식상 '에타' '히닝'도 평민의 일부에 편입되었고 제국신민으로서 동등한 권리가 인정되었다. 이것은 에도시대까지 일본 국민이 아니었던 류큐(琉球)인, 아이누 혹은 식민지민인 타이완과 조선의 주민과는 결정적으로 다른 점이다.

신정부는 중앙집권적 체제의 확립을 배경으로 전략 산업을 주축으로 한 대자본을 육성하고 이를 위한 부담을 국민의 대다수를 점하는 농민에게 전가했다. 이 부담을 견디지 못하고 농촌에서 빈궁민이 도시로 유입되고 계급으로서의 '노동자'를 형성하게 되었는데 그 대다수는 중소의 하청기업과 계절적, 임시적 노동에 흡수되었다.

일본의 지방행정은 이상과 같이 피폐한 농민과 도시민에게 세수를 의존할 수밖에 없었고, 더구나 많은 '국가적 과제'를 강제하였으며 '난촌(難村)'이라고 불린 행정체를 많이 떠안고 있었다. 빈곤, 폐풍(弊風), 범죄의 다발, 불결한 위생, 미취학 등 지방행정의 과제를 모두 사회문제화

하여 이를 극복하기 위하여 관제운동이 조직되었다. 또한 이러한 여러 가지 문제가 집중된 지역을 '부락'이라 하여 사회문제화 하였다.

근대국가는 개인을 지배를 위한 최소한의 단위로 하면서도 한 사람 한 사람을 별도로 통합한 것은 아니다. 그 중간에는 행정체뿐만 아니라 예전부터의 생활단위인 '촌(村)'과 '쵸나이(町內)', 노동을 위한 연대, 유통, 결사, 가정 등 다양한 집합체를 포섭하면서 전체를 형성했다. 또한 각각의 집합체를 중심으로 한 다양한 이데올로기가 형성된 것도 근대의 특징이다.

각각의 집합체는 항상 내부와 외부를 의식하며 근친주의(身內意識)와 배외의식을 가지고 있었다. 가장 대표적인 것이 '내적으로 입헌주의, 외적으로 제국주의'라는 국가의 존재형식이었다. 작은 가정과 마을에 이르기까지 이러한 의식이 관철되었다. 이것이 정촌합병(町村合併) 등의 시기에 부락차별을 부추긴 원인의 하나였다.

그러나 근대사회는 이러한 개별적인 이해관계의 정리를 위해 국가의 이해를 우선하는 관료와 문제를 사회화·정치화시키는 저널리즘(나아가서는 '여론')을 가지고 있다. 단, 관료는 지역의 명망가와 타협함으로써 부락차별을 온존시켰으며, 저널리즘은 예단과 편견의 확대 재생산에 기여한 것을 잊어서는 안 된다.

그렇다고 하더라도 일본에도 조금씩 민주주의 사상이 침투하여 정치·사회제도의 개혁이 행해졌다. 시민의식의 성장과 사회운동은 1930년대 초에 최고조에 달했다고 할 수 있다. 그러한 가운데 부락해방운동도 일어나 커다란 역할을 해냈다.

일본 부락의 역사—차별과 싸워온 천민들의 이야기

그러나 동시에 진행된 세계공황의 여파는 대외침략의 강화와 이를 지탱하기 위한 전체주의적인 정치·사회제도를 잉태했다.

이것은 '팔굉일우(八紘一宇)'라는 슬로건 하에 '융화'의 실현이라는 환상에 빠져버린 사람들을 만들어내는 한편, 자유로운 언론활동 등 새로운 인간관계를 모색하기 위한 구체적인 중심축을 파괴해버렸다.

1. 메이지유신과 '부락'

'해방령' 발포의 의의

에도시대에는 '피차별부락'이라는 사회적 범주가 존재하지 않았다. 여기에 존재한 것은 어디까지나 '에타' '히닝' 신분과 '반닝(番人, 감시역을 담당한 사람 — 역자)' '고무네(乞胸, 에도시대에 잡다한 예능으로 금전을 구걸한 사람 — 역자)' '사루히쿠(猿曳, 원숭이에게 곡예를 시키는 것 — 역자)' 등으로, 이들을 일괄하여 '천민' 혹은 피차별민이라고 부르는 일조차 그다지 없었다.

'에타' 신분에는 '에타' 신분으로서의 역사가 있으며 생활이 있고 역할과 일이 있으며 거주지와 결혼관계가 있었다. 이것은 무사에게도 백성에게도 각각의 틀 내에서 독자적인 역사와 생활이 있었던 것과 같다. 근세사회에서는 모든 사람이 각자가 속한 신분의 틀 내에 갇혀 있었으며 이러한 점에서 '에타' 신분도 완전히 동일했다.

따라서 메이지유신에 의해 무사가 역할을 다하고, 토지의 매매나 상품의 유통도 사민(四民, 사농공상)의 자유에 맡겨진 것처럼 '에타' 가운데도 관리로서의 요소(行刑使役 등)는 몰수되고, 피혁과 짚신 등의 생산자로서의 요소만 남아 그 일에 종사하기를 원하는 모든 사람들과의 자유경쟁에 내몰리게 되었다. 1871년 8월에 발포된 이른바 '해방령'은 이러한 메이지 정부의 신분제 해체정책의 일환으로서의 의미를 갖는다.

　메이지유신은 천황가와 공가, 도막파 무사 등 극히 일부의 계층을 제외하고는 에도시대에 각 신분이 가지고 있던 다양한 특권을 철저하게 빼앗았다. 그 가운데서도 '에타' 신분이 보유해온 죽은 소나 말의 처리권 등도 포함되어 이러한 여러 개혁을 거침으로써 공사에 걸쳐 성문화된 동일한 법률에 따라 동일하게 사람들이 재판 받는 기반이 만들어졌다.

　세제와 호적 등의 면에서도 이러한 근대적인 여러 제도의 정비과정에서 신분제의 종문개장(宗門改帳, 에도시대에 宗門改에 기초하여 만든 장부로 호적부로서의 역할도 하였다. 宗門人別帳이라고도 함－역자)과 여러 가지 면세특권이 폐지되었다. 따라서 구래의 신분호칭은 법적으로는 무의미한 것이 되어 새롭게 천황, 화족, 사족, 평민 등의 신분으로 재편되었고 구래의 사민(특히 농공상)의 대부분은 '평민'에 속하게 되었다.

　'해방령'은 이 '평민' 가운데서 구 '에타' '히닝' 신분을 가진 피차별민도 포함된다는 사실을 밝힌 것으로, 근대적 제도를 확립하기 위해서는 피할 수 없는 개혁이었다. 지금까지 '에타' 신분의 종문개장은 다른 백성과 구별하여 별도의 장부에 취급하여 '에타'의 주거지는 면세지로 취급되기도 하여 신정부의 개혁에 대한 걸림돌이 되었다.

그러나 구 '에타' 신분의 사람들이 농민, 죠닝(町人, 에도시대 도시에 거주한 상공업자의 총칭—역자) 등과 동일하게 '평민'이 되는 것에 대해서는 긴 시간 동안 서로 다른 신분으로 생활의 장과 직업, 축제와 관습에 대하여 간극을 두어왔던 사람들이 간단히 받아들이기 힘든 변화였다.

카가와현(香川県)에 지금도 남아 있는 '부정한자'의 출입을 금지한 비석

'해방령' 발포에 대하여서는 많은 구 '에타' 신분의 사람들이 갈채를 보냈으며, 그중에서는 도로 개통 등에 노동력을 제공하는 것으로 기쁨을 표현하는 마을도 있었다. 또한 이때 죽은 소나 말의 처리 업무를 그만두고 이웃 마을에 포함되려고 한 마을도 있었다. 역으로 이웃 마을에서 이전의 일들에 대하여 부탁이 들어와도 이를 거부함으로써 '해방'을 체현하려고 한 마을도 나타났다.

당연히 구 '에타'의 이러한 변화에 대해서 이웃 마을에서도 민감했다. '에타' 마을을 지촌(枝村)으로 두면서 오랫동안 이를 지배해온 어떤 마을에서는 '해방령'의 전달을 늦추기도 하고 '해방령' 실시 날짜의 연기를

통고하기도 했다. 더욱이 '해방령'의 실시에 즈음하여 구 '에타'에 대해 목욕재계를 요구하기도 하고 이전과 같이 종속적 관계를 서약하게 하는 지역도 많았다.

'해방령' 반대 봉기

  신정부의 정책은 일본의 '근대'화를 위해 피할 수 없는 개혁을 많이 포함하고 있었으나 이를 받아들이는 서민 측에서 본다면, 지금까지의 질서와 생활 관습에 변경을 요구하는 것 투성이었다. 대표적인 것이 지가(地價)에 의한 조세징수와 징병제의 실시였으며, 각지에서 반대하는 농민이 신정부 반대 봉기를 일으켰다.

  동일하게 '해방령'도 지금까지의 촌락 질서를 근저에서부터 뒤집는 것이었으며 이웃한 농민들은 '해방령' 후 구 '에타'의 행동을 '거만'하다고 보았다. 이리하여 교토부 서쪽의 각지에서 '해방령' 철회는 지조(세) 감면이나 징병 반대 등과 나란히 신정부 반대 봉기의 주요한 슬로건이었다.

  신정부 반대 봉기 가운데서도 '해방령' 반대를 내건 봉기(이들을 총칭하여 '해방령 반대 봉기'라 칭함)는 '해방령' 발포 직후인 1871년 10월에 반단(播但) 봉기에서 시작하여 1873년의 미마사카(美作) 혈세 봉기 등 쥬코쿠(中国), 시코쿠(四国)지방을 중심으로 10여 건이 있었다. 이 가운데 1871년의 고치현(高知県) 타카오카군(高岡郡)과 1882년의 오카야마현(岡山県) 츠다카군(津高郡)의 봉기에서는 습격 받은 부락이 괴멸될 정도로 심각한 피해를 입었으며, 동년 오이타현(大分県)의 봉기에서는 소 도살장을 포함하여 한 마을 전체가 불탔다.

이 가운데서도 심각했던 것은 미마사카 혈세 봉기와 치쿠젠(筑前) 죽창 봉기로, 전자에서는 불타 버린 부락의 주택이 263호, 파괴된 주택 51호, 사망자 18명, 후자에서는 불탄 주택만 1,500호 이상이었다.

이들 봉기세력의 요구는 '신평민(新平民, 뒤늦게 평민이 된 구 '에타' '히닝'에 대한 새로운 차별 호칭)을 에타로 되돌려라' '에타는 이전과 같이' 등이었는데, 이때 종종 '신평민 교만' '신평민 오만' 등 부락 측에 시비를 거는 주장이 등장했다. 이 '오만'의 내용은 오카야마현 후카츠군(深津郡)의 경우 종래에 종사해오던 '천업'을 부락민이 거부한 것이며, 히로시마현(広島県) 누마타군(沼田郡)에서는 원래 '카와타(革多, 에도시대 피혁과 관련된 업무를 담당한 집단－역자)'의 청년이 일반인의 가게에 술을 마시러 간 것, 마츠야마현(松山県, 지금의 愛媛県) 온센군(温泉郡)에서 원래 '에타'가 일반의 온천에 들어간 것 등 극히 사소한 것이 발단이었다. 또한 미미츠현(美々津県, 지금의 宮崎県), 오이타현, 메이토현(名東県, 지금의 徳島県) 등에서는 소 도살장이 공격 대상이 되었다. 이는 농촌에서는 직업과 관습이 다른 부락에 대한 반감이 뿌리 깊었다는 사실을 보여준다. 더구나 이것이 살인까지 불러왔다.

'히닝'의 해체

　'해방령'에 의해 '해방'된 것은 '에타' '히닝'뿐만은 아니었다. 슈쿠(夙, 중세에서 근세에 걸쳐 긴키지방에 많이 거주한 천민. 중세 히닝 신분이 해체될 때 발생하였음－역자), 엔보(烟亡, 사체의 화장, 매장 혹은 묘지를 지키는 사람. 현대에도 직업 차별의 언어로 사용되고 있다), 애기 낳는 곳(産所), 주술사(巫), 모노요시(物吉, 태생적 천민이 아니라 한센병, 사고 등에 의해 모습이 현저하게 변형된 집단. 축제 때 모노요시라는 말을 외치면서 구걸함－역자), 마이마이(舞舞, 에도시대 幸若舞가 길거리 예능인화 한 것. 주로 부채춤을 춤－역자), 차센(茶筅), 미야방(宮番, 신사의 청소, 경비, 화재 감시 등의 일과 마을의 경찰역에 종사함－역자), 켄고(慶賀), 사루히키(猿引) 등 근세사회의 각각의 지역에서 '천민'으로 취급되었던 모든 신분이 대상이 되었다.

　그러나 그 가운데서도 '에타'가 천민의 중심으로 취급된 것은 '에타'가 숫자상에서 가장 많았기 때문이 아니다. 그것은 '에타'가 스스로 집과 저택을 가지고 마을이나 촌락을 형성하여 죽은 소나 말의 처리권을 중심으로 한 직무나 여러 권리권과 이와 관련된 생업을 가지면서 주변의 마을에 피혁을 제공하기도 하며, 위생과 치안을 유지하기 위해 없어서는 안 될 존재였기 때문이다. 따라서 '에타' 중에서도 칼을 찰 수 있도록 허가 받은 단자에몬(弾左衛門, 에도시대의 피차별민인 에타, 히닝 신분의 우두머리－역자)은 격이 다른 이로, 피혁의 유통망을 통해서 커다란 영향력을 가지고 있었으며 큰 부를 축적한 '에타'가 각지에 존재했다. '해방령' 반대 봉기에서 '에타' 신분이 표적이 된 점은 이처럼 '에타'가 무시할 수 없는 존재였음을 나타낸다.

다른 한편, '히닝' 신분은 유신의 변혁으로 인해 근본적으로 해체되었다. 원래 '히닝'은 유민화하여 도시에 집중된 빈민을 관리하기 위하여 설치된 신분으로, 그 내실은 빈민 관리자로서의 임무를 띤 '히닝가시라(非人頭)' '반히닝(番ひにん)' 등과 그 수하에 편입되어 관리된 일반의 '히닝'으로 대별할 수 있다. 특히 후자는 개항 이후의 경제활동과 유신의 동란으로 각지에서 격증했다.

이에 대하여 1869년 도쿄부(東京府) 하의 '노히닝(野ひにん, 에도막부의 히닝 지배에 편입되지 않고 각지를 유랑한 히닝-역자)' '코츠지키(乞食)'를 원적으로 되돌리는 처분이 내려진 것을 시작으로 토치기(栃木), 니가타(新潟), 와카야마(和歌山) 등에서도 '코츠지키'의 추방, 복적(復籍) 처분이 진행되었다.

그러나 도시로 흘러들어온 유민의 급증은 이러한 임시방편적인 방책으로는 해결할 수 없었으며 전체적으로 도시 내부에서 포섭하는 방향으로 정책을 전환하지 않을 수 없었다. 도쿄부에서는 1870년에 빈민이 희망하는 곳으로의 입적을 인정하게 되고, 히로시마(広島)에서도 관내에 친척이 있는 자들에 대한 입적을 인정하였으며, 없는 자들은 구빈장(救貧場)에 수용하였다. 동일하게 교토, 시마네(島根) 등에서도 빈민을 수산소(授産所)에 수용하여 취로의 길을 모색하는 등 빈민을 받아들인 다음 도시 잡업 등에 종사하도록 장려했다.

도쿄의 경우 '고무네(乞胸, 길에서 예능을 하면서 구걸한 사람-역자)'는 '해방령'으로 인하여 예능과 관련된 권리를 상실하여 청소, 피혁, 식육 등 천시된 일로 생계를 이어갈 수밖에 없었다. 더욱이 새로운 일로서 인력거꾼이나 종이 줍기 등에 종사했으나 '고무네'는 이러한 일을 통해서 일반적인 빈민 속으로 포함되었다.

이것은 '히닝' 신분에서 '해방'되어 거주, 직업의 자유를 얻음과 동시에 예능 등을 통한 특권을 상실한 많은 사람들의 경향이었다. 이처럼 많은 '히닝' 신분이 빈민 일반으로 해소되면서 새로운 도시 빈민 문제를 발생시켰다.

마츠카타(松方) 디프레이션과 부락의 생활

1882년경부터 마츠카타 디프레이션은 이러한 사람들의 생활에 결정적인 타격을 주었다. 우선, 지방의 구 '에타' 마을에서는 전통적인 짚신·신발 산업이 타격을 받았으며, 이를 대신할 수 있는 안정적인 생업을 개척하지 못한 채 마을 전체의 빈궁화, 도시로의 유출이 일어났다.

도시에서는 신발, 피혁 등으로 부를 축적하고 이를 기반으로 마을을 지탱하며 산업을 일으키려고 하는 계층이 존재하고 있었으나, 이들 가운데에는 사업에 실패한다든가 실업자가 된 자도 많이 나타났으며 이러한 빈민의 증대는 지금까지의 공동체적인 상호부조 관계를 유지할 수 없을 정도에 이르렀다. 그중에는 원래 촌민뿐만 아니라 해체된 '히닝'과 지방에서 친척을 의지하여 올라온 구 '에타', 더욱이 일반 농촌에서 온 이농민 등 다양한 사람들이 포함되었다.

일본 부락의 역사-차별과 싸워온 천민들의 이야기

도쿄, 교토 외에도 신흥 도시 고베(神戶), 요코하마(橫浜) 등에서도 이렇게 하여 발생한 일부의 구 '에타' 마을과 키친야도(木賃宿, 한 지붕 아래서 각자 자취하는 싼 여관－역자)의 집중지역, '히닝고야(ひにん小屋)'의 흔적이 남은 지역 등이 근대적 도시 슬럼으로 발전해간다. 1880년대가 되면 많은 '히닝고야'는 소멸하고 많은 주민들이 다른 마을이나 키친야도로 거주를 옮기지만, 그 가운데 얼마는 슬럼으로 잔존하여 차별의 대상이 되었다.

교토의 경우, 시내의 빈민굴로 비대화한 곳은 '히닝고야'의 계보를 잇는 지역이 많으며, 구 '에타' 마을에서는 유력자를 중심으로 한 전통적인 상호부조로 생활을 지탱했다. 그러나 1880년대부터 90년대에 걸쳐 시내 빈민의 추방과 키친야도의 영업규제가 지속적으로 이루어져 시내 빈민굴의 일소를 꾀했다. 1895년의 제4회 내국권업박람회에 맞추어서 행해진 '대불 앞(大佛前)'의 정리가 대표적이다. 이러한 빈민 추방책은 오사카에서는 나가마치(長町)의 정리로, 도쿄에서는 키친야도의 반복된 교외 이전으로 나타나는 등 많은 곳에서 행해졌다.

역으로 메이지 초년에는 강력한 공동체적인 관계를 유지해온 구 '에타' 마을도 마츠카타 디프레이션의 진행과 그 후 일본 자본주의 확립과정에서 부락산업이 몰락하고 영세화하는 경향을 겪었다. 더욱이 지방에서 빈민이 유입되어 마을 내의 계층분화가 진행됨과 동시에 치안유지와 위생·풍속 관리 등의 면에서도 틈을 보이기 시작하자 바로 많은 문제를 가진 지역으로 주목받게 되었다.

그렇지 않아도 콜레라 등의 전염병이 유행할 때에는 구 '에타'에게 환자가 많은 것은 아닌가라는 선입관을 가지고 경계·감시하는 등 주변 주민과 행정에게는 '에타' 신분을 '뭔가 다른 존재로 생각하는' 차별 관념이 강하게 남아 있었다. 더욱이 마을의 궁핍화가 치안의 악화와 비위생 등을 발생시킴으로써 이전부터의 차별 관념에 새로운 평계를 부여했다.

근대화를 서두른 일본은 부국강병, 식산흥업에 매진함과 동시에 사회 전반에서 취학률의 향상, 풍속의 개선, 범죄자와 빈민의 추방 등을 시행해 근대화의 담당자가 될 국민과 지역사회 만들기에 돌입했다. 이것은 국민의식의 측면에서는 '탈아입구(脫亞入歐)' '일등국민' 의식을 양성함과 동시에 국외를 향해서는 '정한론'을 시작으로 하는 대외침략 지향을 강화하고, 국내를 향해서는 근대화에서 뒤쳐진 부분에 대한 혹독한 차별 의식으로 나타났다.

'새로운 부락'

이러한 상황 하에서 가나가와현(神奈川県)의 요코하마에서는 개항 이후의 도육(屠肉), 경비업무, 유곽(遊廓) 등의 필요에서, 효고현(兵庫県)의 고베에서도 도축 노동자, 화물인부의 집중으로 새로운 피차별지역이 형성되었다. 또한 히로시마현의 쿠레시(吳市) 교외에서도 민영 장례식장, 도축장 등이 집중된 지역이 '새로운 부락'으로 알려지게 되었다.

또한 교토부의 탄고(丹後)에 갑자기 나타난 군항도시 마이츠루(舞鶴)에는 군항과 도로건설을 위해 돗토리(鳥取) 등에서 모여든 노동자들이

도시 주변과 산고개 등에 모여 살면서 '부락'이 되었다. 이것들은 모두 신흥도시에서 구 '에타' 마을이 없었음에도 불구하고 도시화·산업화의 진전에 따라 새로운 피차별부락을 형성했다.

고베의 경우에는 시코쿠(四国)의 구 '에타', 마이츠루의 경우에는 산인 (山陰)의 구 '에타'가 흘러들어옴으로써 차별 받게 되었다고 전해진다. 그러나 동시에 도축장, 화장장, 중개업, 건설노동 등의 일이 농업을 주체로 하는 주변의 주민에게 멸시당하고, 비위생, 치안·풍속의 파괴로 비쳤다. 말할 것도 없이 주변 주민은 유입자의 신분을 확인한 다음 차별한 것이 아니라 비위생적인 노동환경, 단벌의 누추한 생활 상태 등을 보고 들으면서 점차 편견을 가지게 되었다.

규슈(九州)의 탄광노동 등도 그 일례이다. 근세에는 농촌에서 농업에 종사하지 않고 탄광에서 생계를 꾸려가는 것 자체가 '천민'시 되었는데, 채탄작업 중에서도 '미즈가타(水方)'로 불린 배수 작업에 '에타' 신분의 사람이 많았다. 노동자 사이에서도 중층화된 계급구조가 있었던 사실이 알려져 있다. 탄광에서는 근대화 과정에서 종종 죄수 노동자가 투입되는 등 노동 상태는 가혹하였다. 특히 규슈·쥬고쿠(中国)지방에서 온 부락노동자는 숙박과 목욕에 '에타 나야(納屋, 물건을 넣어 두는 작은 건물-역자)' '에타 목욕탕'이라 부르면서 별도의 시설을 사용하게 하였으며 그중에는 말과 함께 목욕탕을 사용하게 한 탄광도 있었다고 한다.

부락 재생산의 메커니즘

이상과 같이 부락 노동자는 일본의 근대화 과정에서 결코 구래의 거주지와 직업에 고정화되지는 않았다. 오히려 일을 찾아서 도시와 광공업지에 대량으로 이동하게 되었다. 그러나 그 대부분은 친척의 인연에 의지하여 부락에서 부락으로, 혹은 부락에서 '새로운 부락'으로 이동한 것이었으며 여기에는 새로운 차별과 가혹한 노동이 기다리고 있었다. 이에 대하여 이전부터 부락에 살고 있던 유력자와 부유층은 점차로 거주지를 부락 밖으로 옮겨 차별에서 탈출하려고 하였다. 이와 함께 부락의 부와 산업, 지식이 부락 밖으로 유출되었다.

한편, 농촌의 부락은 빈곤층이 유출됨으로써 겨우 마을의 안정을 유지해왔지만, 농업을 중심으로 한 주변 마을에 비하여 잡업과 일용 노동에 의존하는 부락의 존재양식은 그것만으로도 멸시의 대상이 되었다.

이렇게 하여 근대의 부락 문제는 근세의 '에타' 마을을 중심으로 하여 성립했다고는 하지만, 그 생활과 생업의 모습은 크게 변화했다. 그들 대부분은 빈곤화가 더욱 진행되면서도 일반적인 슬럼으로 해체되지는 않았다. 이전부터의 직업적·혈연적 공동체의 잔존, 특징적인 직업·종교 등 슬럼으로 해소되지 않는 공동체적인 연결도 뿌리 깊었다. 여기서 이른바 근대 '피차별부락'이 성립하고 새로운 사회문제로서의 '부락 문제'가 등장했다.

2. 근대국가의 성립과 부락 문제

시제(市制)·정촌제(町村制)의 시행과 부락 문제

'해방령' 이후 반대 봉기에 대해서 유효한 대처를 못하고 부락차별은 이른바 방임상태였다. 그러나 메이지 이후 행해진 행정구역 개편에서 인접한 주민들 간의 대립이 종종 표면화하여 행정기관도 부락 문제를 포함한 주민의 감정 문제 처리에 직면할 수밖에 없었다.

그 가운데서도 1888년에 시행된 시제·정촌제는 이후 행정구역의 기본을 이루는 것으로 중요한 의미를 갖는다. 그리고 이때 교토부와 시가현(滋賀県) 등에서는 구 '에타' '히닝' 신분의 생활 실태 조사를 행하여 마즈카타 디프레이션에 의한 황폐 상태를 파악함과 동시에 일반 정촌과의 통합 가능성을 탐색하였다.

이 시기의 시정촌 합병은 전국적으로 7만 정도였던 정촌을 1/5인 1만 5천 정도까지 격감시키는 급격한 것이었는데, 특히 합병에 즈음하여 구 '에타' 마을이 기피된 경우가 많았다. 여기서 오사카부 카츠라기군(葛上郡) 이와사키(岩崎) 마을(이후 奈良県)에서는 카시와하라(柏原) 마을로의 편입을 요구하여 실현시켰으며, 나라현(奈良県) 우치군(宇智郡) 오오시마(大嶋) 마을도 고죠(五条) 마을의 반대를 뿌리치고 주변 5개 마을의 통합을 실현하였다.

이때 정촌 합병을 추진해야 할 구청이 종종 합병에 반대하는 일반 마을 지주층의 주장을 받아들여 마을을 분할하는 방향으로 사태를 수습하려고 했다. 일반 마을 측에서는 빈곤한 마을과 합병하는 데 따른 재정적인 부담과 풍속·관습이 다른 마을과 일반 마을 간의 협조의 곤란함을 들어 강력한 반대론을 주장하였는데, 그 배후에는 부락과 같은 정촌을 구성하는 것에 대한 뿌리 깊은 반감이 있었다. 미에현(三重県)에서는 이러한 반대론을 예측하고 '구에타 마을이 다른 정촌과 평화로운 합병을 할 수 없는 경우'에는 독립을 인정하여 사실상 일반 마을의 주장을 받아들였다.

그런데 부락 측의 요구로는 일반 마을과의 합병뿐만 아니라 역으로 일반 마을에 편입되어 있던 부락이 그 예속적 관계를 단절하기 위하여 분촌(分村)운동을 일으킨 경우도 있다. 이 운동은 1872년 시가현 니쇼라이(西生来) 마을 쿠보(久保)의 분촌 청원을 시작으로 1880년까지 시가현의 전 지역에서 일어났으며, 나라현에서도 나라현 토이치군(十市郡) 키비(吉備) 마을 카사카미(笠神)에서도 일어났다. 이러한 분촌독립운동은 일찍부터 부락 내부에서 자치를 요구하는 움직임이 있었다는 것을 시사함과 동시에 독립하지 않으면 끊을 수 없는 일반 마을과의 예속관계가 엄존하는 것을 나타내고 있다.

이후의 정촌 합병은 이러한 구 정촌 관계를 보다 커다란 행정단위 속으로 흡수시키려는 것으로, 분촌독립운동에서 정촌편입운동으로의 전개는 분촌에 의한 '해방'에서 근대적인 지방자치조직 확립에 의한 '해방'으로 부락 측의 요구가 높아졌다고 할 수 있다.

천황과 '신민'으로서의 부락민

1889년 대일본제국헌법이 발포되고, 유신의 변혁도 '만세일계의 천황'을 주권자로 하며 국민을 '신민'으로 규정하는 근대 천황제국가로 귀결되었다. 천황은 유신에 의해 일본 최대의 지주, 근대적 가치이념의 체현자로서 등장하였으며, 서구 열강에 대항하는 육해군의 통솔자, 신성불가침한 국민통합의 심벌로 절대적인 권위를 가졌다.

그리고 중요한 것은 천황이 근대적 가치이념과 도덕의 체현자로 관념화됨으로써 봉건제 하에서 피차별 신분에 처했던 사람들에게는 '해방령'을 발포해준 '은인'으로 비쳤다는 사실이다. 그 이후 피차별부락민은 '해방령'으로 규정된 이 메이지 헌법체제 하에서 보장된 '천황 아래의 평등'을 근거로 하여 스스로의 지위 향상에 노력하게 된다.

그러나 동시에 부락은 근대화에 뒤쳐져 경우에 따라서는 일본의 근대화를 방해하는 존재로 인식되어 공격당했으며, 이른바 근대의 도덕과 문명의 대극에 위치한 것으로써 심하게 지탄 받았다. 그 과정에서 부락이 근대화에 뒤쳐진 원인이 부락차별에 있음을 잊어버리고 끊임없이 부락민 자신에게 문제가 있다고 강조되었다.

부락민은 인종·민족이 다르다는 속설이 퍼져갔으나 이들은 분명한 일본인이었다. 이 점에서 예전부터 격렬한 저항 끝에 에도막부에 복속된 아이누 민족과 독립된 왕조를 이룩한 류큐(琉球)인 혹은 식민지의 타이완·조선·중국인과는 결정적으로 다르다. 따라서 부락민의 운동은 어디까지나 일본인으로서, '제국신민'으로서의 대등한 권리 요구에서 출발하여 어떠한 계기가 없었다면 여기에 수렴될 것이었다.

부락산업의 형성

'해방령' 발포 이후 부락의 생업도 커다란 변화를 겪는데, 각지에서 죽은 소나 말의 처리권에 대한 포기가 행해진 것은 지금까지 부락민이 위치한 입장을 여실히 보여주는 것이었다. 부락민의 죽은 소나 말에 대한 처리권 포기는 '해방'의 조건으로서 일반인 측에서 제시한 경우도 있었지만, 대부분은 부락민이 스스로 이들 '천업'을 '불결한 업'으로 보고 포기한 것이다. 그 가운데서도 시가현 야기야마(八木山) 마을에서는 마을 내의 '피혁업'을 폐지하려고 하였는데, 여기에 반대하는 촌민을 강제 이주시켜 새롭게 고켄쵸(五軒町)라고 부르고 야기야마 촌민에게 차별 받게 되는 사태로까지 발전했다.

이처럼 '해방령' 발포를 '천업'에서의 '해방'으로 받아들여 '천업'의 금지('천업' 폐지를 '해방'의 조건으로 봄)로 받아들이는 사람들이 각지에서 나타났다. 직업의 자유, 죽은 소나 말에 대한 처리의 자유는 심한 차별 하에서 굴절된 형태로 수용되었다. 더구나 죽은 소나 말의 처리를 포기하였다고 해서 새로운 생업이 보장된 것은 아니었다. 여기에 더하여 부락의 전통적인 산업에서도 장래성이 있는 부분에는 일반 자본의 참가가 이루어졌다. 바야흐로 부락민은 일본 자본주의의 원시적 축적 과정에 알몸으로 내던져졌다.

그러나 이런 가운데서도 부락의 전통산업은 계승되었다. 대표적인 것은 역시 죽은 소나 말의 처리에 기원을 가진 피혁업, 신발업이었으며 나아가 메이지 시기에 접어들어 식육에 대한 수요가 높아지면서 일찍부터 진출해 있던 도축·정육업이었다.

즉 대표적인 부락산업으로 알려진 도축업은 근대부터 본격적으로 개시되었다. '해방령' 반대 봉기로 도축장이 공격의 대상이 된 것처럼 죽음의 케가레와 관련해 도살에 대한 천시는 강하여, 비위생적이고 위험한 도축장에서 일하는 노동자는 부락 출신자가 많았다. 피혁업에서도 경영에 참가하는 일반 자본은 증가하였지만, 현장 노동자는 부락에서 계속 공급되었다.

또한 짚신이나 나막신, 설상화 등의 신발업처럼 산업이라고 부르기에는 너무 영세하면서 실제로는 많은 부락의 주요 산업으로 위치를 점하는 것도 있었다. 특히 근세 말기 이후 도시에서 짚신의 수요가 급증한 것은 부락에 일정한 부를 가져다주었으며, 일부에서는 자본의 축적과 인구의 증가조차 보인다. 짚신은 서민의 생활필수품으로 보급되었는데 그 생산자에 대한 천시는 뿌리 깊었으며 시즈오카현(静岡県) 서부에서는 이 일을 그만두는 것으로 '탈천화(脱賤化)'를 꾀하는 부락도 나타났다. 이른바 피혁업과 동일한 현상이 일어났는데 이후에는 도호쿠(東北)지방 등의 일반 농촌에서 농한기에 부업으로 장려되어 부락의 짚신업은 격심한 경쟁을 겪게 된다.

새로운 산업으로 진출

다음으로 근대화에 동반하여 일어난 신산업으로의 진출에 대하여 살펴보자. 어떤 의미에서 도축·정육업도 신산업에 해당하는 것은 앞서 논한 바 있는데, 그중에서도 도축장의 경영과 도축육의 도매상에는 일반 자본이 적극적으로 진출하여 소나 말의 감정사, 정육점, 도축인부, 잡부 등 도축장 노동자의 많은 부분을 부락민이 점하게 되었다. 동일한 산업 내부에서도 부락민의 진출 정도에는 중층성이 있으며 하급 노동력인 경우가 많았다. 규슈의 탄광노동 등도 동일한 구조에 놓여 있었으며 이곳에서의 분업은 신분차별을 능숙하게 이용한 것이었다.

동일하게 오사카·고베의 성냥직공, 각 지역 항만의 하역업·육체노동, 도시의 인력거, 염색업 등 새로운 산업으로의 진출도 보이지만 소수였다. 그러나 근세 이후의 아교업에서 출발했다고 보이는 성냥산업처럼 전통산업과의 연속성을 갖는 것을 제외하면, 일용노동과 계절노동, 육체노동 등 숙련을 필요치 않는 직종에 한정되었다.

예를 들면, 도시 발전에 따라 수요가 증가한 쓰레기 수집 등은 그 전형으로 부락민이 다른 빈민에 섞여서 다수 종사했다. 또한 인력거 인부도 메이지 중기의 최고조기까지는 그렇지 않았지만, 각지에서 전차가 놓이고 인력거 인부의 일에 그림자가 드리워지자 점차로 일반 인부들이 다른 직종으로 옮겨 부락민이 진출할 수 있게 되었다.

농촌의 부업으로 번성했던 염색(鹿の子絞り, 갈색 바탕에 군데군데 흰색 무늬를 넣은 홀치기염색―역자)도 최전성기에는 부락의 부인들이 작업에

일본 부락의 역사―차별과 싸워온 천민들의 이야기

참가하지 못하였으나 쇠퇴기에 들어와서 겨우 기술이 전수된 지역도 있었다. 이처럼 일부의 가혹한 노동을 제외하면, 부락민이 다른 이들에 비해 앞서서 진출한 업종은 거의 없으며 오히려 다른 노동자가 빠져나간 다음 보다 열악한 노동조건을 알고서도 진출한 것이 현실이었다.

따라서 부락산업 가운데는 단기간에 쇠퇴한 것도 적지 않다. 고베의 성냥업처럼 수입 성냥에 눌려 고무산업으로 이전하거나 인조 진주나 브로치 제조업 등과 같이 오사카 인근의 일정 지역에 특화하여 발전하는 등 산업 자체의 영세성도 특징적이다. 이것은 부락 노동시장의 혈연적·지역적 특이성에도 원인이 있다.

또한 이들 산업에서는 제조공정의 대부분을 가내공업과 부업에 의존하여 불황기에는 일감을 발주하지 않는 수요 조정과 임금의 억제를 통해 겨우 유지할 수 있었다. 이러한 노동환경이 부락산업의 폐쇄성을 더욱 강화하였다.

그리고 불황기에 일감을 받지 못한 잠재적 실업자는 인력거 인부, 쓰레기 수집, 노역, 하역노동 등의 도시 잡역과 일용에 종사함으로써 생활을 영위하였다. 부락이 저임금 노동의 풀(pool)이었다는 것은 이러한 것을 의미하는데, 이러한 임시적 노동도 부락산업의 하나라고 할 수 있다.

또한 피혁업처럼 하나의 업계가 깊이 부락과 관련된 경우에도 경영은 점차로 일반 자본 아래에 귀속되었으며 부락민은 오히려 노동을 제공하는 입장이 되었다. 옛날부터 피혁과 신발 공장을 경영하던 부락 자본가도 점차로 대자본의 하청이 되어 소수의 노동자를 가진 영세 경영을 감수할 수밖에 없었다.

그 가운데 노동자의 공급과 관리의 면에서 이점을 살려 토목과 건설업에서 부락 자본가가 성공한 지역도 있지만, 이들도 거대 건설 자본의 하청으로 인부공급업자에 지나지 않는 경우가 많았다. 단, 토목건설업은 불황기의 실업대책 사업으로서의 측면을 가지고 있어 다른 직업을 가진 자도 때때로 일용으로 나서는 등 부락이 임시 노동력의 풀로서 기능했다.

이러한 역할은 토목·건설 공사가 많은 도시 주변과 노동력의 확보가 용이한 농촌·산간부의 부락에서 현저하게 보인다.

부락산업이란

따라서 부락의 전통산업='부락산업'이라고 불리는 것 중에는 진정한 의미에서 부락의 고유한 일이라 할 수 있는 것은 적고, 그 역사도 극히 짧다고 할 수 있다. 부락의 일은 짧은 사이클로 크게 변모하였으며 그 과정에서 노동자가 바뀌어 영세한 부락 자본이 부침을 반복하여 경기의 변동에 따라 크게 좌우되었다.

또한 도시에서도 도축 노동자와 쓰레기 수집 작업원에 집중되었으며, 농촌에서는 농업작업이 아니라 토목작업원과 출장노동(手稼ぎ)자가 많은 부락의 생업 형태는 주변에서 고립된 노동 즉 주변과 고립된 생활공간과 생활습관을 만들게 된다. 그리고 이러한 노동에 대한 주변 주민의 천시와 폄하가 동반되어 차별의식을 재생산하는 원인이 되었다.

일본 부락의 역사―차별과 싸워온 천민들의 이야기

이처럼 역사적으로 신분차별과 관계없는 지역이라도 도축장, 화장장이 신설되거나 노동자합숙소(飯場)가 설치된 것을 계기로 '새로운 부락'이 형성된 것을 보면 이들에 대한 천시와 폄하가 상당히 강력했음을 알수 있다.

따라서 '부락산업'이란 일반 자본과 노동자가 그 산업(일)의 내용이 전통적으로 천시되었기 때문에 쉽게 진출하지 못한 직종을 중심으로 하면서, 그 이상으로 노동 조건이 너무 가혹하고 저수입이거나 산업 자체가 사양화 경향에 있든가 하는 등으로 이를 견딜 수 있는 자본과 노동자를 부락 이외에서 구하기 어려웠다는 점도 많이 포함되어 있다고 할 수 있다. 부락 자본과 노동자는 다른 유리한 다양한 업종에서 배제되었기 때문에 이러한 조건에서도 견뎌낼 수밖에 없었다.

차별의 실상

'다나카 쇼조(田中正造) 에타를 사랑하다'로 시작하는 유명한 다나카 쇼조의 회상은 1874년경의 토치기(栃木)에서 일어난 일로 다음과 같이 기록되어 있다. 다나카는 여름 농사일(보리타작)의 일꾼으로 '에타'를 고용하여 그들과 같은 통으로 물을 마시고 평상에 올라가 술을 마셨다. 그러자 촌민들은 "쇼조의 행위를 천하게 보고 이웃의 친척이 왕래하지 않고" "마침내 쇼조에게도 에타와 같이 차를 내는 것을 기피하여 쇼조가 불편함이 많았다"고 한다(「回想斷片」『田中正造全集』第一卷).

여기에는 '해방령' 발포 이후에도 토치기지방의 농민이 '에타'와 동석하여 같이 음식을 먹는 것을 기피하였으며, 별도의 식기를 사용하는 것을 당연시하고, 이에 따르지 않는 자까지도 '에타' 취급을 한 것이 기록되어 있다. 이처럼 부락차별의 실태는 많은 경우 전하는 이야기나 회상에 의지할 수밖에 없으며, 지역차도 컸었다고 생각되나 부락민을 해방운동으로 이끈 '원체험(原體驗)'으로서 극히 중요한 의미를 가진다.

우선, 다나카의 예에서도 보이는 것처럼 일상적·관습적인 차별로서 다음과 같은 것이 있다. 술과 음식을 담을 때 별도의 식기를 사용함, 별도의 불, 별도의 목욕 그리고 금품을 전해줄 때 던져서 주거나 받은 돈을 씻는 등의 행위이다. 이것은 일상생활의 가장 기본이 되는 부분에서 일어난 일로, 하나하나는 사소한 것이지만 부락민의 체험상에서는 가장 심각한 것이었다. 부락민이 이러한 관습에 반발하거나 부정하려고 할 때 종종 차별적인 언사를 퍼부었다.

이러한 일상적인 차별의 연장선상에서 결혼차별이 있었다. 동일하게 농촌의 젊은이 집단이나 축제의 기초단위 등이 부락과 일반으로 별도로 조직되는 것도 당연시되었다. '부락민에게 쌍둥이가 많다' '부락민은 손가락 수가 다르다' '피 색깔이 다르다' '인종이 다르다' 등의 잘못된 속설도 일반민과 부락민이 섞이지 못하는 좁은 교제 범위 속에서 잔존하여 이어졌다.

이상과 같은 관습이 기본이 되어 다음과 같은 사건이 끊이지 않았다. 예를 들면, 일반 마을 속에 부락민이 토지를 구입하거나 이사하거나 하면 주위의 주민에게서 반발이 일어났으며, 코(講)와 축제에 부락민이 참가하는 것을 기피했으며, 공장과 기업에 부락민이 취직하는 것을 거절하기도 했다. 또한 학교에서의 차별(이지메, 별도의 자리, 학교의 분리)은 미취학 아동의 증가로 이어져 부락민의 사회 진출의 싹을 꺾었다. 취업과 교육 등 공적 측면이 강한 활동영역에서도 실제로 현장을 구성하고 있는 사람들에게는 부락 기피 감정이 뿌리 깊었다.

더욱이 관리의 채용과 군대에서의 차별도 거의 공공연히 이루어졌다. 정촌 합병과 우지코(氏子制度, 전전의 국가신도 아래서 전 국민을 촌락 신사의 우지코로 하여 코쵸—戶長, 메이지 전기 지방행정구역 가운데 구와 정촌의 행정사무를 담당한 관리, 역자—와 신사에 의해 파악·관리하려고 한 제도·관습)문제, 공유재산문제 등을 논의하는 정촌 의회와 구회 등에서 처음부터 부락민이 배제되었으며, 수평운동이 시작되기까지 이러한 것이 사회 문제화 되는 것 자체가 희박했다.

관리의 채용, 군대, 학교, 우지코제도 등 이것들은 모두 일본 근대사회의 성립에 따라 제도화된 것으로 이러한 근대적인 여러 제도도 부락차별에서 자유롭지 못했다.

또한 일자리와 교육을 찾아 부락 밖으로 이주한 사람들이 이후에 부락 출신임이 폭로되어 직장과 거주지에서 쫓겨나는 일도 있었다. 군대에서의 차별도 이와 유사하였으며 일상생활상에서 무엇 하나 이상한 것이 없었음에도 불구하고 갑자기 차별 받는 경우도 있었다. 이러한 사례는 부락차별을 파고들면 출신지와 집안·혈통에 대한 차별임을 말해준다.

이상에서 논한 것은 극히 일부이지만 부락차별이라고 하는 것이 실제로는 얼마나 다양한 것인지는 상상할 수 있을 것이다. 그러나 각각이 어떠한 지역에서 언제까지 행해졌는지는 분명하지 않다. 이 가운데 별도의 식기와 별도의 불을 사용하는 관습은 근대적인 합리주의 사상의 침투와 함께 점차로 극복되었지만, '인종이 다르다'는 속설이 제2차 세계대전 이후까지 남아 있었던 것처럼 일상적인 인간관계의 단절이 차별과 편견의 재생산에 크게 관계하고 있었다.

다른 한편 교육과 취업상의 기피와 배제는 부락의 생활과 환경의 열악화·빈곤화를 가속화시켜 그 열악함과 빈곤이 새로운 차별의 원인이 되듯이 이른바 의식의 면에 그치지 않는 차별구조를 만들어내고 있다. 근대에 접어들어 겨우 발흥한 부락해방운동은 이상과 같은 다양한 차별 현상과 다양한 국면에서의 투쟁의 총체를 가리킨다.

3. 부락개선운동의 전개

부락해방론의 맹아

'해방령'이 발포되기 이전의 해방론은 카토 코죠(加藤弘蔵), 오에 타쿠(大江卓), 호아시 류키치(帆足竜吉) 등 메이지유신 정부의 요인들을 중심으로 다양하게 전개되었다. 이들의 일부는 공의소(公議所, 유신 초기의 입법기관)의 기록에 남아 있는데, 그중에서도 계몽사상가 카토 코죠는 '사람 이외의 취급은 심히 천리에 위배된다'고 하여 천부인권론의 입장에서 '히닝, 에타'의 폐지를 제안했다.

그러나 '에타, 히닝, 엔보(烟亡)'에게 각종의 기술을 가르쳐 점차 평민에 근접하도록 하자는 오에와, 이세(伊勢)신궁에서 정화한 뒤에 '에조지(蝦夷地)로 이주시켜야만 한다고 하는 호아시의 논의처럼 해방을 위해서무언가 조건을 붙여 그 조건을 충족한 자부터 점진적으로 해방한다는 것이 다수의 의견이었다.

실제로 오사카의 와타나베(渡部) 마을과 에도의 단자에몬(弾左衛門)은막말의 정세에 맞추어 군공을 올림으로써 신분 상승과 천칭 제거의 요구를 제출하였으며, 단자에몬과 그 부하에 대해서는 막부에 의해 평민으로의 신분 상승이 이루어졌다.

단자에몬의 상승처럼 어떠한 공적이 있는 자를 해방한다는 사고방식(선발해방론)은 위정자에게 받아들여지기 쉬웠고, 신정부로 바뀌고 나서도 교토부의 의견 상신 등에 계승되었다. 또한 민부성(民部省), 대장성(大藏省) 등에서는 권업정책과 세제, 호적의 통일 등의 문제로 '에타' '히닝' 신분의 취급에 대하여 다양한 건의가 있었다.

그러나 실제로 발포된 '해방령'은 많은 건의의 의도를 넘어서 '에타, 히닝 등' 전체 부락민의 즉시 해방이라는 가장 완전한 형태로 이루어졌다.

자유민권기의 해방운동

'해방령'은 부락민에게 다른 주민과 대등한 생활권을 요구하기 위한 무기가 되었다. 시가, 효고, 나라 등의 지방에서는 구 '에타 마을'이 본촌 (本村)으로부터의 독립을 요구하여 분촌운동을 전개하였으며 그 가운데 얼마는 실제로 하나의 독립된 정치적 권리를 획득했다.

또한 나가노와 교토 등에서는 일반의 아동과 부락 아동이 같은 학교에 다니도록 요구한 취학운동이 일어났다. 더욱이 메이지의 신도국교화 정책은 부락에도 우지가미(氏神, 신으로 모시는 씨족의 선조-역자)를 가지도록 장려했는데, 신사와 제사를 공유하는 것을 기피한 주변 주민과 종종 마찰이 일어났으며 효고현 스미요시(住吉) 마을에서는 제사 참가를 둘러싸고 대심원(大審院)까지 소송하였다. 더욱이 교토부에서는 입회산(入會山)의 공유권을 둘러싸고 부락을 입회산에서 배제하려고 하는 일반 마을과 부락과의 사이에 논쟁이 빈발하였으며 그 가운데 얼마는 재판까지 갔다.

이상과 같은 싸움에서는 어느 것이든 각 부락마다 개별적으로 싸울 수밖에 없었는데, 각 일반 정촌의 지도자층은 원래부터 군청, 재판소 등에서도 일반 마을의 주장을 받아들여 부락의 사회적 진출이 저지당하는 경우가 많았다.

예를 들면, 효고에서 부락 아동의 취학 요구에 대해서는 부락 아동만을 수용하는 '부락학교'를 설치했으며, 각지에서 빈발하는 우지코 가입 요구에 대해서는 부락민만을 우지코로 하는 작은 신사를 창건하는 등 다양한 형태로 일반 주민과의 타협이 이루어졌다.

그러나 나가노와 교토에서 일어난 입회권 투쟁처럼 부락민의 생활에 사활이 걸린 문제와 같은 경우에는 분쟁도 장기화하였으며 이후까지 해

일본 부락의 역사-차별과 싸워온 천민들의 이야기

결되지 않은 지역도 있었다. 또한 교토부 키자키(木崎) 마을의 노구치 우·노스케(野口宇之助)가 자신들 마을의 입회권 투쟁을 전개하면서 호츠(保津) 마을의 입회권 투쟁 지원에도 관여한 것처럼 부락 간의 연대도 이루어졌다.

가나가와현 미나미타마군(南多摩郡)에서는 부락의 유력자 수명이 기독교에 입교하고 이후 자유당에 가입하여 자유민권운동에 참가하는 등 이제까지는 없었던 새로운 가치관을 모색함으로써 해방을 요구하는 사람들도 나타나기 시작했다. 나가사키(長崎)에서는 메이지 초년까지 '에타'가 기독교 탄압의 첨병으로 이용된 사실에서 대립 감정을 가진 기독교도가 적지 않았지만, 근대에 들어서서 전국적으로는 동일한 박해를 받은 자로서의 감정을 공유하는 입장도 생기기 시작하였다. 또한 자유민권운동에 대한 참가도 고치(高知)의 니시타니(西谷)평등회와 오사카의 자유평권친목회(自由平権懇親会) 등에서 조직적으로 보인다. 특히 후자는 오사카 자유당의 일부를 담당하면서 도시의 잡업자와 여성에게도 참가를 독려하여 민권운동 가운데서도 가장 하층의 민중을 시야에 넣은 운동을 지향하였다.

자유평권친목회의 움직임은 이후 오사카부 니시나리군(西成郡) 니시하마마치(西浜町 — 구와타나베 마을)에 결성된 공도회(公道會)에 수합되었다. 공도회는 1888년에 결성되었는데, 기독교 배격을 노린 니시하마마치의 진종(眞宗)교도를 조직에 포섭하여 마을 정치에도 크게 진출하였다. 발기인은 니시하마마치의 모리 세이고로(森清五郎) 외에 민권가 나카에 죠민(中江兆民), 자유평권친목회의 카와아이 마사아키(河合正鑑) 등이 이름을 올리고 있다. 이른바 공도회의 민권가들은 교도들과 타협하면서 니시하마마치를 민권운동의 일대 거점으로 만들려고 하였다.

나카에 죠민의 논문「신민세계(新民世界)」는 이 오사카 자유당, 자유평권친목회, 공도회를 통한 활동에서 나온 것이다. 죠민은 스스로를 '사회의 최하층 나아가 더 하층'에 위치지우고 그 입장에서 '평민주의'를 비판했다. 당시 '평민주의'는 귀족주의에 대치된 급진적인 사상에 속했는데 죠민은 이것조차도 '구습에 오염된' 것으로 부정했다.

자주적 개선운동의 전개

1889년 대일본제국헌법의 발포를 전후하여 시제·정촌제의 시행, 제국의회의 개설은 유신 이후의 격동이 메이지 헌법체제로 불린 하나의 국가체제를 성립시키고 막을 내린 것을 의미한다. 이로 인하여 자유민권운동도 급속하게 힘을 잃어갔다.

시제·정촌제의 시행은 지금까지 개별적으로 문제시되어 온 부락 아동의 취학 문제, 입회산의 공유권 문제, 우지코 문제 등을 각 정촌이 껴안은 정치 문제로 부상시키는 역할을 했다.

이때부터 점차로 부락민의 실업, 전통산업의 붕괴가 심각해졌으며 농촌 부락에서 도시 부락으로 빈민이 유출되는 현상과 맞물려 부락의 빈곤화가 속도를 더해 진행되었다. 따라서 의식면에서뿐 아니라 경제적인 이유로 미취학과 비위생의 문제, 치안의 악화, 세금 미납, 무기력, 도박의

일본 부락의 역사-차별과 싸워온 천민들의 이야기

유행, 풍속의 퇴폐 등이 많은 부락에서 나타나게 되었다. 그중에서도 부락민만으로 구성된 정촌과 부락민이 과반을 점하는 정촌은 풍속의 피폐, 범죄, 불결의 대명사로 취급되었으며, 주변의 정촌에 심각한 기피 대상이 되었다. 시즈오카현(靜岡縣) 하마나군(浜名郡) 요시노(吉野) 마을과 교토후 키이군(紀伊郡) 야나기하라(柳原) 마을은 정말로 이러한 정촌이었다.

정촌제 시행 직후인 1889년에 야나기하라 마을에서는 식산홍업과 교육진홍을 목표로 평등회가 설립되었으며, 더욱이 같은 해에 마을 유력자를 중심으로 진취회(進取會)를 조직하여 '이 마을의 개량 및 발달을 꾀하는' 부락개선단체를 만들었다. 진취회의 활동이 반드시 성행했다고는 할 수 없지만 그 후 야나기하라 마을 집주인동맹회가 결성되어 마을에 유입되는 빈민의 추방에 착수하였으며, 1898년에 결성된 개량기성동맹회는 풍속단속법을 제정하는 등 부락의 '악풍제거'를 통한 개선이라는 방향을 일관되게 추구했다.

또한 요시노 마을에서는 촌장 키타무라 덴자부로(北村電三郎)를 중심으로 도박 단속, 소방조, 청년회를 조직하기 시작하여 1898년에는 생활 전반에 걸친 세세한 규정을 포함한 요시노 마을 풍속개선동맹회 규약을 제정하고 마을의 풍속 개선을 통한 지위 향상을 꾀하였다.

부락차별을 정면에서 비판하여 운동으로 발전시킨 경우는 극히 미미했다. 그 가운데서 특별한 지위를 점하는 것은 복권동맹(復權同盟)이다. 1881년 11월에 후쿠오카에서 발생한 복권동맹은 당시 각지에서 발생한 민권정사(民權政社)와는 구별되는 것이었다. 복권동맹은 메이지유신을 통해 획득한 사민평등을 전제로 하면서 '해방령'을 '유명무실'하다고 처음으로 비판하는 입장을 표명했다. 복권동맹의 발기인은 후쿠오카현의 시마즈 카쿠넨(島津覚念), 마츠다 타헤이지(松田太平次)를 시작으로 3현 11부락에 걸친 사람들이 이름을 올렸는데, 그중에서 시마즈가 살던 마츠조노(松園) 마을과 마츠다가 살던 도요토미(豊富) 마을이 치쿠젠 죽창 봉기(筑前竹槍一揆)의 습격 대상이 된 부락이었다.

복권동맹은 전국에서 처음으로 부락민의 해방을 내건 결사였다. 3현에 걸친 부락민을 결집시킨 기초에는 피혁업과 결혼을 통한 교류도 있었지만, 이때 발기인이 된 시마즈의 동생이 오사카 니시하마 마을(구 와타나베 마을)에서 사찰의 주직(住職)을 지내는 등 부락 간의 네트워크는 생각보다 광범위했다.

부락 간의 네트워크가 힘을 발휘한 경우도 있다. 1891년 오사카부회의원 선거에서의 일이다. 토요시마군(豊島郡)에서 입후보한 모리 슈지(森秀次)가 상대방 후보자로부터 '신평민(모리를 지칭-필자)'에게 투표하지 말고 '보통 사람을 뽑자'라는 악질적인 차별 선전을 받아 낙선하는 사건이 일어났다. 선거라는 극히 새로운 정치 무대에서 차별을 만나 토요시마군, 니시나리군의 부락민을 중심으로 교토, 시가, 나라에서 오카야마, 후쿠오카까지 항의의 목소리가 확대되어 선거 다음 달에는 교토에서 각지의 유지가 집결하여 5가지 항목의 운동방침이 결정될 정도였다.

대일본동포융화회의 개최

더욱이 1899년 나라현 타와라모토(田原本)의 죠쇼사(浄照寺)의 법요에서 부락사원에 대하여 종규(宗規)로 정하여 자리를 내주지 않는 사건(별좌차별사건)이 발생하였는데, 이것을 계기로 나라현 소속의 부락사원 주직과 단토(檀徒, 특정 사원에 영속적으로 장례를 의뢰하여 보시를 행하면서 그 사원을 보호하는 집안의 사람─역자) 유지가 모여 야마토(大和)동심회를 결성하게 되었다. 이러한 진종(眞宗)교단 내부의 차별사건도 끊이지 않았으며, 1902년에는 와카야마현 아리다군(有田郡)에서 포교사가 부락민을 '벌레와 같다'고 발언하였다. 이때 항의에 나선 이가 오카모토 와다루(岡本弥)이다.

오카모토의 운동은 오카야마의 미요시 이헤지(三好伊平次), 오사카의 나카노 산켄(中野三憲)의 협력을 얻어, 다음 해 7월 오사카에서 대일본동포융화회가 개최되었다. 이때의 발기인은 도쿄의 단 단나오키(弾直樹), 교토의 아카시 타미죠(明石民蔵) 외에 효고, 나라, 와카야마, 오카야마 등에서 부락의 유력자가 이름을 올렸으며, 『게비니치니치신문(芸備日日新聞)』의 마에다 산유(前田三遊)를 시작으로 칸사이의 언론인이 후원하였다.

아직 모색 단계에 있던 부락해방운동이지만, 차별사건이 있을 때마다 칸사이·규슈를 중심으로 한 부락 간의 네트워크가 생생하게 움직였으며 매년 그 범위가 확대되었다. 그리고 나아가 1912년 야마토(大和)동지회가 결성되고 그 기관지 『메이지의 빛(明治之光)』을 발행함으로써 네트워크는 전국을 망라하게 되었다.

그런데 대일본동포융화회는 자주적 해방운동의 전국적 조직화의 단서라고도 할 수 있는데 여기서 제시된 운동방침은 다음과 같다. 즉 1. 도덕의 수양, 2. 풍속의 교정, 3. 교육의 장려, 4. 위생에 주의, 5. 인재의 양성, 6. 근검저축, 7. 식산흥업의 7항목이다. 동포융화회는 와카야마에서의 차별사건에 대한 항의에서 촉발된 조직임에도 불구하고 그 내용은 부락의 내부 개선에 그치고 있었다. 그러나 여기에 참가한 미요시 이혜지처럼 이미 근거지인 오카야마현에서 비사쿠평민회라는 자주적 조직을만들어 부락민의 자각을 촉구한 예도 있으며 네트워크가 조직되어 개선에서 해방으로 그 내용도 조금씩 변화하고 있었다.

사회문제로서의 부락 문제

1900년대는 행정과 사회운동가, 언론인 등에서 부락에 대한 관심이높아져 근대적 사회문제로서의 부락 문제 성립기로 볼 수 있다. 예를 들면, 쿠바타 세타로(窪田静太郎), 아리마츠 히데요시(有松英義), 마츠이 시게루(松井茂), 쿠와타 쿠마죠(桑田熊蔵), 토메오카 코스케(留岡幸助) 등 내무관료, 사회학자, 사회사업가가 빈민연구회를 조직하여 부락 문제를 중심적인 테마로 삼았다. 그리고 토메오카, 아이다 요시오(相田良雄) 등이각지를 시찰하였으며, 이를 전후하여 타카키 마사요시(高木正義)의 조사보고와 요코야마 겐노스케(横山源之助)의 르포, 야나세 케이스케(柳瀬勤

일본 부락의 역사─차별과 싸워온 천민들의 이야기

介)의 연구가 발표되었다. 또한 1906년에는 시마자키 토손(島崎藤村)의 『파계(破戒)』가 출판되었다.

청일·러일전쟁에서 승리한 일본은 계속되는 전쟁과 그 후의 정치체제를 지탱하기 위해

『민족과 역사』 특수부락 연구호(1919년7월)

사마자키 토손 『破戒』 (1906년)

사회·경제적 기반으로서 지방(농촌)의 안정이 필수조건이라 생각하여 이를 위한 사회정책을 점차 시행하였다. 한편, 사회주의자로 대표되는 반체제운동에 대해서는 탄압을 가하고, 초등교육의 강화를 시작으로 하는 국민교화를 추진했다. 1908년에 발포된 무신조서(戊申詔書)는 일본이 서구 열강과 어깨를 나란히 하기 위해 국민에게 더한 근면과 협조, 검약을 요구하였다. 또한 1910년에는 조선을 식민지로 병합하고 제국주의국으로서의 일보를 내디뎠다.

이 시기 지방의 국민교화와 농촌재건, 공동체 강화책을 총칭하여 지방개량운동이라고 부르는데, 부락 문제는 이 운동 속에서 처음으로 정책과제로 의식되었다. 지방 공동체의 강화를 위해서는 부락과 일반과의 융화가 불가결하였으며 이를 위해서는 부락 측이 노력하여 스스로 일반 측에서 받아들이도록 개선하지 않으면 안 된다고 하는 것이 당시 행정당국의 인식이었다. 이를 특히 '지방개선'이라 부르고 지방개량운동 성패의 열쇠라고까지 인식하였다.

말할 것도 없이 이러한 부락 문제인식은 부락차별의 원인을 부락에서

만 찾고 그 개선을 촉구하는 것이었을 뿐이었는데, 지금까지 내부 개선을 위해 노력해온 사람들 속에서 이에 협력하는 이들이 나타났다. 히로시마에서 일어난 후쿠시마 마을 일치협력회에 마에다 산유가 고문으로 참가한 것도 그 일례이다.

개선정책과 부락 유력자

이 시기에 행정, 경찰, 초등학교 교원, 종교가들의 특별조치로 조직된 개선단체는 무수히 많지만, 그 대부분은 부락민을 교화, 개선의 대상으로 하여 납세, 범죄 건수 등으로 개선의 상태를 파악하는 정도의 것이었다.

나라현의 경우 이것은 교풍회(矯風會)의 조직화라는 형태로 진행되었다. 1909년 5월 나라현은 지금까지의 개선 방법을 수정하여 새롭게 '교풍위원규정'을 정하여 정촌장, 초등학교 교장, 순사, 승려, 독지가, 부락 내 선각자를 중심으로 각 정촌마다 교풍회를 설치하도록 훈시했다.

그러나 이 교풍회 사업에 참가한 오가와 코자부로(小川幸三郎)는 '세민부락(細民部落, 지금까지 '특수부락'이라는 차별적인 용어 대신에 행정용어로서 사용된 부락의 호칭. 도시의 노동자 거리 등의 의미로도 사용되었기 때문에 정착되지 않았다)의 개선은 국가를 위해서였다. 부락의 이익과 행복을 목표로 하지 않고 절대적으로 국가에 이익이 되는 양민을 만들기 위한 것을 목적'으로 했다고 비판하면서 교풍회를 떠나 현 내 각지의 부락 유

일본 부락의 역사—차별과 싸워온 천민들의 이야기

력자와 함께 1912년 7월에 야마토동지회 창립 발기인회에 참가했다.

야마토동지회는 회칙 가운데 '본회는 동족의 일치단결을 주로 하며 나아가 향상 발전을 꾀하여 전국의 동족으로 확대함을 목적으로 한다'고 했다. 재차 자주적 개선의 맹아가 시작되었다. 오가와는 교풍회 사업을 부락 개선의 '소극적 방면'(악풍교정)에 치우친 것으로 보고 부락민의 사회적 진출을 보장하기 위해 '적극적 방면'에 활동의 중점을 두어야 한다고 생각했다. 야마토동지회는 자신들의 사업으로서 식산홍업, 교육의 발전, 종교의 쇄신, 동포의 융화, 법률사상의 주지, 기관지의 발행을 들었다.

동지회운동의 전개

야마토동지회가 발행한 『메이지의 빛(明治之光)』은 전국의 부락 유력자에게 공감을 얻어 순조롭게 부수를 확대했다. 더욱이 그 주장에 공감하는 사람들에 의해 각지에 유사한 조직이 만들어졌다. 교토의 야나기하라쵸동지회, 이즈모(出雲)동지회, 미에현동지회, 오카야마현동지회, 후쿠오카현 오구라(小倉)의 친제이공명회(鎮西公明會) 등이다. 내무성 주도의 '지방개선'에는 침묵을 지키고 있던 야나기하라쵸의 아카시 타미죠, 오카야마의 미요시 이헤지 등 부락 개선가들은 이 동지회 활동의 중심이 되어 움직였다. 야마토동지회 이외의 동지회 활동에 대해서는 상세히 알 수 없으나, 부락민 스스로가 선두에 서서 차별철폐에 몰두한 공통점이 있다.

1916년에 이러한 동지회 활동의 거점 가운데 하나였던 교토부 야나기하라죠에서 아카시 타미죠와 야마토동지회의 마츠이 미치히로(松井道博)를 발기인으로 칸사이 동지 간담회가 열렸다. 지금까지 차별사건을 계기로 하지 않으면 모이지 않았던 각지의 유지가 '우리들과 같은 비참한 경우에 처한 전국 각지의 형제자매가 서로 연락하여 하나의 단체를 만들기' 위해 모였다. 간담회에는 칸사이 각 현과 오카야마에서 대표자가 출석하였으며 이즈모동지회와 규슈 오구라의 유지에게서 축전이 왔다.

간담회는 의회와 정부에 대하여 부락 개선에 전념할 것을 요구하기도 하고, 관리 임용과 공문서에 기제 상의 차별을 철폐할 것 등을 결의하였으며, 실행위원으로 아카시, 마츠이, 오가와, 미요시, 모리 슈지, 나가사카 리쿠노스케(永阪陸之助)를 선정하고 폐막했다. 이때 간담회의 정례화와 회사 메이지의 빚에 대한 조직 강화 등의 의견이 개진되었으나 이후 간담회는 열리지 않았다.

세민부락개선협의회

러일전쟁 이후 '지방개선'을 주창한 내무성은 1912년 12월에 세민부락개선협의회를 열고 개선정책을 위한 특별조치를 취하였다. 또한 1910년에 일어난 대역사건에 부락 출신자가 관련되었다는 '소문'은 내무성에

이 문제를 재인식시키는 계기가 되었다.

협의회에는 전국에서 행정, 교육, 종교 관계자 등 130여 명이 모여 '관민일치'의 개선책을 협의했다. 그 내용은 교육, 풍속, 직업, 위생, 납세, 사교, 종교, 이주 등 지금까지의 개선 항목을 망라한 것이었지만, 이 협의회에서 당사자인 부락민의 참가는 겨우 십수 명에 지나지 않았다. 더욱이 발언하려고 한 오가와 코자부로의 요청은 거부되었으며, 협의는 정책 담당자에 의해 담당자를 위한 협의로 일관되었다.

이 협의회에 참가한 아카시 타미죠는 야나기하라 촌장에게 보낸 보고서에 논의가 부락 측의 '폐단'을 예시하는 것에 그쳤으며 일반 측의 '폐단'을 반성하지 않았다고 적고 있다. 이때 협의회에 비판적인 의견을 내놓은 오가와 아카시가 이후에 동지회 활동의 중심을 담당한 것은 우연이 아닐 것이다.

제국공도회와 오에 타쿠

세민부락개선협의회는 오가와 등이 주도한 관제운동에 대한 마지막 기대를 버리고 동지회 활동을 촉진하는 역할을 담당했다. 그러나 관민합동운동에 기대하여 그 노선을 추구하는 입장도 있었다. 이것은 오카야마의 유지에 의해 추진되었는데 '해방령' 이전부터 해방론을 전개해온 것으로 알려진 오에 타쿠가 주창하여 급속히 구체화되었다. 오에는 이타가키 타이스케(板垣退助), 오키 엔키치(大木遠吉)와 협의하여 정·재계의 주요한 인물들을 망라하여 부락 문제를 과제로 하는 전국적인 조직을 발족시켰다. 1913년 창립된 제국공도회(帝國公道會)이다.

제국공도회의 발족은 다이쇼기를 맞이하여 정·재계인의 관심이 사회문제를 향하고 있는 가운데 부락 문제가 일본이 떠안고 있는 중요한 사회문제의 하나로 인식된 것을 의미하며, 이 점에서 오에가 수행한 역할은 중요하다. 오에는 야마토동지회의 대회에서도 강연을 의뢰 받을 정도로 부락의 유력자들에게 신망이 두터웠다. 그런 만큼 그 후 부락민의 운동에도 다양한 영향을 미쳤다. 한편 동지회 활동의 중심인 야마토동지회는 재정적으로 궁핍했으며 정·재계의 관심이 집중된 제국공도회에 대항할 수 있는 실정은 아니었다.

원래 야마토동지회의 마츠이 미치히로는 오에와 제국공도회에 대한 경계심이 없었으며, 동지회가 제국공도회에 흡수되는 것조차 싫어하지 않았다. 마침 『메이지의 빛』이 휴간되자 제국공도회의 기관지 『공도(公道)』가 그 위치를 대신했다. 그러나 『공도』의 논조는 위정자의 입장에서 부락 문제를 논한 것뿐으로 부락 내외의 대립 해소(융화)에 진력한 것이다. 이것을 상징하는 것이 부락민의 홋카이도(北海道) 이주를 제창한 것으로, 다이쇼기에는 이 제국공도회의 주장에 따라 이주를 감행한 마을도 있었다.

그러나 부락민의 자주적 운동은 각지에서 뿌리 깊게 계속되었다. 앞서 논한 칸사이 동지 간담회는 이러한 활동의 한 형태이다. 단, 이 간담회에서도 오에는 내빈으로 출석하여 토론을 개진한 감상으로 '제국의 사상은 너무 유치하다'고 단언했다.

그 후 야마토동지회가 이전에 비판했던 교풍회 사업 속에 포섭되어 나라현에서 자주 홋카이도 이주가 시행된 것은 그 이후 동지 간담회가 한 번도 개최되지 않은 것과 맞물려 동지회 활동을 말해주고 있다.

쌀소동의 발발

1918년경부터는 도시를 중심으로 전쟁경기에 편승하여 노동자의 임금상승을 웃도는 물가상승이 점차로 소작과 노동자층의 생활을 위협했다. 특히 도시문화의 성숙은 다양한 욕구와 사조를 낳아 많은 민중에게 불만을 참는 게 아니라 행동하도록 했다.

1918년 여름, 토야마(富山)의 어촌에서 일어난 '여성 봉기'는 곧바로 전국으로 파급되어 미증유의 쌀소동으로 전개되었다. 그 가운데서 교토, 고베, 오카야마 등에서는 부락민이 소동의 중심이라고 보도되었으며 실제로 많은 부락민이 검거되었다.

쌀소동은 동년 8월 10일부터 수일간에 집중적으로 일어났는데, 일설에 의하면 22부현 116정촌의 소동으로 부락민의 참가가 있었다고 한다. 이 수치는 물론 정확한 것은 아니지만, 많은 도시 부락이 소동에 참가한 것은 사실이다.

그러나 미에현 우지인(雲林院) 마을의 부호를 방화한 소동에서는 부락 외의 참가자가 있었음에도 불구하고 부락민만 검거되었다. 더욱이 전국의 피검거자 중에 사형을 받은 이는 와카야마현 이토군(伊都郡) 키시카미(旱上) 마을의 부락민 두 명뿐이었던 것처럼 언론과 경찰의 편견도 있었으며 부락민에게 처분이 집중되어 일어난 것은 분명하다.

쌀소동이 한창인 때 많은 도시 부락에서는 유력자가 경찰과 협력하면서 소동을 억제하려고 뛰어다닌 모습도 보인다. 부락 가운데서도 모두가 생활이 궁핍했던 것은 아니고 잡업자와 일용직 등에서 참가자가 많았다. 부락에 따라서는 '정주자(定住者)'는 아무도 참가하지 않았으며 참가자는 모두 '흘러들어온 무적자(無籍者)들이었다'고 한다. 유입자가 많은 부락일수록 옛날부터의 유대와 유력자의 통제만으로는 소동을 억제할 수 없어 많은 참가자를 배출했다. 또한 이러한 부락일수록 계층분해도 심각하여 경우에 따라서는 부락 내의 부호와 쌀장사가 습격당하기도 하였다.

도시 부근과 농촌지대의 소동에서는 마을 단위로 소동에 참가한 예도 보인다. 도시에서는 부락민과 부락 외의 빈민이 행동을 함께 하는 경우도 많았는데, 농촌에서는 부락마다의 단발적인 소동이 많았다.

농촌에서는 쌀 생산에 종사한 면도 있어 소동 자체는 적었지만, 부락의 경우 혈연 등을 통해서 도시 부락의 정보를 일찍부터 접하고 소동에 참가한 적도 있었다. 여기서도 부락 간의 네트워크가 기능했다. 이 경우 농촌이라고는 해도 육체노동, 일용과 잡역으로 생계를 꾸려온 부락이 많았다. 일반 농촌과는 생활=노동 정도가 달랐다.

어느 쪽이든 쌀소동은 구래의 개선정책을 최종적으로 파탄시켜 정부에 새로운 부락정책을 요구하였다. 또한 도시의 대규모 부락에서는 이전처럼 부락 유력자에 의한 부락 내부 장악이 불가능해진 것이 증명되었다. 부락 내의 부호가 습격당한 부락에서는 마을 내의 계층 대립이 가장 격렬한 형태로 표현되었다. 그러한 의미에서 종래의 개선단체는 내부적인 문제를 포함하여 많은 한계를 노정하였다. 농촌 부락에서는 공동체적 연대를 유지해온 부락이 많았지만, 부락 전체로 소동에 참가한 지역은 그 후의 탄압에 의한 희생도 컸다.

해방운동의 시동

쌀소동에 많은 부락민이 참가했다고는 하지만, 부락차별에 대하여 직접적으로 항의의 소리를 높인 것은 아니었다. 그러나 다이쇼 중기부터 앞서 논한 부락개선활동만이 아니라 다양한 부락차별에 대한 항의 행동도 일어났다. 그 가운데서도 대표적인 것은 1916년 6월에 일어난 하카타(博多) 마이니치(每日)신문사 사건이다.

동년 6월에『하카타마이니치신문(博多每日新聞)』의 기사 '인간의 시체를 원소로 환원하는 화장장의 온보(隱亡, 화장장에서 시체를 화장하는 일을 담당한 사람 – 역자)'의 내용에 분개한 후쿠오카시 도요토미부락의 사람들이 일단 구민협의회에서 신문사와의 교섭방침을 결정했지만, 그날 밤 청년층을 중심으로 신문사를 습격하여 350여 명이 검거되는 사건으로 발전했다. 이때 참가한 도요토미부락은 치쿠젠 죽창 봉기의 희생지가 되었으며 복권동맹결성의 중심 부락이 되었다. 이 사건에 대한 처분은 소요죄가 적용된 가혹한 것이었는데 이후에 이모토 린시(井元麟之)와 마츠모토 지이치로(松本治一郎)도 회상하고 있는 것처럼 규슈 부락민의 각성을 촉구하는 효과는 컸다.

1916년 이후 오카야마현 카모(加茂) 마을에서는 군대 내 차별에 대하여, 히로시마현 세라군(世羅郡)과 효고현 무코군(武庫郡)에서는 초등학교장에 대하여, 교토시에서는 교토역원(驛員)의 폭행(교토역 앞 차별사건)에 대하여, 야마구치현에서는 『토쿠야마신문(德山新聞)』의 차별 기사에 대한 항의 행동이 일어나는 등 전국에서 부락민의 참여가 보인다. 이들은 후쿠오카의 '하카타마이니치 사건'처럼 격화한 것에서부터 시작하여 부락민 대회의 개최, 동맹휴교와 재판 등의 수단에 호소하는 등 다양하게 대응하였다. 이 가운데 1921년의 교토역 앞 차별사건은 가해자에게 사죄광고를 게재하게 하는 등 교토에서의 첫 '규탄'이라고 평가된다. 한편 나라현 호라 부락의 이전이 강행된 것도 1918년부터 20년에 걸쳐서였다. 쌀소동은 정부·내무성에 충격을 주어 처음부터 보도통제를 포함하여 다양한 방법이 동원되었는데, 그 가운데서도 소동에 많은 부락민이 참가했다는 보도는 지금까지의 부락정책을 근본적으로 재검토하지 않을 수 없게 했다.

1919년 제2회 세민부락개선협의회의 개최(내무성 주최), 제1회 동정(同情)융화대회의 개최(제국공도회 주체), 후쿠이 사부로(福井三郎) 대의사(代議士)에 의한 '부락개선에 관한 건의'의 채택(제41의회), 또한 20년의 전국부락조사의 실시(내무성), 21년의 부락개선요강의 자문(내무성), 제2회 동정융화대회의 개최(제국공도회 주체), 부락개선과 차별적 호칭 폐지를 요구하는 건의 채택(제44의회) 등 쌀소동을 계기로 정부의 움직임은 지금까지와는 달리 활발해졌다. 그리고 일시적으로 활동이 소원했던 제국공도회, 야마토동지회, 키타무라 덴자부로(北村電三郎), 마츠이 미치히로 등 부락의 유력자가 적극적으로 여기에 협력하였다.

그중에서도 제1회 동정융화대회에서는 내무성을 시작으로 관민의 유력자, 사회사업가, 부락의 유력자가 참가하였으며, 부락 유력자들은 대회 이후 부락대표자위원협의회를 열고 정부에 대한 청원을 정리하였다. 여기에는 키타무라, 마츠이 외에 이전에 관제 개선정책과 일정하게 거리를 둔 오카자키 쿠마키치(岡崎熊吉), 아카시 타미죠, 이후에 수평사의 위원장에 취임하는 미나미 우메키치(南梅吉) 등도 참가했다.

이른바 쌀소동을 계기로 행정 개입을 진척시키려고 하는 사람들이 대동단결한 형태였지만, 사실은 부락 대중의 광범위한 참가에 대하여 지금까지 부락을 통괄해온 유력자가 위기감을 가진 결과라고도 할 수 있다.

한편, 제1차 세계대전 이후 민족자결주의의 발흥, 러시아 혁명의 성공, 세계적인 민주주의운동의 고양은 일본에서 다이쇼 데모크라시를 발생시켰다. 부락 문제에 대한 관심도 강해져 역사학자 키다 사다키치(喜田貞吉)가 이민족 기원설을 부정하는 등 차별의 사회적 책임을 인정하는 사고방식이 나타났다.

또한 나라현의 사카모토 세이치로(阪本清一郎)와 사이코 만키치(西光万吉)의 츠바메회(燕会, 1919년), 와카야마현의 직행회(直行会, 1921년), 교토의 미나미 우메키치, 후쿠오카의 마츠모토 세이치로 등의 치쿠젠 규혁단(叫革團, 1921년), 도쿄의 히라노 쇼켄(平野小剣) 등 전국 각지의 부락 청년들에 의한 새로운 운동이 고조되었으며, 전국적인 해방운동의 필요성에도 눈을 뜨게 되었다. 청년들은 학습을 반복하는 가운데 로망롤랑,

톨스토이 혹은 사노 마나부(佐野学)의 「특수부락민 해방론(特殊部落解放論, 1921년 7월호의 『해방』에 게재된 논문. 해방의 원칙으로서 노동자 계급과 함께 부락민 스스로가 일어나고, 사회개조를 통해 실현시키자는 주장)」 등 사회주의, 무정부주의, 전투적 자유주의 등의 사상과 만났다.

이러한 가운데 만들어진 야마토동지회 기관지 『메이지의 빛』의 구독자 명부를 바탕으로 전국에 발송한 것이 수평사 창립 취지서 『밝은 내일을 위하여(よき日の為めに)』이다.

4. 수평운동의 성립

전국수평사의 창립

앞에서 본 것처럼 1920년대 초반에 부락의 유력자와 내무성 사이에서 부락 문제 해결을 위한 움직임이 활발해졌다. 그러나 1922년 지금까지의 운동과는 다른 색채를 띤 운동이 등장했다. 전국수평사의 등장이다.

다이쇼 데모크라시가 절정인 가운데 제1차 세계대전 이후 불황과 군비 축소의 움직임 속에서 1920년에는 일본 최초의 메이데이가 거행되었고, 수평사 창립의 다음 달에는 일본 최초로 농민의 전국단체=일본농민조합이 결성되었으며, 또한 부인참정권운동도 활발해졌다. 인간의 자유·평등·사랑이라는 휴머니즘 정신이 높이 주창되고, 톨스토이, 마르크스, 크로포트킨, 러셀, 모리스 등 다양한 외국의 사회사상이 읽히며, '개조

(改造)'와 '해방'을 주장하는 잡지가 널리 유행한 시대였다.

1922년 3월 3일에 마침내 전국 수평사 창립대회가 열렸다. 장소는 교토시 오카자키(岡崎)공회당. 후에 발간된 기관지 『수평(水平)』은 각지에서 온 참가자를 3천 명 이상이라고 보도하고 있다. 열기에 넘친 회의장에서 강령·선언·결의가 낭독되었다.

'전국에 산재하는 우리 특수부락민(特殊部落民, 러일전쟁 이후 행정용어로서 널리 사용된 부락의 호칭. 이 용어에는 부락민을 다른 일본인과 구별하는 차별의식이 있었다. 현재에도 일반 사회와 다른 사회라는 의미로 비유적으로 사용되고 있으며 차별을 조장하는 결과를 낳았다)이여 단결하라'는 호소로 「선언」은 시작한다. "지금까지의 부락에 대한 은혜적 시도는 아무런 효과도 없었으며 이것은 인간 모독이었고 오히려 많은 형제들을 추락시켜 왔다. 지금은 인간 존경의 정신을 기초로 한 우리들 자신에 의한 해방운동이 일어났다. 학대 받아온 동안에도 인간의 피는 마르지 않았다. 희생자·순교자로 살아온 것을 지금은 자랑할 때가 왔다. 인간 세상의 차가움과 동정을 잘 알고 있는 우리들은 마음에서부터 인생의 열과 빛을 원구예찬(願求礼讚)한다"고 논하고, 마지막을 "수평사는 이렇게 하여 탄생했다. 인간 세상에 열정(熱)이 있고, 인간에게 빛(光)이 있다"고 소리 높여 맺고 있다.

「강령」에는 '인간성의 원리에 각성한 인류 최고의 완성을 향해 돌진한다'고 하는 운동의 숭고한 정신을 제시하고, 철저한 규탄, 동서 양 혼간지(本願寺)에 대한 교섭 등의 시도를 결의했다. 자주·자립정신의 표명과 인간을 예찬하는 숭고한 기세는 부락해방운동에 신시대가 도래했음을 참가자에게 알렸으며, 그들은 감격에 떨었다.

〈창립 시 강령〉

1. 우리들 특수부락민은 부락민 자신의 행동에 의해 반드시 해방을 기약
   한다.
1. 우리들 특수부락민은 반드시 경제적 자유와 직업의 자유를 요구하고
   획득할 것을 기약한다.
1. 우리들은 인간성의 원리에 각성한 인류 최고의 완성을 향해 돌진한다.

이후 교토, 사이타마(埼玉), 미에, 나라, 오사카 등 각지에서 지방 수평
사가 창립되었다. 창립 후 겨우 1년 사이에 28개의 단체가 탄생했다고
한다. 본부는 교토에 두며 초대 위원장에는 교토의 미나미 우메키치가
취임했다. 또한 당초에는 본부와 각 수평사와의 관계와 본부의 위원장·
간부·각 수평사 위원장의 권한 등이 정해지지 않았으며 조직으로서의
모습도 갖추어지지 않았다. 미나미 위원장을 시작으로 히라노 쇼켄(平野
小劍), 사이고 만키치, 쿠리스 시치로(栗須七郎), 야마다 코노지로(山田孝
野次郎) 등이 전국을 순회하면서 각지의 대회와 연설회에서 차별철폐를
주장하였다.

창립 후 사이고 만키치에 의해 제안된 형관기(荊冠旗)의 디자인은 지
금도 부락해방동맹의 깃발로 사용되고 있다. 검은색 바탕에 붉은색으로
예수의 수난과 순교를 상징하는 가시 면류관을 묘사하여 스스로의 힘으
로 해방을 희구하는 결의를 표현한 푸른 대나무 죽창을 깃대로 했다. 각
수평사에서 깃발이 만들어졌고, 대회가 있을 때에는 무대에 깃발을 도열
하였다.

일본 부락의 역사—차별과 싸워온 천민들의 이야기

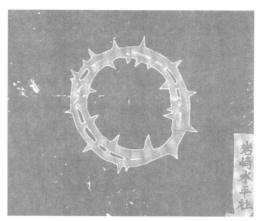

나라현 이와자키(岩崎) 수평사의 형관기

차별 규탄투쟁

창립대회에서 결의한 '철저한 규탄'방침은 바로 각지에서 실행에 옮겼다. 차별적인 언사와 행동으로 모욕한 자에 대하여 그 잘못을 지적하고 사죄를 요구했다. 지금까지 차별을 당연한 것처럼 생각해온 차별자 측에서는 정색하거나 사죄서 작성을 거부하는 경우가 많았으며, 이 때문에 이웃한 부락에서 도움에 나섰다.

그런데 군대 내에서는 이전부터 특히 차별이 심했기 때문에 다음 해의 제2회 대회에서는 육해군 대신에게 군대 내 차별에 관한 항의서를 보내기로 결의하였다. 동서 혼간지(本願寺)도 수평사로부터 개혁을 요구받았다. 이 교단에는 많은 부락민이 신도로 있었는데, 현세에서의 평등 실현보다 정토왕생을 설파하여, 빈곤하지만 신앙이 두터운 부락민에게서 극락정토에 가기 위한 기부금을 모아 그들의 생활을 더욱더 압박하는 면이 있었다. 대회의 결의는 이러한 관계를 문제시한 것으로 양 혼간지에 대하여 20년간의 재산 모집 거부가 통지되었다.

또한 혼간지 교단에는 상납금의 액수에 따라 사원의 격을 결정하거나 승려의 좌석과 옷 색깔을 규정하는 제도(堂班衣體)가 있었는데, 나라현 고죠쵸(五条町)의 주직(住職) 히로오카 치교(広岡智教)는 수평운동의 일환으로 당반(堂班)제도와 옷 색을 폐지하고 시조 신란(親鸞)이 착용한 검은 옷을 착용하려는 흑의동맹(黑衣同盟)을 조직하였으며, 재산 모집 거부운동에 참가하였다. 그리고 시조 신란의 사상은 평등주의적이며 교단은 신란에게 돌아가야만 한다고 열심히 설교하였다.

수평사 창립 이후 2년간 운동은 발전을 계속하였다. 각지에서 수평사가 창립되었으며, 차별적 언동에 대한 규탄이 이루어졌다. 그러나 차별규탄투쟁의 고양은 권력의 탄압과 민중의 적의와 반발을 샀다(그림1 참조).

창립 직후 1922년 5월에 나라현의 다이쇼 소학교에서 아동의 차별적 발언에서 규탄투쟁이 전개되었는데, 경찰은 소란죄를 적용하여 키무라 쿄타로(木村京太郎) 등 수평사 동인을 기소했다.

나라현의 스이코쿠(水国) 투쟁사건은 특히 규모가 큰 사건이었다. 1923년 3월에 사죄를 요구하는 수평사와 차별자 측에 가담한 주민들과의 대립에 우익단체인 국수회(国粋会)가 개입하여 마침내 수평사와 국수회, 재향군인 등 양쪽에서 각각 약 천 명이 죽창과 권총을 들고 충돌하여 수평사 측에서 중상자 2명이 나왔다. 이 사건으로 검거된 사람 수에서나 판결의 경중에서나 수평사에는 무겁고, 국수회에는 가벼운 차별이 행해졌다.

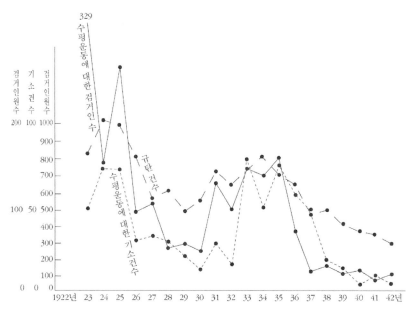

그림1·규탄건수, 수평운동에 대한 검거인원수, 기소건수

内務省警保局, 『社会運動の状況』에서 작성.

1925년에는 군마현(群馬県)에서 세라타(世良田)사건이 일어났다. 수평사의 규탄에 대하여 우선은 사죄를 약속한 촌민이 약속을 저버리고 미리 나누어준 '수평사에게 규탄을 받은 자가 있으면 촌민의 협력으로 이를 비호하여 사건을 해결하자'고 하는 합의를 통해 3천 명이 결집하여 23호의 작은 부락을 습격한 사건이다. 집 안은 파괴되고 부락민은 중경상을 입었다. 이 사건에서도 경찰은 습격을 방관하였으며, 재판소는 습격한 측보다도 습격당한 측의 죄가 무겁다는 차별적인 판결을 내렸다(주요 사건은 278쪽의 표1을 참조할 것).

수평운동의 분열

1923년 11월에 일본공산당 창립 멤버인 타카하시 사다키(高橋貞樹), 키시노 시게하루(岸野重春) 등을 중심으로 전국수평사청년동맹(통상 전수청년동맹으로 약칭)이 결성되었다(이후에 전국수평사무산자동맹으로 개칭). 그들은 마르크스주의의 사회관, 역사관에 입각하여 부락차별의 원흉은 자본주의 사회이며, 현재의 사회를 계급투쟁에 의해 변혁함으로써 부락은 해방된다고 설파하여 청년들의 사상, 나아가서는 수평운동의 근본방침에 커다란 영향을 미쳤다. 러시아를 혁명으로 이끈 레닌 등의 볼셰비키파와 동일한 부류라는 점으로 이들은 수평사 내의 '볼셰비키파(보루파)'라고 칭한다.

그들은 수평사의 조직형태 정비, 동일한 피착취 계급인 노동자·농민운동과의 연대투쟁 추진, 보통선거를 향한 무산정당(구체적으로는 노동농민당)의 지지라는 방침을 표방했다. 지금까지의 철저한 투쟁방침에 대해서는 계급투쟁을 우선으로 하는 관점에서 부정적이었다. 또한 자파의 방침에 찬성하지 않는 창립 시기부터의 간부와 아나키스트파(아나파)를 배제하고 수평사의 주도권을 장악하려고 하였다.

이러한 와중에 도와(同和)통신사의 엔도 테츠오(遠島哲夫)가 사실은 경시청의 스파이였으며, 수평사 간부에게서 정보를 획득하고 있던 것이 발각되어 1923년 12월에 전수청년동맹(全水靑年同盟)의 멤버가 중심이 되어 미나미 우메키치 위원장의 파면, 히라노 쇼켄의 제명, 간부 총사직을 결정했다(遠島스파이 사건).

이 사건 이후 수평사에서는 볼셰비키파가 주도권을 확립하여 본부를 자파세력이 강한 오사카로 이전하고, 다음 해의 제4회 대회에서는 규약을 개정하고 조직 형태를 정비하였으며, 위원장에는 볼셰비키파의 방침에 동조적인 마츠모토 지이치로(松本治一郎)가 취임하였다. 나아가 다음 해인 1926년의 제5회 대회에서는 강령 가운데 '인간성의 원리에 각성하여'라는 문구가 삭제되었으며 계급투쟁을 강조하는 항목이 첨부되었다.

〈1926년 제5회 대회에서 개정된 강령〉(굵은 글씨는 개정된 부분, 이후 동일함)
우리들은 인류 최고의 완성을 기대하고 아래의 여러 항목의 수행을 기한다.

1. 우리들 특수부락민은 부락민 자신의 행동으로 절대적인 해방을 기한다.
1. 우리들 특수부락민은 절대적인 경제적 자유와 직업의 자유를 사회에 요구하여 획득을 기한다.
1. **우리들은 천시관념의 잔존 이유를 알고 있기 때문에 명확한 계급의식 위에서 그 운동을 진전시킨다.**

한편 수평사 창립기에 내건 이상주의적 사상에 찬성하여 철저한 규탄 방침을 지키려 한 사람들은 '순수 수평운동'의 타당성을 주장하여 볼셰비키파에 대항하였으며, 1925년 10월에 전국수평사청년동맹을 결성하였다. 다음 해 청년동맹 속의 아나키스트파가 전국수평사해방연맹을 결성하였으며, 또한 미나미 우메키치는 1927년 1월에 보수적 경향이 강한 일본수평사를 결성하였다. 이렇게 하여 수평사 내부적으로는 볼셰비키파와 이들에 가까운 본부파, 본부에 비판적인 해방연맹파의 두 부분으로 나누어지고, 외적으로는 수평사와 일본수평사로 분열되었다.

반볼셰비키파 사람들은 차별적인 언행에 대한 규탄을 중요한 문제로 보았는데, 예를 들면 교과서 속의 차별적인 문장에 대하여 문부성과 각 지방 당국에 항의하는 행동의 중심을 형성하였다. 1927년에 키타하라 타이사쿠(北原泰作)는 군대 내의 차별에 항의하기 위해 천황에게 직소하는 사건을 일으켰는데 키타하라를 지원한 중심은 아나키스트파의 사람들이었다.

여러 운동과의 연대

보통선거법 성립이 일정에 오르자 1924년 전수청년동맹은 무산정당 조직준비위원회에 가입하여 곧 일본농민조합(일농), 일본노동조합평의회와 함께 노동농민당(노농당)의 지지기반이 되었다. 계급투쟁 방침을 취하는 볼셰비키파는 노동운동이나 농민운동과의 연대에 적극적인 자세를 보였다.

전국적으로 부락 농민은 소작농이 많았으며, 일농의 지부가 만들어져 소작쟁의가 전개된 지역도 있었다. 미에현에서는 수평사와 일농의 합동 기관지(『愛国新聞』)가 발행되는 등 양자가 표리일체가 되어 투쟁을 전개했지만, 한편으로는 부락 외의 소작농민의 참여가 어려워지는 문제도 안고 있었다. 일농 내부의 부락차별은 엄연히 존재하였으며 일농 본부가 일농조합원에게 차별하지 않도록 권고할 필요도 생겼다. 또한 피혁, 성냥 등 많은 부락민이 취업해 있는 산업에서도 노동운동과 수평운동과의 연대가 보인다.

그 외에 아나키스트 계열이 중심인 나가노, 사이타마 등에서는 농민자치회와 수평사의 연대가 보인다. 도쿄에서는 피혁공, 인쇄공 등의 노동조합을 수평사 동인이 지도했다고 한다. 또한 부락 출신자와 재일조선인이 많이 일하고 있던 비료공장 등에서는 함께 쟁의에 참가하였다.

수평사 창립의 다음 해에 조선에서 결성된 피차별 민중(백정)의 해방운동 단체인 형평사와의 교류에 대한 움직임도 1930년대 경까지 있었지만, 식민지 지배라는 벽을 넘어 결실을 맺지는 못했다.

탄압과 조직통일

1926년 6월에 상관의 차별적 언사로 시작된 후쿠오카 연대(連隊) 차별규탄투쟁에서는 군 당국에 대해 사죄와 강연회 개최를 요구했다. 이에 대하여 군과 경찰은 마츠모토 지이치로 위원장 등을 폭파음모용의로 검거하였다. 사실무근임에도 불구하고 12명에게 유죄판결이 내려졌으며, 마츠모토는 한동안 옥중에 갇히게 되어(1929년 5월~1932년 1월) 수평사는 위원장 부재 상태였다.

같은 해 정부는 집단에 의한 폭력행위를 엄하게 처벌할 것을 목적으로 한 「폭력행위 등 처벌에 관한 법률」을 제정하였으며 창립 이래 각지에서 전개된 규탄투쟁에 대한 탄압 자세를 정비하였다. 이후 이 법률은 종종 수평운동에 대하여 적용되었다. 나아가 공산당을 시작으로 좌익운동 관계자가 치안유지법 위반 혐의로 대량으로 체포되었다. 1928년 3·15사건, 1929년의 4·16사건에서 볼셰비키파의 주요 멤버가 검거, 기소되었으며 수평사 본부는 타격을 입었다.

한때는 들불처럼 각지에 퍼지던 수평운동이었는데 조직의 분열 대립 등으로 점차 쇠퇴해갔다. 이러한 가운데 열린 1928년 5월의 제7회 대회는 본부의 사무가 불비한 것으로 인하여 혼란한 상황에서 해산되었기 때문에, 이를 대신하여 동년 7월에 나라현 타카다죠(高田町)에서 '부현대표자회의'가 열렸다.

이 회의에서는 지금까지의 볼셰비키파 주도의 계급투쟁 제1주의 운동방침을 비판하고 차별관념 철폐와 생활권 옹호를 위해 부락민의 독자적인 해방투쟁을 목표로 한 새로운 운동방침이 채택되었다. 계급투쟁 제1주의나 규탄 강조가 아니라 생활에 뿌리내린 현실적인 부락해방 투쟁방침을 제시함으로써 통일을 향한 첫발을 내디뎠다.

다음 해 11월에 아나키스트파의 해방연맹은 해체를 선언하였으며 구 해방연맹의 일부 구성원 가운데는 별도의 행동을 취하는 자도 있었으나 우선 여기서 수평사 내부의 통일이 이루어졌다.

동애회(同愛会)와 전국융화연맹

수평사의 창립은 주변에 여러 가지 파문을 던졌는데 그중 하나가 동애회의 변화이다. 동애회는 수평사가 창립되기 전인 1921년에 부락 출신의 이노우에 헤하치로(井上平八郎), 중의원의원 야나기타 모리지로(柳田守次郎) 등에 의해 창립된 융화단체이다. 회장에 취임한 아리마 요리야스(有馬頼寧)는 경제적 원조를 비롯하여 적극적으로 동애회의 활동에 관여하였다. 자본가와 화족에게서 자금 원조를 받았으며, 각지의 강연회에서 '사랑'으로 융화하는 사회 실현을 강조하였다. 도쿄 부근의 부락민도 많이 참가하였다.

아리마는 수평사 창립 이후 수평사를 적극적으로 지원하였다. 그는 수평사의 주장에 의해 지금까지 자신이 외쳐왔던 사랑에는 존경이 동반되지 않았음을 알게 되었다고 반성하였다. 그리고 이후의 융화단체는 수평운동의 자매운동으로 일반 사회의 잘못된 차별관념을 타파하는 작업에 힘써야만 한다고 주장하게 된다. 아리마는 수평사가 주최한 강연회의 강사로 초빙된 적도 많았다.

수평사에 대한 동애회의 호의적인 자세는 많은 융화단체에서도 보인다. 동애회와 수평사에 호의적인 융화단체의 주장은 수평사는 부락민에 의한 운동이고, 융화단체는 일반 사회를 대상으로 반성을 요구하는 운동이니 더불어 제휴하자는 분업협력론이다. 그러나 곧이어 수평사 본부가 볼셰비키파의 영향 하에 놓이면서 융화단체 배격 경향을 강화하자 제휴가 곤란한 상태가 되었다. 이러한 상황에서 융화단체 측에서도 일반 사회를 향한 계몽활동만으로는 한계를 느끼는 자가 나와, 융화단체는 독자적으로 부락해방을 위한 국가적 정책수립을 요구하는 운동을 추진하였다.

1925년 2월에 동애회의 제안에 따라 전국융화연맹이 창립되었다. 그 정신은 창립선언의 "아, 인간의 따뜻함을 희구하는 동포여! 인간의 원구예찬(願求礼讚)도 사회의 공존공영도 이것은 우리들의 열과 힘이다"라는 문장에 보이는 것처럼 수평사의 영향을 강하게 받았다.

전국융화연맹에는 전국의 비교적 자주적인 융화단체의 대부분과 수평사에 대항적인 관제 융화단체, 중앙사회사업협회가 가맹하였는데, 동애회와 중앙사회사업협회가 중심이 되었다. 융화단체에 대한 보조와 교육사업에 대한 장학원조, 주택개량과 이주·이전의 장려 등에 필요한 연간 300만 엔 이상의 예산지출을 요구하는 청원서가 의회에 제출되어 귀족·중의원의 양원에서 채택되었다. 또한 초당파적 의원들로 이루어진 융화문제연구회가 발족한 것도 이 운동의 성과 중 하나이다. 그러나 청원채택에도 불구하고 내무성의 지방개선비는 약간 증가하는 것에 그쳐 융화연맹 창립의 정신도 흐지부지되었다.

중앙융화사업협회의 설립

이전에 정부는 쌀소동에 부락민이 대거 참가한 것에 놀라 부락개선비를 계상했었는데, 수평사 창립 이후인 1923년도에 그 액수는 전년에 비해 배로 늘었으며 육영장려사업도 개시되었다. 또한 내무대신은 「인습에 의한 차별적 편견을 없애고 지방개선 사업에 진력하여 국민상애(国民相愛)의 결실을 올려야만 하는 건」에 대한 훈령을 발표하였으며 중앙사회사업협회 속에 융화사업을 담당하는 지방개선부를 두었다. 이후 미요시 이혜지(三好伊平次), 이마이 카네히로(今井兼寛)가 전속이 되어 상연회 개최와 기관지 간행 등의 사업을 담당하였다. 분명히 확대되고 있던 수평운동에 대한 대응책이었다.

설치 당시의 지방개선부는 전국융화연맹에 가입하는 등 동애회와 협조하는 자세를 취했는데, 내무성은 자신의 통제 하에 강력한 융화기관을 둘 것을 목표로 하여 1925년 9월에는 지방개선부를 폐지하고 중앙융화사업협회를 창립하였다. 회장은 히라누마 기이치로(平沼騏一郎)로, 사무소는 내무성 내에 두었다.

히라누마는 차별철폐는 일본이 열강이 되기 위해서는 필요하며, 또한 차별철폐는 건국 이래 군민일체의 정신에 따른 것이라고 논하는 등 동애회와 그 외의 자주적인 융화단체와는 상당히 다른 사상을 가지고 있었다. 중앙융화사업협회는 전국융화연맹에 가맹하라는 권유를 거부하고 대립적인 태도를 취하였다.

1927년에 동애회는 아리마 회장의 경제 사정으로 활동력이 약화되자 중앙융화사업협회에 흡수되었으며 동애회를 지지하고 있던 전국융화연맹은 해산할 수밖에 없었다. 이렇게 하여 중앙융화사업협회는 전국에 있는 융화단체의 최상위에 서게 되고, 지방의 융화단체는 지부와 같은 취급을 받게 되었다. 또한 흡수 시에 동애회에서 카와카미 마사오(河上正

雄), 야마모토 마사오(山本政夫)가 이적하였다. 중앙융화사업협회는 히라누마 회장의 황실중심주의 노선에 따라 메이지절(11월 3일)을 전국 융화의 날로 정하였으며 쇼와천황 즉위를 기념하여 전국융화단체연합대회를 대대적으로 개최하였다.

투쟁하는 아이들과 육영장려

각지에 수평사가 창립되어 규탄투쟁이 전개되는 가운데 특히 많았던 사건은 소학교를 무대로 하는 것이었다. 부락 외 아이들의 차별적 발언과 이것과 관련하여 차별적으로 대응하는 교사 등이 규탄의 대상이 되었으며, 이전부터 교사에 의한 차별―좌석배치와 수업참가에 대한 차별적 취급 및 아동에 대한 상벌의 차등이 지적되고 있었다. 이러한 가운데 수평사는 차별에 굴하지 않고 투쟁에 즈음하여 동맹휴교의 전술도 사용하였다.

행정기관에서는 수평사의 운동 때문에 지금까지의 융화 상태가 무너졌다고 받아들이고 규탄이 일어나면 학교는 곧바로 경찰에 연락하고, 수평사의 요구에는 응하지 말며 '교권'을 지키라고 통지하는 등 규탄대응책을 세웠다.

또한 앞서 논한 것처럼 수평사에 대응하여 지방개선비가 증액되었는데 중심적인 부락개선사업의 하나가 육영장려사업이었다. 중등학교(현재의 고등학교) 이상의 진학자에 대하여 육영보조금을 지급하는 것이었는데, 여러 가지 사정으로 중도에 퇴학하는 자가 많았으며 또한 가장 강하게 희망한 고등소학교(지금의 중학교) 진학자에 대한 보조금은 1936년까지는 없었다. 수평사는 육영사업에 대하여 부락의 유능한 청년을 수평운동에서 격리시키기 위한 방책으로 보고 반대하였다. 육영장려사업 외에 각지의 융화단체에 의한 강습회에서 중견 청년 육성 등의 방책도 세웠다.

5. 불황 하의 수평운동

당시의 사회 상황

1929년 10월에 미국 월가의 주식시장에서 주식의 대폭락으로 시작된 세계공황은 자본주의 각국에 파급되었다. 일본에서도 1930년부터 공황이 시작되었다. 수출 주력 상품이었던 생사(生絲)는 가격이 폭락하고, 수출양이 격감하여 누에고치 공급농가의 경제를 파멸적인 상황으로 몰고 갔으며, 그 외의 농산물 가격 역시 쌀을 시작으로 일제히 하락했다. 공업 부문에서도 생산제한에 따라 실업자가 늘어났으며 실질임금의 인하가 이루어졌다.

이러한 상황에 대하여 1931년 말에 취임한 타카하시 고레기요(高橋是清) 대장성(大蔵省) 장관은 이전 하마구치(浜口) 내각의 긴축재정과는 대조적인 적극책을 강구하여, 군사비의 증액 외에도 토목사업을 일으켜 농민에게 취로의 기회를 부여한다는 시국구제사업을 재정정책의 중심으로 하였다. 1932년도 예산의 시국구제비는 1억 4천만 엔이 계상되었다. 동시에 '자력갱생'의 기풍을 일으켜 경제갱생을 꾀하기 위하여 농촌경제갱생운동이라는 정신주의적 운동도 전개하였다.

1931년 9월 18일에 관동군은 류조호(柳條湖)사건을 일으켜 '만주'사변에 돌입하였다. 이후 '만주국'의 건국, 5·15사건(1932년), 2·26사건(1936년)으로 계속된 군부의 쿠데타 사건 속에서 일본은 침략전쟁의 길로 나아갔다.

그 사이 일본공산당 등의 좌익운동에는 점차로 혹독한 탄압이 가해졌으며 국가주의와 농본주의운동이 활발해졌다. 이것과 병행하여 일본경제는 '만주'사변 이후의 군수와 적극재정으로 공황에서 탈출하였다.

부락의 궁핍과 수평사

공황은 일반인보다도 경제기반이 약한 부락에 특히 커다란 타격을 안겨주었다. 영향의 크기는 몇 가지 통계로 알 수 있다. 당시 부락 전체의 80%를 점하고 있던 농업을 주로 하는 부락에서는 소작농이 과반 이상을 점하고 있었으며(전국 평균의 2배), 경지면적은 일반 농가의 반 조금 넘는 영세 상태로, 농업 외의 일용노동과 가내부업을 통한 수입에 크게 의존하고 있었다. 그러나 기대고 있던 부업도 신발 관계의 제조업이 생산량이 감소하고, 가격이 하락함으로 인하여 심각한 타격을 받았다. 어촌부락에서도 생선 가격의 폭락으로 궁핍한 상태에 내몰렸다.

도시부락에서는 농촌부락으로부터 유입되는 인구가 증가하였으며, 일용노동자의 반실업화, 신발수선료의 하락 등 이전에 비해 궁핍함이 심해졌다. 피혁제조업에서도 생산액이 감소하여 많은 종업원이 해고되어 쟁의가 일어났지만, 1934년 이후는 군수의 증대로 인하여 활황으로 바뀌었다.

앞서 논한 것처럼 1929년에 수평사는 부락민의 생활권 옹호를 위한 투쟁을 진행한다는 새로운 운동방침을 내세워 조직적인 통일을 꾀하였는데, 1931년에는 새로운 운동방침에 따라 강령을 개정하고 생활권 탈환투쟁방침을 명기했다.

〈1931년 확대중앙위원회에서 개정된 강령〉

1. 우리들은 천시관념의 존재 이유를 알기 때문에 명확한 계급의식 위에서 그 운동을 진전시킨다.
1. 우리들 특수부락민은 생활권의 탈환과 정치적 자유의 획득을 기한다.
1. 우리들 특수부락민은 부락민 자신의 행동으로 절대적인 해방을 기한다.

그러나 마츠모토 위원장이 옥중에 있는 동안 조직과 재정의 곤란 등으로 운동의 침체, 조직의 쇠퇴에서 빠져나가기가 어려웠으며, 본부는 거의 형태만 존재하고 있는 실정이었다. 이 시기가 수평사의 역사상 운동이 가장 침체된 시기였다.

부락민의 생활권을 지키기 위한 해고 반대, 임금삭감 반대, 소작료 경감, 입회권 획득 등의 투쟁은 각지의 수평사, 노동조합, 농민조합 등에 의해 개별적으로 이루어지고 있었기 때문에 수평사의 조직적인 운동이라고 말할 수 없다. 수평사의 활동가 중에서 노동운동, 농민운동의 담당자로 전출하는 자도 증가하였다.

한편, 1925년 이후 감소 경향에 있던 차별규탄 투쟁은 조금씩 증가 경향을 보이기 시작했다. 더구나 납세거부와 동맹휴교 등의 조직적인 저항행동을 취하거나 차별자 본인 이외에 학교 당국, 행정 당국의 사회적 책임을 추궁하는(오카야마현 코세소학교 차별사건) 등의 새로운 특징이 규탄투쟁에 추가되었다.

수평사 해소론의 등장

수평사운동의 저조, 특히 본부의 어려운 상황과 활동가의 노동조합, 농민조합으로의 전출은 당시 공산주의운동의 이론과 결합하여 일부의 동인에게 수평사의 존재를 의심하게 하여, 아사다 젠노스케(朝田善之助), 키타하라 타이사쿠(北原泰作), 노자키 세지(野崎淸二) 등에 의한 수평사 해소론이 1931년의 제10회 대회에 제안되었다.

수평사 해소론이란 부락민의 해방은 자본주의 타도에 의해 달성되며, 자본주의 타도를 위한 계급투쟁의 발전을 위해서는 수평사와 같은 부락민만의 단체는 다수의 국민을 적시하는 배외주의의 기초가 되기 때문에 불필요하다, 수평사를 해소하여 부락의 노동자 농민을 계급투쟁으로 조직해야만 한다는 의견이다. 그 배후에는 코민테른과 일본공산당의 계급투쟁에 관한 정세 인식이 있었다.

대회에서는 수평사의 필요성을 주장하는 이즈노 리키죠(泉野利喜蔵)와 아사쿠라 쥬키치(朝倉重吉) 등의 반대로 수평사 해소론은 채택되지 못하고 다음 해의 중앙위원회에서도 막 출옥한 마츠모토 지이치로의 반대로 채택되지 않았다. 그러나 해소반대파의 측에도 현상을 타개할 구체적인 방책이 없어 해소론은 계속 논의되어 이후 약 2년간 수평사 내에 해소파와 비해소파가 나란히 존재하게 되었다.

융화운동의 전환

중앙융화사업협회로 통합된 융화운동의 내부에서는 침체된 수평운동에 대하여 점차로 부락민을 융화운동의 담당자로 세우려고 하는 '내부자각'운동 이론이 성행하였다. '내부자각'이란 부락 내부의 사람이 차별을 받고 있다는 사실을 자각하여 인간 예찬 정신을 깨달을 필요성을 논할 때 활용된 단어이다. 부락민 대상의 수평운동과 일반 사회 대상의 융화운동이라는 이전의 분업론에서 부락민까지도 대상으로 하는 융화운동으로 변하였다.

나아가 1929년경부터는 융화운동이야말로 부락해방운동의 중추가 되어야만 한다, 중앙융화사업협회의 야마모토 마사오(山本政夫)를 중심으로 융화단체도 차별규탄에 참가하여 수평사를 대신하는 존재가 되어야만 한다는 의견이 지배적이었다. 운동에 필요한 젊고 유능한 담당자를 양성하기 위하여 중앙융화사업협회에서는 1929년 10월에 전국 각지의 청년을 모아서 1개월간의 장기 융화사업 종사자 강습회를 개최하였다. 강연 후 수강자들에 의해 각지에서 연맹과 동맹이라 칭하는 청년조직이 결성되었다.

그러나 부락경제가 궁핍한 상황 아래서는 융화운동이 정신적인 자각을 강조하는 '내부자각'운동의 단계에 머물 수는 없었다. 이 시기를 즈음하여 야마모토 마사오는 정신주의에서 탈피할 필요를 제기하였다. 부락의 여러 산업이 공황 속에서 불리한 상황에 놓여 있다는 것을 분명히 하여, 부락경제를 지키고 발전시키기 위한 유리한 구체적 방책 없이는 '내부자각'을 진전시킬 수 없다고 논하였다.

부락의 경제 상황에 대한 위기감은 융화운동 전체로 확대되어 1931년 2월의 제2회 전국융화단체연합대회에서는 경제 문제가 가장 중요한 과제로 논의되었다. 여기서 융화운동은 지금까지의 반성과 사죄의 정신적 운동에서 완전히 탈피하여 부락민의 생활에 착목한 자세로 변화하였다. 그러나 문제해결에 필요한 국가의 지방개선사업비는 1932년도 하마구치(浜口) 내각의 긴축방침을 반영하여 감소되었다.

적극정책으로 전환한 타카하시(高橋) 재정 아래에서 1932년도의 시국광구비(時局匡救費) 중 부락에 대해서 '지방개선응급시설비'로 150만 엔이 계상되었다. 지금까지의 지방개선비와 합쳐서 237만 엔을 넘어 전년의 약 5배로 급증하였는데 주로 도로, 하수도의 토목사업에 충당되었다.

동시에 국민운동인 농촌경제갱생운동에 대응하여 중앙융화사업협회

일본 부락의 역사―차별과 싸워온 천민들의 이야기

를 중심으로 부락경제갱생운동이 전개되었다. 이 운동에는 어려운 부락 경제의 재건을 정신주의적인 노력으로 이루어내려고 하는 경향이 강했다. 지도자 강습회의 개최를 통한 중견의 양성, 전국 48만의 '모범지구'에서 경제갱생계획의 실험 등이 실시되었다.

그림2 · 지방개선사업비의 추이

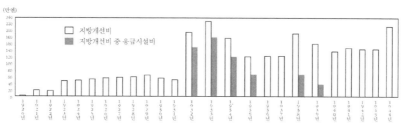

부락위원회 활동의 제기

1932년에 수평사가 해소론을 둘러싼 대립 때문에 활동이 침체해 있었을 때 규슈연합회 특히 후쿠오카현 연합회는 전년부터 실시해온 생활권 옹호를 포함한 니시다(西田) 구정(區政)차별규탄투쟁의 연장선상에서 지방개선응급시설비의 획득과 유용 폭로의 문제를 전현에 제기하였다. 그 과정에서 개선비의 사용권을 행정당국의 손에서 부락민의 손으로 획득하기 위해서는 수평사원 이외의 사람들을 포함한 부락 전체의 모임을 열고 그 가운데서 실행위원을 선정하여 행정당국에 요구하는 전술이 유효하다고 생각하게 되었다.

이 경험이 1933년의 제11회 대회에서 부락민위원회 활동으로 제기되었다. 해소파도 규슈연합회의 실천에서 발생한 이 방침에 주목하여 대회에서 즉시 해소론을 주창하지 않고 부락민위원회 활동의 제기에 동조하였다. 부락민위원회가 충분히 전개되면, 부락 대중에 의한 계급투쟁으로까지 발전하여 언젠가 수평사가 발전적으로 해소된다고 생각했기 때문이다.

이렇게 하여 부락민위원회 활동을 전술적으로 전개함으로써 부락민의 경제적 요구와 생활적 요구를 쟁취한다고 하는 새로운 운동방침이 결정되었고, 여기서 해소파와 비해소파는 방침이 일치하여 생활권 옹호 중시의 투쟁방침이 채택되었다. 부락민위원회 활동은 1934년에 부락위원회 활동으로 개칭하여 점차로 운동의 기본적인 전술로 정착해 간다.

타카마츠(高松) 차별재판 규탄투쟁

1933년 6월에 타카마츠 지방재판소에서 차별재판 사건이 일어났다. 카가와현(香川県)의 부락 청년이 장사를 하던 도중에 알게 된 미성년의 여성과 동거한 것을 유괴죄로 연행하였다.

예심의 종결결정서는 부락 출신임을 여성에게 알리지 않았기 때문에 유괴죄가 성립한다고 하였고, 공판에서도 검사가 "특수부락민이면서 자신의 신분을 감추는" 등 '특수부락'이라는 말을 반복해서 사용하여 유죄판결이 내려졌다. 제도적으로 폐지된 신분 호칭이 재판의 장에서 등장하였다. 공판 방청인들의 연락으로 카가와현 연합회는 각지에 진상보고 연설회를 개최함과 동시에 수평사 본부에 연락하여 응원을 요청하였다.

본부에서는 막 제기된 부락위원회 활동 방침에 따라서 투쟁을 전개할 것을 정하고 '신분적 천시 관념에 의한 차별재판 판결을 취소하라!' '시로우즈(白水) 검사 및 예심판사, 재판장을 면직하라!'는 구

「차별판결 취소 청원대 행진」포스터

호를 결정하고 활동을 개시하였다. 차별재판의 진상이 알려지면서 각지에서 연설회와 강연회가 열려 차별재판에 대한 분노가 공유되었으며, 오랫동안 침체되었던 수평운동은 다시 활력에 찼다.

8월 28일의 차별재판 규탄 전국부락민 대표자 회의(오사카)에서는 후쿠오카에서 도쿄까지 걸어서 차별재판 취소 요구 청원 행진이 결정되었지만, 도보행진이 금지되어 각 현의 대표로 구성된 청원대는 10월 1일에 부득이 기차로 하카타(博多)를 출발하여 연선 각지에서 연설회를 개최하면서 동쪽으로 진행하여 19일에 도쿄에 도착하였다. 도쿄에서는 피고의 석방과 관계 사법관의 파면을 요구함과 동시에 부락민의 생활을 옹호하기 위한 지방개선응급시설비의 전액 국고부담 등 부락개선사업의 추진을 요구하였다. 11월에는 청원대를 나누어 계속하여 지방연설을 행하였

다. 그 사이 많은 노동단체와 무산정당이 규탄투쟁을 지지하고 적극적으로 응원활동을 행하였다.

투쟁의 결과 피고는 형기보다 일찍 석방되었으며, 시로우즈 검사는 교토의 후쿠치야마구(福知山区) 재판소로 좌천되었는데 이곳에서도 규탄받아 후쿠시마(福島)로 전보되었다. 판결은 취소되지 않았지만, 이 차별재판 규탄투쟁에 의해 수평사는 많은 부락민을 조직하여 운동의 침체를 극복하였다. 해소파의 사람들이 부락 문제를 부락 고유의 차별문제로 투쟁해야 하는 중요성에 대하여 확인했다는 의미도 크며, 수평사 해소론은 이 시점에서 거의 소멸되었다.

새로운 운동의 전개

타카마츠 차별재판 투쟁의 고조에 의해 자신감을 배가시킨 수평사는 부락위원회 활동을 기본으로 하는 지방개선비 획득운동으로 나아갔다. 1934년 7월의 「부락위원회 활동에 대하여」에서 부락위원회 활동을, 차별의식을 조장하는 원인의 하나인 부락의 저급한 실태의 개선, 신분적 편견에 의한 취직, 임금, 결혼, 거주 등의 차별철폐를 목적으로 부락 대중의 다양한 불평불만과 일상의 여러 가지 요구를 거명하여 투쟁하는 일상투쟁으로 인식하여 부락에서 후견인 활동을 중시했다. 그리고 지방개선비에 의한 사업을 차별에 대한 배상으로서 정부에 요구하여 부락민에 의한 운용을 목표로 하였다.

이 시기의 주요한 투쟁 중 하나로 효고현(兵庫県) 사치요(幸世) 마을의 차별구제(區制) 규탄투쟁이 있다. 1934년에 송이 채취와 관련한 차별사건을 계기로 이나카구(井中区)의 아코(赤穂)부락에 대한 차별을 해소하기 위해 부락민대표자 회의를 열고 동맹휴교 등 전 부락을 통한 대중 투쟁을 전개했다. 그리하여 청년단과 부인회 가입의 평등, 입회권의 평등, 강습회의 개최 등 아코부락 측의 전면적인 승리를 쟁취하였다.

또한 지금까지의 규탄은 주로 노동자와 농민 등 부락 주민의 주변에 있는 사람들을 향해 있었기 때문에 민중들 간의 대립이 발생하기 쉬웠으며, 수평운동의 고립을 자초하는 원인 중 하나였다. 그러나 이때부터 회사와 공적인 입장에 있는 자를 투쟁 대상으로 하여 사죄요구와 더불어 이후의 계몽 노력을 약속하게 하는 방향으로 해결하려는 적극적인 방침이 정착하게 된다.

예를 들면, 1934년의 키시와다(岸和田)방적 차별규탄 투쟁에서는 계속되는 차별적 낙서를 받은 부락 출신 여공에 대한 회사 측의 사죄와 함께 회사에 계몽기관을 설치하는 것을 조건으로 해결했다. 「여공만다라」 등의 차별적 영화에 대한 규탄투쟁에서도 차별철폐의 소책자 배포와 촬영소 내 계몽위원회의 개설 등이 약속되었다. 사토(佐藤) 육군 중장의 차별사건에서는 상층 신분의 사람이 가진 차별성을 폭로함으로써 부락 측과 부락 외의 양 대중 간에 융화를 꾀하는 방향이 의식적으로 추진되었으며, 또한 군대 내의 차별철폐 정책을 수립시키는 투쟁으로 발전했다.

타카마츠 재판 이후의 투쟁은 수평사 독자의 존재 의의를 실천적으로 보여주었으며, 또한 투쟁의 진행 방식에 따라서 노동자, 농민과 연대할 수 있음을 보여주었다. 융화운동의 활성화와 사회운동에 대한 탄압의 강화 속에서 광범위한 대중의 이해 위에 서서 더불어 차별철폐를 실현하자는 생각을 당시의 수평사는 '인간적 융화'라는 말로 표현하였다.

또한 차별규탄 투쟁을 규탄투쟁에 그치지 않고 지방개선응급시설비 획득, 증액 등의 생활권 옹호 투쟁으로 연결하려는 노력으로 인하여 수평사는 부락 대중에 뿌리내릴 수 있는 투쟁을 전개하는 길을 개척하였다.

한편, 이러한 생활권 옹호에 눈을 돌린 방침은 이전에는 적대시되었을 뿐인 부락개선비획득 투쟁의 중요성을 고양하였으며, 지금까지 단독으로 개선비를 취급해온 융화단체의 활동과 접점을 만들었다. 이때부터 융화단체의 간부와 수평사의 간부가 차별철폐 강연회에 동석하는 광경이 많이 나타나게 되었으며, 각지의 생활 옹호 투쟁의 장에서도 보조를 같이 하기 시작했다.

더욱이 전쟁으로 치닫는 시대를 배경으로 일찍이 1934년의 시점에서 수평사 창립 멤버였던 사카모토 세이치로, 요네다 토미(米田富), 사이코 만키치가 대일본국가사회당의 결당에 참가하여(기관지 『가두신문(街頭新聞)』) '군민이 하나로 착취 없는 고차원의 천국'이라는 이상사회 실현을 군부에 기대했다. 수평사는 대일본국가사회당을 비판하여 사카모토 등과 대결하는 자세를 취했다.

일본 부락의 역사-차별과 싸워온 천민들의 이야기

반파시즘 투쟁의 모색

1936년 1월의 의회 해산에 따라 총선거가 실시되었다. 지방개선응급시설비 폐지 반대, 지방개선비 증액요구 투쟁을 주장해온 수평사는 마츠모토 지이치로를 내세워 선거에 임했다. 마츠모토는 부락민의 이해에 관련된 정책뿐만 아니라 실업자 보호법, 최저임금법의 제정 등 광범위한 대중의 요구를 대표하는 정책을 발표하였으며, 2월 10일에 당선되었다. 군부 대두의 계기가 된 2·26사건이 일어나기 6일 전이었다.

2·26사건 이후 군부의 진출에 의해 증대된 파시즘의 위협에 대하여 수평사와 마츠모토는 의회 내외에서 반파시즘을 내걸었다. 파쇼세력은 자신의 정치적 야심을 위해서 전쟁 열기를 부추기고 있다고 비판하면서, 부락민에 대하여 파쇼에 이용되지 말고 증세와 군비확장에 반대하며 해방운동에 참가하도록 독려하였다. 또한 중앙과 각 부현에서 분열 상태에 있던 무산정당 진영의 전선통일 실현에 힘을 쏟았다.

많은 국민에게 수평운동에 대한 이해를 구하는 계몽활동도 강화하였으며, 9월에는 『인민융화의 길(人民融和への道)』을 발간하여 더불어 손잡고 살기 좋은 사회를 만들자고 사람들에게 호소하였다. 일반 대중과 위정자를 차별자로 취급하지 않고 차별해소를 이해할 수 있는 존재로 인식하여 호소한 점이 주목된다. 이 팸플릿은 사토 중장 규탄투쟁의 해결책 가운데 하나로, 사토가 서명하고 군대 내에 배포하는 등 이후의 차별사건 해결에 계몽용으로 활용되었다.

1937년 3월의 제14회 대회에서 강령이 크게 변경되었다. 종래의 '명확한 계급의식' 규정은 보다 많은 부락 대중을 결집시키기에 부적합하며, '부락민 자신의 행동'에 대한 규정도 국민 각층으로부터의 고립을 자초하기 쉽다고 하여 삭제되었다.

〈1937년 확대중앙위원회 이후의 강령〉

우리들은 집단적 투쟁을 통해 정치적, 경제적, 문화적 전 영역에서 인민적 권리를 옹호, 신장하고 피압박 부락 대중의 절대적인 해방을 기한다.

제14회 전국대회(1937년 3월, 도쿄)

일본 부락의 역사―차별과 싸워온 천민들의 이야기

융화사업완성 10개년 계획

지방개선응급시설사업은 수평사의 투쟁과 융화운동 측의 폐지반대 진정운동에 의해 1년 연장되어 1935년도까지 4년간 실시되었다. 그러나 일부에서는 성과가 있었지만 전국 부락의 극히 일부에서 행해진 것에 지나지 않는다는 사실이 널리 인식되어, 보다 계획적이고 조직적인 사업의 필요를 요구하는 주장이 수평사와 융화운동 단체에서 고양되었다.

1935년 6월에 융화단체가 모인 전국융화사업협의회에서 「융화사업에 관한 종합적 진전에 관한 요강」과 그 구체적 계획인 「융화사업완성 10개년 계획」이 결정되었다.

「요강」은 부락 문제의 해결을 위해서는 부락민의 자각을 동반하는 경제적, 사회적, 문화적 향상 발달을 꾀하는 것을 주로 하고, 일반 사회에 대한 계몽활동을 종으로 할 것, 산업경제 시설의 확충이 우선이며, 다음으로 교육, 문화, 환경개선 시설 확충을 진척시킬 필요가 있다고 설명하고 있다. 「10개년 계획」은 농사조합, 공동작업장, 인보관(隣保館), 공동목욕탕 등의 설치, 주택, 도로, 급배수의 개량, 진학의 장려 등 10년간 총 5천만 엔을 넘는 장대한 계획이었다.

그러나 결정된 1936년도 지방개선비는 전년도와 거의 같은 124만 엔으로, 「10개년 계획」 초년도 분의 겨우 1/5에 지나지 않았다. 융화사업가 중에는 지방개선응급시설사업의 종료 후에도 전년과 같은 액수가 지출된 것에 감사해야 한다는 이들도 있었지만, 너무 적은 액수에 실망과 불쾌감을 드러낸 사람도 있었다. 이리하여 간사역을 맡은 야마모토 마사오 등 중앙융화사업협회의 멤버들은 사직하였으며, 융화운동은 한 시대의 막을 내렸다.

수평사는 마츠모토의 당선 후에도 의회 내외에서 많은 지방 부담이 필요한 지방개선비의 전액 국고부담과 연간 천만 엔 이상의 지출을 요구함과 동시에 부락의 희망사업을 부락이 실시하고, 개선비의 분배 교부를 부락대표자회의에 일임하라는 요구를 내걸었으며, 차별규탄 투쟁과 결합한 형태로 투쟁을 전개하였다.

융화교육의 추진

수평운동의 침체 속에서 계급투쟁 방침에 따라 몇 곳의 수평사에 혁명 러시아에서 소개된 무산소년단이 결성되었다. 1930년의 코세(厚生)소학교 차별사건을 계기로 조직된 오카야마현 니시고리(錦織) 무산소년단은 3년생 이상의 아동으로 편성되었으며, 차별사건 이후에도 동맹휴교, 전단지 배포, 연설 등 주체적으로 활약한 것으로 유명하다.

중앙융화사업협회는 설립 직후부터 강습회 개최, 소책자의 배포, 사범학교에서 융화교육 강습 등 적극적으로 융화사상 선전활동을 진행했다. 점차로 교육계에서는 소학교에서의 융화교육의 필요성과 국정교과서 기술 내용에 대한 재검토가 논의되었으며, 각지에서 융화교육연구회가 발족하였다.

당시에 논의된 융화교육론은 차별 관념을 병원균으로 보고 감염을 예

　　　　　　일본 부락의 역사－차별과 싸워온 천민들의 이야기

방하고, 감염되었으면 조기에 뜯어내라는 논의가 대세를 점했다. 또한 융화운동 내에서는 무산소년단의 영향을 받아 부락 아동에게 학력과 일반 도덕뿐만 아니라 차별의 존재와 불합리성을 가르치고 장래의 융화운동 담당자로 키우려고 하는 움직임도 있었다.

1932년에 문부성은 차관 통첩 「국민융화에 관한 건」을 발표했다. 내용은 총괄적인데 문부성이 융화교육의 중요성을 표함에 따라 융화교육의 추진을 도왔다고 할 수 있다. 다음 해에는 문부성, 내무성, 융화단체 관계자, 교육 관계자 등에 의해 융화교육조사위원회가 발족했다.

1934년에 발표된 융화사업에 관한 교육적 방책요강은 지금까지 논의되어온 융화교육론의 집대성으로, 천황의 적자로서 국민은 평등하다는 사고에 기초하여 '인습적 차별관념'을 근절하고 '철저한 자각에 기초하여 동상(同上)발전의 정신'을 함양하자는 것이었다.

6. 전시체제 하의 운동과 정책

전쟁과 부락의 실태

1937년 7월 7일에 중일 양국은 전면적인 전쟁을 개시하였다. 일본군은 남경에서의 대학살을 시작으로 중국 각지에서 잔학한 행위를 반복하여 침략 행군을 계속하였다. 국내에서는 '거국일치, 진충보국, 견인지구(堅忍持久)'의 슬로건 하에 전쟁을 위해 국민을 교화하는 국민정신총동원운동(이하 정신운동으로 약칭)이 개시되었으며, 다음 해에는 국민총동원법에 의해 사람도 물자도 정부의 권한으로 운용할 수 있도록 되었다.

1941년에는 미국에게 선전포고를 행하고 중일전쟁에서 태평양전쟁으로 전장은 한꺼번에 확대되었다. 그러나 이윽고 각지의 전투에서 계속하여 패하면서 본토 공습도 시작되었으며 사태는 미국의 오키나와(沖縄) 상륙, 패전으로 이어졌다.

그 사이에 점차 늙은이도 젊은이도 모두 징병과 징용으로 전선과 군수공장으로 내몰렸으며, 식량과 의료품 등의 공급은 인보조직을 통한 배급제로 바뀌었다. 학생은 수업을 대충하고 공장과 전장으로 보내졌으며 마침내는 소학교 아동의 강제 소개(疏開)로 이어져 국민생활 전체가 파탄하였다.

1940년에는 모든 정당이 해산되고 정치조직은 대정익찬회만 존재했다. 서구의 식민지 지배에서 아시아 제국을 해방하고, 공존공영의 신질서, 대동아공영권을 건설하려고 한 슬로건 하에서 전쟁수행 체제에 비협력적인 자에 대한 압박은 점점 더 강해졌다.

1937년 9월의 중앙융화사업협회의 조사에 의하면, 부락의 농가 대부분은 규모가 영세하였으며 그 외의 산업을 포함하여 부락 호수의 8할 가까이가 '잉여가 없는 가구', 즉 가계가 적자였다고 한다.

원래 힘들었던 부락민의 생활은 전쟁의 장기화에 따라 타격을 받았는데, 특히 피혁에 대한 통제가 심한 영향을 받았다. 원료의 9할을 점한 수입 원피는 군수 중심의 대규모 업자에게 배급되었으며 민간 수요 중심인 부락의 영세업자는 원피 부족에 직면했기 때문이다. 영세업자는 일본피혁공업조합연합회를 설립하여 배급 확보에 노력했지만, 성과를 올리지 못하고 심각한 타격을 받았다. 더욱이 1942년에는 피혁산업의 기업통폐합으로 대기업을 제외한 848개 업자가 23개로 통폐합되었다. 그 사이에 많은 피혁산업 종사자가 실업 상태에 놓였다.

통제경제로 행상 등이 불가능해진 가운데 구두 수선업자, 신발 수선업자가 증가했다. 원래 불안정한 업종이라 경쟁 상대의 증가에 따른 공동 도산을 막고, 다른 산업에서 전업해 오는 것을 방지하기 위해 연합회를 결성하여 자위를 꾀하였다.

거국일치와 융화행정

전쟁수행을 위한 '거국일치'의 슬로건은 부락차별 해소 시책의 촉진을 요구하는 이유가 되었다. 1937년의 개전 직후에 중앙융화사업협회의 히라누마 회장은 각 부현융화단체장에 대하여 "이즈음에 특히 차별적인 편견의 제거에 진력하고 혼연 융화의 결실을 올리기 위해 노력할 것" 등을 요구하는 통첩을 보냈다. 그리고 중앙융화사업협회는 융화사업과 '거국일치'의 정동운동은 그 취지가 일치한다는 이유로 국민정신총동원 중앙연맹에 참가했다.

또한 1938년 1월에 후생성의 신설과 동시에 내무성 사회국이 폐지되었으며, 융화행정은 후생성 사회국이 담당하였다. 초대 후생대신 키도 코이치(木戸幸一)는 후방의 완벽을 기하기 위하여 융화행정에 더 한층 힘을 쏟도록 각 부현에 훈령을 내렸다.

이 시기에 나온 경제정책 가운데 하나로 피혁관계자에 대한 구제가 있다. 중앙융화사업협회는 군수품의 민간 발주와 군수용 공장으로의 이직자 수용 등을 육해군에 요구함과 더불어 피혁 업자에 대해서는 인내를 요구하였으며, 전업과 '만주'이민의 길을 제시했다. 또한 '만주'이민이 국책으로서 본격적으로 추진됨에 따라 중앙융화사업협회에서는 시찰단의 파견과 이주를 위한 기반조성 등의 적극적인 부락민 이주책을 제출하였다. 심각한 상황에 있던 피혁 관계 업자를 주요한 대상으로 했지만, 실제로는 농업자가 중심이었다.

더욱이 실업대책의 일환으로서 1938년도부터 지방개선응급시설사업을 부활시켜 67만 8,800엔의 예산을 계상했다. 전업을 위한 자금 대여, 전직자에 대한 지원금 급여와 훈련비 보조, 실업자를 위한 토목공사 등이 주요한 사업이었다.

자원조정사업

중일전쟁 발발 후 전쟁기에 결정된 융화사업완성 10개년 계획은 현실에 맞지 않는다고 하여 1939년에 개정되었다. 이전에는 부락 문제의 해결을 제1의 목적으로 했지만, 이번의 개정요강에서는 "황국 일본의 진정한 자세를 체현하여 신동아건설의 국책에 즉응하기 위한" 융화사업이라고 하여 국가를 위한 사업임을 명기했다.

구체적인 시책으로 부락민들의 '만주'이주와 군수·수출산업으로의 전업, 10호 이하의 소지구의 분산, 농촌으로부터의 유입인구를 받아들이는 도시부락의 정비 등 인구 배치의 재조정을 중심으로 한 융화정책이 제시되었다. 적자가 대다수인 부락의 상태를 개선하기 위해서는 적은 자원에 비하여 많은 인구를 '만주'이민과 전업에 의해 이동시키면 된다는 사고가 나타나 있다.

1940년이 되면 이러한 사고방식에 의한 시책이 자원조정사업이라는 이름으로 적극적으로 시행되었다. 중앙융화사업협회는 우선 전국의 25지구를 특별지도 지구로 지정하여 자원조정지도원 훈련강습회를 개최하는 등 '만주'이민을 중심으로 한 자원조정사업에 착수하였다.

'만주'로 가면 광대한 토지를 소유하여 농업이 가능하다고 하는 꿈을 가난한 소작농들에게 퍼트렸으며, 더욱이 부락민에게는 '만주'로 가면 차별에서 해방된다는 꿈도 추가하였다. 지구 지정을 받고 전국에서 최초로 '만주'로 이민을 실시한 쿠마모토현 쿠타미죠(来民町)의 부락에서는 1942년부터 45년까지 4년간에 2백 수십 명이 '만주'로 건너갔으며, 패전 직후 집단자결로 대부분이 사망한 비극이 일어났다.

융화촉진사업

전시 하에서도 군대와 군수공장 등에서의 차별사건은 끊이지 않았는데, 거국일체의 필요상 차별사건이 많이 발생하는 것은 심히 염려스러운 것으로 취급되었다. 여기서 융화관념을 철저히 하기 위해 자원조정사업과 함께 융화촉진이 모색되었다. 부락회(隣組), 청년단, 국방부인회 등의 여러 단체와 협력하여 국민에게 융화관념을 각인시키려고 한 것이다.

문부성은 1938년 초두에 문부대신 훈령「국민융화에 관한 건」을 발표하고 교육 관계자에게 '국민일체 동포융화'의 결실을 올릴 것을 요구하였다. 1938년에 융화교육연구지정교 제도가 실시되었으며, 장려금으로 간행된 지정교의 보고서는 아시아 지도자로서의 국민의 육성, 대륙으로 발전해가는 기개 교육 등 시대를 반영한 것이었다.

1940년에는 문부성 내에 융화교육연구회가 발족되어 문부성이 발행한 『국민융화의 길(国民融和への道)』(1941년)은 현 시국에서 부락 문제 해결을 대동아신질서 건설상의 문제로서 논하였다. 그러나 다른 한편, 차별의 이유를 인습적 차별 관념과 부락의 생활 상태와의 상호적인 관계로 보고 일반적인 도덕교육 이외에 차별철폐를 위한 특별한 교육적 배려의 필요성을 논하는 등 합리적인 면을 가진 내용이었다. 이렇게 하여 융화교육의 담당자는 점차로 문부성의 손으로 넘어갔다.

더욱이 지금까지 융화교육에 반대해온 수평사는 다음에서 논하는 것처럼 '국민융화' 방침으로 전환함과 더불어 융화교육의 철저한 실천으로 교육방침도 변경했다.

일본 부락의 역사−차별과 싸워온 천민들의 이야기

수평사의 방침 전환

반파시즘 투쟁과 지방개선비 투쟁을 계속해온 수평사에게 1937년 3월에 본부 서기국장의 체포는 커다란 충격이었다. 공산당 재건 계획에 관계했다고 하는 용의였다. 간부가 동요하는 가운데 7월에는 중일전쟁이 시작되었다. 드디어 9월의 확대중앙위원회에서 '비상시의 전국수평사운동'이라는 제목의 신방침을 정식으로 결정하고 중일전쟁은 유감이지만 여기까지 온 이상 "국민으로서 비상시국에 대한 인식을 정확하게 파악하여 '거국일치'에 적극적으로 참가하여야 한다"고 논하고 거국일치를 위해서는 차별철폐를 지향하는 방침으로 전환했다.

이 시점에서는 아직 전쟁의 단기간 종결을 예상한 일시적인 방침 전환의 의도였다고 한다. 그러나 계속해서 인민전선 사건으로 반파시즘 투쟁 관계자가 체포되었고, 미에현의 아사마(朝熊)에서 구제(区制)차별에 대항하여 투쟁하던 사람들도 체포되었으며, 전쟁 장기화의 암운이 드리워지자 거국일치 체제 아래에서 진정으로 부락 문제는 해결될 수 있는 것이 아닌가라는 생각이 커졌다.

마츠다 키이치(松田喜一)는 파시즘 단체인 대일본청년당에 입당하여 동 당의 방침에 기초하여 수평사 내에서 활동했다. 수평운동은 '일본, 만주, 중국을 주축으로 하는 동양신평화기구'의 확립이라는 일본의 사명에 따라 전진할 필요가 있으며, '만주'이민을 적극화해야 한다는 마츠다의 주장은 1938년 2월의 중앙위원회에서 인정되었으며, 전시체제에 대한 전면적인 협력을 주창한 새로운 성명서가 작성되었다. 또한 당시 마츠모토 지이치로의 비서였던 키타하라 타이사쿠도 부락민이 국가에 충성할 시기가 왔다고 외치게 되었다.

1938년 6월의 확대중앙위원회에서 승인된 강령개정안, 운동방침대강안, 선언안은 새로운 성명서의 취지에 기초하여 키타하라가 작성한 것이었는데 이전의 강령에 있었던 '집단적 투쟁' '인민적 권리' '피압박 부락 대중의 절대적 해방'이라는 문구는 모두 사라지고 국가를 위한 '국민융화'라는 방침을 제시하였다.

〈1938년 확대중앙위원회 이후의 강령〉

우리들은 국체의 본의에 기초하여 국가의 흥륭에 공헌하고 국민융화의 완성을 기한다.

운동방침에서 강조된 '협동조합운동'은 수평사 조직과는 별도로 농사실행조합과 공업조합, 상업조합 등을 조직하여 지금까지의 개인 본위 생활을 그만두고 공동 본위의 생활을 하자는 운동으로 총력체제기에 협력하는 경제갱생을 목적으로 하였다. 이러한 노선 위에서는 수평운동의 독자성, 필요성은 축소되었다. 수평사 안에서는 수평사 해소론이 재차 부상했다. 더욱이 일본 수평사의 산하에 있던 칸토(関東) 수평사는 이해 3월에 해산을 선언하고 형관기를 소각했다.

일본 부락의 역사─차별과 싸워온 천민들의 이야기

부락후생황민운동

전환 이후 1938년 11월에 제15회 대회가 열렸다. 이전의 대회와는 달리 국가정책에 협조적인 분위기가 지배적이었다. 이러한 분위기의 배경에는 화족(華族)계의 우두머리 코노에 후미마로(近衛文麿)를 중심으로 한 국가혁신의 가능성에 대한 기대가 있었다. 각종의 신당결성운동이 일어나 '동아신질서' 건설의 성명이 나오는 등 사회변혁에 대한 환상을 공유하는 상태였다.

대회 의안 가운데 '후방 부락후생운동에 관한 건'에서는 부락의 경제 재건을 위한 전업과 여러 협동조합의 조직화, 수평사와는 별도로 후방 부락후생 전국협의회를 설치하는 것이 제창되어 가결되었다. 또한 '부락차별 규탄 방법에 관한 건'에서는 지금까지의 전국 수평사 제1주의를 넘어서 융화단체와 협동할 것, 규탄보다 계몽 교화를 중심으로 하는 방침이 가결되었다.

다음 해 수평사 간부인 키타하라 타이사쿠, 노마키 세지, 마츠다 키이치 등 이전의 해소론자와 원래 중앙융화사업협회의 야마모토 마사오, 나루사와 히데오(成沢英雄) 등에 의해 부락협동체 조직의 재편성 등을 연구하는 기관인 타이와회(大和会)가 결성되었다. 수평사의 중심이었던 멤버가 이전에는 대립하고 있던 융화운동의 구활동가와 손을 잡고 분파활동을 개시하였다. 차별에서의 해방=천황 아래서의 만민평등은 국민생활을 협동조합으로 조직하는 협동주의에 의해 실현 가능하다고 생각한 그들은 각자의 고향에서 협동주의적 활동을 전개하였다. 그들에게 있어 부락차별 문제를 강조하는 수평사는 어느새 걸림돌이 되어 버렸다.

1940년 4월에는 타이와회가 분열하여 수평사 계열의 사람들은 부락후

주요한 부락해방운동 단체 계통표(전전)

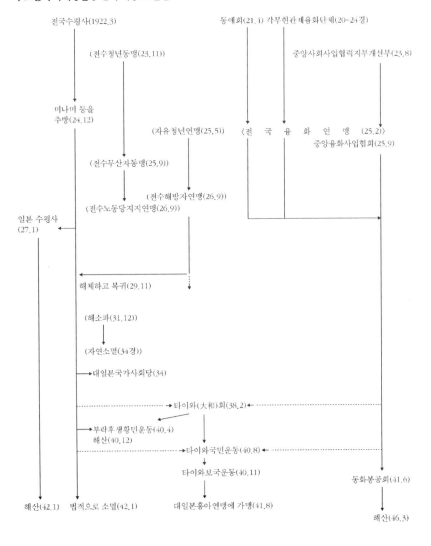

　　　　　　　　　　　　　일본 부락의 역사—차별과 싸워온 천민들의 이야기

생황민운동 전국협의회 준비회를 열고 운동을 개시했다. 이들은 수평사는 부락 문제 해결에 걸림돌이자 해소해야만 하는 단체이며 수평운동도 융화운동과 더불어 새로운 국민운동, 황민운동으로 나아가 일군만민의 협동체 국가 건설을 통해 부락 문제를 해결해야 한다고 했다. 머지않아 조각되는 코노에 신체제운동이 기대를 모은 시기였다.

수평사는 수평사 해소를 주창하는 황민운동파를 제명했다. 제명된 사람들은 8월의 제16회 수평사대회(東京)와 같은 날 오사카에서 단독으로 회의를 열어서 대항했다. 참가자의 수는 내빈을 포함하여도 114명으로 소수였지만, 아사다, 노자키, 마츠다를 시작으로 오랫동안 수평사의 간부로 활동해온 사람들이 참가하였는데 여기서 수평사는 둘로 분열되었다.

타이와(大和) 보국운동

코노에 신체제 수립으로 차별철폐의 길을 기대한 것은 황민운동파만이 아니었다. 남은 자들도 기대감이 있었으며 아직 수평사 해소가 허용될 시기는 아니라고 반대하였다. 잔류한 간부는 수평사와 융화단체가 더불어 추진하는 새로운 운동=타이와 국민운동을 제창하였으며, 중앙융화사업협회의 일부 간부와 함께 연락기관 설치를 결정했다.

1940년 8월 28일(「해방령」 기념일)에 열린 전국 수평사 제16회 대회는 결과적으로 최후의 대회가 되었는데, 중앙융화사업협회를 시작으로 각 융화단체의 사람들도 내빈으로 초청되었으며 규모상으로는 성황이었다.

부락 문제는 '일군만민, 군민일체, 팔굉일우의 국체 원리에 어긋나는 반국가적 사실'로 해결의 긴급성이 논해져 수평사, 융화단체 쌍방이 국가의 신질서에 대응하여 '융화신체제'로 일원화될 필요가 있다고 하였다. 그렇기는 하지만, 전국 각지에서 전시 중에도 변함없이 차별사건이 일어나 거국일치를 선두에서 담당해야 할 국회의원과 검사, 융화단체 간부들의 차별사건도 계속되었다.

타이와 국민운동은 이윽고 타이와 보국운동으로 개칭되었으며 마침내 수평사와 중앙융화사업협회 각각의 해체, 합류를 통한 운동의 신체제 수립을 지향하였는데 양 단체의 우두머리인 마츠모토 지이치로와 히라누마 기이치로의 반대가 주요한 원인이 되어 실현되지 못했다. 결국 11월 3일의 타이와 보국운동발회식에서도 아직 수평사나 중앙융화사업협회의 해소 전망은 없었다.

그런데 수평사가 해소의 방향을 표명함으로써 황민운동파도 수평사와 더불어 해소를 통한 신체제로의 참가라는 동일한 주장을 내놓았다. 독자성을 잃어버린 황민운동파는 12월에 해산하였다.

동화(同和)봉공회

대정익찬회가 성립된 1940년은 초대 진무(神武)천황의 즉위에서 정확히 2천 6백 년에 해당한다고 하여 성대한 봉축행사가 이어진 해였다. 융화운동에서도 기원 2천 6백 년 기념 전국사회사업대회와 기원 2천 6백

년 봉축 전국융화단체연합대회가 열렸다.

전국의 융화활동가들 사이에서는 융화신체제를 희망하는 요구가 높아졌으며 대정익찬회의 기구에 맞추어 융화운동단체의 조직을 재편 정비하게 되었다. 중앙에 새로운 기구를 설치하고 그 통제 하에 각 부현 단위의 부현 본부를 설치할 것, 중앙기구의 간부에는 행정관청, 대정익찬회, 각종 단체 등의 관계자가, 부현 본부장에는 지사가 취임한다는 것이 결정되었다.

1941년 6월에 중앙융화사업협회는 동화봉공회로 개조되었다. '동화'라는 단어는 쇼와(昭和)천황 즉위의 '칙어' 가운데 '사람의 마음과 같이 (同じく) 민간의 풍속을 부드럽게(和し)'에서 채용한 것으로, 이후 '융화'를 대신하여 널리 사용되었다. 여기에 각 부현 융화단체는 동화봉공회의 부현 본부가 되었으며 동화봉공회—부현 본부—시정촌 지회—부락상회 (常會) · 지구 실행조합이라는 대정익찬회의 조직과 동일하게 중앙에서 말단까지 일관된 조직체계가 완성되었다.

수평사의 해소

결국 중앙융화사업협회는 동화봉공회로 단독 개조를 이루었으며, 수평사와 합체하여 타이와 보국운동을 진행하는 방향으로는 나아가지 않았다. 합류의 전망을 상실한 타이와 보국운동 내에서는 홍아운동으로 진행하려는 경향이 강해졌다. 부락 문제뿐만 아니라 일본인과 조선인의 융화문제와 아시아 여러 민족의 해방과 협화를 지향하는 움직임이다. 중국의 왕쟈오밍(汪兆銘)을 시작으로 한 아시아 각국 대표와의 선린관계가 선전되었으며 아시아 민족의 공존공영을 외치는 시대가 배경에 있었다.

수평사 위원장인 마츠모토 지이치로에게는 부락해방을 위해서는 수평사라는 단체가 필요하다는 강한 생각이 있었던 듯하다. 당시 마츠모토는 "차별의 고통은 피차별자가 아니면 알지 못한다"고 말했다. 타이와 보국운동에 협력할 심산은 아니었으며, 홍아운동에는 더욱 동의할 수 없었다. 마츠모토의 의지에 의해 수평사는 홍아운동화 하는 타이와 보국운동에서 이탈했다.

타이와 보국운동과 인연을 끊은 후의 수평사는 피혁관계의 통제 배급에 관련된 회사의 설립 등 부락민의 생활과 관련된 활동을 계속했다. 그러나 1941년 12월의 태평양전쟁 돌입 직후에 실시된 언론·출판·집회·결사 등 임시단속법에 따라 존속이 허용되지 않는 결사로 인정되어 자발적으로 해소하도록 강제되었다. 1942년 1월 20일에 존속허가원의 제출 기한이 지나서 수평사는 법적으로 소멸되었다. 3일 전에는 일본 수평사가 해산 신청서를 내었다.

패전과 동화봉공회의 해산

이후 부락 문제를 취급하는 조직은 동화봉공회뿐이었는데, 태평양전쟁 하의 경제·사회 상황의 악화 속에서 전직은 좀처럼 진척되지 않았다.

일본 부락의 역사-차별과 싸워온 천민들의 이야기

또한 '만주'이민을 주로 한 자원조정사업은 마침내 후생사업으로 개칭되어 노동력이 부족한 부락의 생활대책으로 변질되었다. 또한 도시부락의 환경개선계획도 실시하기 어렵게 되었다.

1945년 8월 15일에 많은 사람들의 생명과 인생을 빼앗아간 전쟁은 끝났다. 전중과 전후에 전투, 공습, 원폭, '만주'이민자의 집단자결 등으로 많은 부락민의 생명과 생활이 파괴되었다. 우연히도 이해는 1936년도부터 시작된 융화사업 완성 10개년 계획의 마지막 연도에 해당한다. 연도 말의 1946년 3월에 후생성은 각 도도부현(都道府縣)에 대하여 10년 계획의 동화사업은 상당한 성과를 올렸다는 이유로 동화사업비 보조 중단을 전했다. 이 통달과 더불어 동화봉공회는 해산하였으며 각 부현 본부도 해산하였다.

표1 · 수평사 관계의 주요한 사건 · 투쟁

년월	명칭	도도부현	내용
1913년 5월	다이쇼(大正)소학교 차별사건.	나라현	아동의 차별발언에 규탄투쟁을 전개한 수평사 동인이 소란죄로 기소됨.
1923년 3월	스이코쿠(水国) 투쟁 사건.	나라현	차별발언 후의 규탄·협상의 중재를 단절한 국수회와 부락 외의 주민이 수평사와 무장 대립함.
1923년 7월	타카자키구(高崎区) 재판소 사건.	군마현	차별발언을 규탄한 동인이 체포 기소되었기 때문에 동인 300여 명이 구(区)재판소에 들어가 건물을 점거하고 검사·판사를 규탄함.
1924년 3월~4월	도쿠가와 이에사토(徳川家達) 사작(辭爵) 권고 사건.	도쿄도	대회에서 결의한 토쿠가와 문중에 대한 항의를 무시한 도쿠가와 이에사토의 암살계획이 사전에 발각되어 관계없는 사람도 연좌되어 한 명이 옥사함.
1924년 11월	츠(津)중학교 차별 교과서 사건.	미에현	현립 초중학교에서 사용하고 있던 읽기 부교재 가운데 차별적인 문장에 대하여 현과 문부성에 항의함.
1925년 1월	세라타(世良田) 마을 사건.	군마현	차별발언으로 규탄 받은 자의 마을 사람들이 부락을 습격하여 방화, 파괴, 강탈, 폭행함.
1926년 3월	우스다(臼田)경찰서 차별 규탄투쟁.	나가노현	순사의 차별 폭행에 대하여 위신을 꺼려 사실을 부인한 경찰 당국을 규탄함.
1926년 1월~11월	후쿠오카 연대(聯隊) 차별규탄 투쟁.	후쿠오카현	연대 내에서 병사동맹을 결성하여 차별을 규탄하고 재향군인회에서 탈퇴하는 등 대중투쟁으로 발전하여 마츠모토 위원장 등이 원죄(冤罪)로 검거됨.
1926년~38년	아사쿠마구(朝熊区) 차별규탄 투쟁.	미에현	농민운동과의 공동투쟁과 동맹휴교로 구소유권의 재산, 입회권 등에 관한 구제(区制) 차별 해소를 위해 투쟁했지만, 인민전선 사건으로 대검거.
1927년 6월	츠(津)형무소장 차별 사건.	미에현	간수와 소장의 차별발언으로 차별자를 규탄함과 동시에 내무성, 사법성과도 교섭함.
1927년 8월	키리쿠시(切串)부락 습격사건.	히로시마현	차별사건을 기회로 부락 외 주민 400명이 부락을 습격. 2개월 후에 사건을 파악한 수평사가 경찰과 구장의 책임을 추궁함.

일본 부락의 역사—차별과 싸워온 천민들의 이야기

년월	명칭	도도부현	내용
1927년 9월	내무성 경보국장 보통 선거 팸플릿 차별규탄 투쟁.	전국	선거운동 단속 팸플릿의 차별적 문장을 규탄함.
1927년 10월	오키노노(沖野野)사건.	와카야마현	규탄의 결과 개최되어야 할 강연회가 무기한 연기되자 이에 항의한 쿠리스 시치로(栗須七郞) 등이 폭력행위로 검거됨.
1927년 11월	천황 직소사건.	아이치현	기후(岐阜)의 키타하라 타이사쿠가 나고야 연병장의 열병식에서 군대 내 차별에 대하여 직소하여 징역 1년의 유죄판결을 받음.
1930년 4월	토요바시(豊橋)연대사건.	아이치현	구두공 출신에 대한 중좌의 폭언에 대하여 연대는 사과했지만, 이후에 군기를 어겼다고 하여 수평사 동인이 중영창(重營倉, 하루에 6합의 보리밥과 물만 지급하며 침구도 없으며, 봉급도 감액됨−역자) 처분을 받았기 때문에 규탄투쟁을 전개함.
1930년 9월	코세(厚生)소학교 차별사건.	오카야마현	교사의 차별적 행동에 동맹휴교, 소년단 결성 등을 통해 학교와 촌 당국에 대한 규탄투쟁을 전개함.
1931년 3월	니시다(西田)부락 구정(區政)차별규탄 투쟁.	후쿠오카현	구소유재산, 입회권 등에 대한 구정의 차별에 대하여 동맹휴교, 납세거부, 관변단체 탈퇴, 부락민 대회 개최 등을 결의하면서 투쟁함.
1931년 10월~ 32년1월	키타나카(北中)피혁 쟁의.	효고현	키타나카 피혁의 노동쟁의로 타카키 무라타미(高木村民)의 강력한 지원 하에 쟁의, 동맹휴교, 태업 등의 전술을 전개함.
1932년 7월~ 10월	향촌장(鄕村長)차별 규탄사건.	오카야마현	부락만을 소다이카이(惣代会, 마을 공동체의 모임−역자)에서 배제한 촌장에 대하여 동맹휴교와 농민의 연대행동을 통해 규탄투쟁을 전개하여 완전한 승리로 해결함.
1932년 ~1937년	아사쿠사(浅草) 하쿠산(白山)신사 합사 차별규탄 투쟁.	도쿄도	혼재가 진행되고 있는 지역에서 신사의 합사문제로 유력 집안의 합사 방해에 대하여 규탄 투쟁을 전개함.
1933년 1월~ 11월	타카마츠(高松) 차별 재판 규탄투쟁.	전국적	부락 출신임을 밝히지 않고 결혼한 것을 유괴죄라고 한 차별적 판결에 대하여 청원행진을 감행하고 당국에 대한 책임추궁 및 전국적인 투쟁을 전개함.

년월	명칭	도도부현	내용
1933년 3월	하나조노(花園) 마을 차별 살인사건.	사이타마현	정적의 공격에 부락차별을 이용한 투서자인 촌장을 규탄하자 그 후의 대회 개최에 즈음하여 형관기의 사용을 둘러싼 살인사건.
1934년 9월~ 11월	이나카(井中) 구제(区制) 차별규탄 투쟁.	효고현	송이 채취 산의 입찰권을 둘러싼 차별로 부락 주민 모두가 동맹휴교, 촌세 납부 거부 등으로 투쟁하여 완전 승리로 끝남.
1934년 11월	「여인만다라」사건.	교토부	요시카와 에지(吉川英治) 원작 영화의 차별적 표현에 대하여 원작자, 감독, 영화회사, 원작을 연재한 신문사를 규탄함.
1935년 3월	교토시 우루하 겐류(漆葉見龍) 사회과장 차별사건.	교토부	융화사업 담당인 사회과장의 차별발언을 규탄함. 이후 과장은 수평사와 협력관계를 가짐.
1935년~ 37년	사토(佐藤) 중장 규탄 투쟁.	전국적	신문에 투고한 차별적 기사에 관하여 사토 키요카츠(佐藤清勝)와 신문사를 규탄함. 전국 수평사 팸플릿 『인민융화의 길(人民融和への道)』은 사토의 기증으로 배포됨.
1940년 4월	도우케 세이치로(道家齐一郎)의원 차별사건.	도쿄도	의회 보고 연설회 석상에서의 차별 발언을 규탄함. 사과하지 않는 도우케를 이모토 린시(井元麟之)가 구타하여 검거됨.

전 후

부락사 관계	세계의 인권
1946년 부락해방전국위원회 결성.	1948년 유엔이 세계인권선언을 채택함.
1949년 마츠모토 지이치로 등 공직추방.	1949년 인도가 헌법을 채택함.
1951년 올로망스 사건.	1951년 유럽이 인권조약을 채택함.
1953년 전국동화교육연구협의회 결성.	1955년 인도가 불가촉민제(범죄)법을 제정.
1955년 부락해방동맹으로 개칭.	1964년 미국이 공민권법을 제정.
1963년 사야마(狹山)사건 발생.	1965년 유엔이 인종차별철폐조약을 채택함.
1965년 동화대책심의회가 답신.	1972년 프랑스가 인종차별금지법을 제정함.
1968년 월경(越境)입학 반대 돌입.	1976년 국제인권규약 발효. 영국이 인권관계법을 제정함.
1969년 동화대책사업 특별조치법 성립.	1979년 유엔이 여성차별철폐조약을 채택함.
1973년 노동성, 전국통일응모서류 사용을 통달.	1989년 유엔이 아동권리조약을 채택함.
1975년 『부락지명총람』 차별사건 발생.	1990년 미국이 장애자법을 제정함.
1976년 호적법이 개정되어 호적의 열람이 제한됨.	1993년 유엔이 세계인권회의를 개최함 (1968년에도 개최).
1985년 부락해방기본법의 제정운동이 시작됨.	
1988년 반차별국제운동이 결성됨.	

일본 부락의 역사—차별과 싸워온 천민들의 이야기

시대개관

전후란 부락차별을 시작으로 다양한 차별과 인권침해의 불합리를 많은 사람들이 점차로 자각하여 차별철폐와 인권옹호를 위해 노력을 기울려온 시대라고 생각해도 좋다. 그리고 전후 일본의 정치, 사회의 존재 형태를 보여주고 있는 것은 일본국헌법이다. 헌법제정을 시작으로 한 패전후의 민주적 개혁은 평화롭고 자유, 평등한 사회를 만들어 가는데 획기적인 의의가 있었다. 그러나 헌법은 천황을 상징으로 남겨 놓는 등 일본사회에서 차별과 인권침해를 완전히 없앤 것은 아니었다. 또한 자본주의와 사회주의의 대립(냉전)이 격화됨에 따라 점령 하에 있던 일본의 민주화는 후퇴하였으며, 과거의 침략전쟁에 대한 반성도 애매하게 처리했다.

일본은 1950년대 전반에 '본토'의 독립을 이루고 전전과 거의 동일한 경제수준을 회복했다.

동시에 '자위대'의 이름으로 군대가 만들어졌으며, 미일안보조약으로 군사적으로 미국과 깊숙이 연결되어 헌법 제9조가 무시된 것처럼 전후 민주적 개혁으로 실현된 것의 일부는 후퇴했다. 이 시기에 헌법 개악을 저지하는 등 전후 민주주의는 일본에 정착되고 있었지만, 여기에서도 남겨진 문제는 결코 적지 않았다.

1950년대 후반에는 대외적으로 일소 국교회복과 유엔가입이 실현되었으며, 국내적으로는 '고도경제성장'의 시대에 들어갔다. 경제성장을 뒷받침한 커다란 요인 중 하나로 국내외의 다양한 차별에 대한 무관심과 인권 경시가 존재했다. 피차별자에게 희생을 강요하였으며, 그 위에서 일본은 '번영'을 누렸다.

1960년대 후반에 들어서서도 경제성장은 계속되어 일본은 경제대국이 되었으며, 급속하게 미국과 경제마찰이 심각해졌다. 베트남전쟁에도 깊이 관여하는 한편, 오키나와(沖繩)에 대한 행정권한이 일본으로 반환되었으며 중국과의 국교도 회복했다. 동시에 경제성장이 가져온 생활파괴에 대한 시민운동, 다양한 공해반대 투쟁, 차별 반대 투쟁, 대학투쟁, 베트남 반전 투쟁 등이 강화되었다. 1965년 이후 부락해방운동의 발전도 이러한 흐름의 하나였다.

그러나 1970년대 전반에 지금까지 계속되어온 고도경제성장이 끝나고 정치적인 반동화 경향이 발생했다. 현직 각료에 의한 야스쿠니(靖国) 신사 공식참배, 과거 일본의 침략전쟁을 미화하는 대신들의 발언이 이어졌으며, 차별사건도 빈발했다.

이러한 반동, 인권경시에 대하여 일본의 내외에서 강력한 저항이 일어났다. 이것은 전후 민주주의에서 배양된 힘이자 과거 일본의 침략전쟁에 대한 뿌리 깊은 저항이었다. 특히 1979년에 일본정부에게 국제인권규약을 비준시킨 것은 인권과 차별철폐운동에 커다란 힘이 되었다.

1980년대 후반에 세계는 새로운 시대를 맞이하였다. 1989년에는 소련연방이 붕괴되었으며 전후 45년에 걸쳐 계속된 냉전시대가 끝났다. 핵군축의 움직임이 진척되었으며, 인류적 가치, 인권을 최우선으로 하려는 움직임이 진전되었다. 일본에서도 이전에는 볼 수 없을 정도의 차별문제, 인권문제에 대한 관심이 높아졌으며 차별이 없는 새로운 사회에 대한 모색이 시작되었다.

그러나 한편으로 세계 각지에서 민족대립이 격화되는 모양도 나타났고 일본은 세계에서 경제 최우선의 나라로 더욱 비판받았으며, 세계 각지에서 인권마찰을 일으키고 있었다. 또한 아시아를 중심으로 한 민중에게서 일본의 침략전쟁을 날카롭게 비판하고 전쟁책임을 지라는 요구가 날로 증가하였다.

1. 원점으로써의 점령기

헌법 제14조

1945년 8월 14일, 일본정부는 중립국인 스위스를 통해 연합국(미국, 소련, 영국, 중국)이 일본에 무조건 항목을 요구한 포츠담 선언을 수락한다는 것을 통지했다. 일본국민은 다음날 천황의 방송으로 이 사실을 알았다. 또한 전시 하에서 억압되어 온 구식민지, 피점령지의 민중은 이날을 해방의 날로 선언하고 서둘러 스스로 운동을 시작하였다.

미국의 태평양 육군과 연합군 최고 사령관으로서의 맥아더가 일본 땅을 밟은 것은 8월 30일이고 일본이 국제법상으로 정식으로 패전을 인정한 것은 미국 함대 미즈리호에서 항복문서에 조인한 9월 2일이었다.

그러나 전시 중의 정치 조직은 계속 이어졌다. 내무성, 특별고등경찰도 남아있었으며, 메이지 헌법, 치안유지법이 효력을 가지고 있었고, 정치범은 옥중에 갇혀 있었다. 10월 4일에 연합군 총사령부는 특고경찰의 폐지와 정치범의 석방 등을 지시했지만, 여기에 놀란 히가시쿠니노 미야나루히코(東久邇宮稔彦) 수상은 내각을 포기할 만큼의 충격을 받았다. 정치범이 겨우 석방된 것은 10월 10일로 출옥을 맞이할 때 많은 재일조선인이 참가하였다. 다음의 11일에 총사령부는 여성해방, 노동조합의 장려, 교육의 민주화, 비밀경찰의 폐지, 경제민주화를 중심으로 한 5대 개혁을 일본정부에 지시했다.

총사령부는 1946년 2월 초순에 진척되지 않는 일본정부의 작업을 더 이상 지켜보지 않고 민정국에서 독자적으로 헌법초안을 기초할 것을 비밀리에 지시했다. 그 결과 정리된 최초의 초안 가운데 현재의 제14조에 해당하는 부분에는 부락차별을 나타내는 '카스트'라는 단어가 포함되어 있다. 이 초안은 민정국 내에서 재차 검토되어 '카스트'보다도 광범위한 의미를 갖는 '사회적 신분'이라는 용어가 삽입되었다.

이러한 것은 헌법초안이 일본정부에 의해 정리되어 국회에서 심의되기 이전에 이미 총사령부가 내부적으로 초안을 기초할 단계에서부터 부락차별 부정의 이념이 헌법에 삽입되었음을 의미한다. 이후에 헌법제정을 위한 국회심의에서 정부는 '문지(門地)'란 귀족과 화족을 지칭하는 것으로 '사회적 신분'이라는 용어에 부락차별이 포함되어 있다고 대답했다.

또한 제14조에는 계속하여 '화족 등 귀족제도는 전혀 인정하지 않는다'라고 되어 있다. 이로 인해 천황과 황족을 제외한 다른 모든 '국민'은 법적으로 평등하며, 부락차별이 허락되지 않는다고 분명히 천명되었다.

전전에는 없었던 부락 문제의 해결을 위해 극히 유리한 조건을 획득하였다.

그러나 상징이라고는 하나 천황제가 온존된 것은 일본 사회에 외국 국적 사람에 대한 차별, 타민족에 대한 차별, 장애자 차별, 신분 차별이라는 의식과 구조를 온존, 재생산하게 했다. 또한 헌법 제14조는 총사령부의 초안에 있었던 것처럼 '모든 사람'이 아니라 '국민'의 평등을 규정한 것에 그치고 있다. 이처럼 수정된 것은 일본정부의 집요한 저항에 따른 결과였다.

기생지주제에서의 해방

부락차별의 현실은 헌법제정만으로는 없어지지 않았다. 확실히 전후의 농지개혁은 농촌부락의 실태를 크게 변화시켰다. 3정보 반이라는 제약은 있었지만, 각지에서 부락민 자신이 농지위원에 선출되어 법률상의 제약을 타파했다. 이전에 소작농으로 일하고 있던 부락민의 상당한 수가 자작지를 획득했다. 그러나 이것은 농촌부락의 경지면적이 전국평균보다도 협소하다는 오늘날까지 이어지는 문제를 발생시켰다. 쌀의 강제적인 공출에 반대하여 농민조합과 함께 점령군과 대립한 사건도 일어났다.

총사령부(천연자원국)가 농지개혁을 전후하여 31개의 농촌을 1947년부터 49년에 걸쳐 조사한 기록 『변화하고 있는 일본의 농촌(推移しつつある日本の農村)』에 의하면, 농촌부락에 대하여 "대다수는 동물의 도살,

피혁업, 상자나 나막신, 신발 만들기 등의 전통적으로 천시된 일에 종사하고 있다. 아마도 그들은 마을에서 가장 가난한 사람들이며 그들이 경작하는 농지는 가장 소규모이다"고 개괄하고 있다. 그리고 오카야마현과 후쿠오카현에서 조사한 부락에서는 자작농이 증가하고 있지만, 다른 4개의 부락(나가노, 사이타마, 나라, 카가와의 각현)에서는 농업의 경영규모가 작고 대다수는 농업 이외의 일로 생계를 지탱하고 있다는 점과 6개의 부락에서 공통적으로 결혼을 비롯하여 사회생활이 저해 받고 있다는 사실이다.

원폭 혹은 공습으로 폐허가 된 히로시마, 나가사키, 오사카, 도쿄 등의 도시 부락에서는 전후에 일시적으로 인구가 감소하여 부락이 소멸한 것처럼 보였다. 그러나 시간이 지남에 따라 다시금 부락민이 거주하게 되어 차별은 없어지지 않았으며 많은 실업자를 포함하여 암시장, 노점상으로 살아가고 있었다. 전후에도 많은 도시부락에는 재일조선인이 거주하였다. 오사카의 어느 부락에서는 지역 내에 민족학교가 개설되었으며 후에 공립학교의 민족교실 폐쇄라는 탄압이 가해졌을 때는 부락의 아이들과 조선인 아동이 대립하는 관계도 있었다.

차별사건도 끊이지 않았다. 1948년 8월과 10월에는 히로시마현과 에히메현에서 부락민이 습격당하여 사상자가 나온 전전과 조금도 변하지 않은 차별사건이 일어났다. 법무부(현재의 법무성) 인권옹호국의 조사에 의하면, 1945년부터 48년까지 4년간에 전국에서 156건의 차별사건이 보고 되었다. 내용별로 보면, 발언이 82건, 결혼이 15건, 학교가 11건 등으로 부현 별로는 오카야마가 30건, 토쿠시마(德島)가 29건, 나가노가 23

건 등이다. 물론 이것이 전부는 아니다. 전후에도 여전히 차별사건이 계속되고 있음을 정부는 충분히 숙지하고 있었다.

정부의 책임포기

이러한 현실이 존재함에도 불구하고 전시 중에도 조금씩 계속되고 있던 동화사업을 관장하고 있던 후생성은 1946년 3월 20일에 차관 통달의 「동화사업에 관한 건」을 발포하고 사실상 정부의 동화예산 중단을 선언했다. 이보다 조금 전인 3월 16일에는 동화봉공회의 해산을 결정하였다.

1946년 3월에 후생성은 총사령부(민간정보교육국)에서 자료를 요청받아 전국의 부락 인구수를 보고했다. 합계는 100만 4,528명으로 이것을 1935년에 중앙융화사업협회가 정리한 『전국부락조사』와 비료하면, 인구가 같은 곳이 겨우 10개 현으로 나머지 31개 도부현은 수치가 올라가 있다.

총사령부가 점령기간 중에 동화행정을 금지한 적은 없다. 오히려 총사령부(민정국)는 부락차별이 존재하는 것은 일본의 행정당국이 최고사령관의 지시를 태만히 하고 있기 때문이며 속히 이 상태를 시정해야만 한다고까지 언명했다. 정부 자신도 동화사업을 국가행정의 특별한 부문으로 취급하지는 않았지만, 그 실태를 지방공공단체에 '의탁'할 것을 결정했다고 말했다.

그럼에도 불구하고, 1949년에 후생성이 정리했다고 보이는 『동화사업의 개요』에서는 "전시 중에 동화사업 완성 10개년 계획의 시행과 더불어 차별사건은 현저하게 건수가 줄었다"고 하여 "현재, 그들은 원래 고유한 직업인 피혁업으로 돌아가는 경향에 있다. 이렇게 하여 차별관념이 발생하고 있다" "경제적인 곤란과 더불어 그들의 품행은 점차로 악화되어 과격한 사상으로 나아가고 있다. 이리하여 그들은 차별관념의 원인을 스스로 만들고 있다"고 적고 있다. 정부의 인식이 얼마나 한심한 것인가를 알 수 있다.

이상에서 본 것처럼 점령기에도 부락 문제를 취급할 기회가 있었음에도 불구하고 일본정부도 국회도 그 기회를 살리지 못했다. 전후 새롭게 설치된 인권옹호국과 인권옹호위원제도도 부락차별 철폐에는 유효하게 기능하지 못했다.

이렇게 하여 헌법에서 이미 '국민'의 평등이 강조되었음에도 불구하고 이를 실효성 있는 것으로 하기 위한 시책이 실시되지 못했으며, 이 때문에 부락의 실태개선과 차별의식의 철폐가 이루어지지 못했고 일본의 커다란 사회문제로 여전히 남아있는 전후 부락 문제의 기본적인 구도가 이 시기에 명확해졌다. 이러한 의미에서 점령기는 전후 부락 문제의 원점이라고 할 수 있다.

폭넓은 대처의 요구

1946년 2월 19일에 전후의 부락해방운동을 담당할 부락해방전국위원

일본 부락의 역사–차별과 싸워온 천민들의 이야기

회(이하 해방위원회)가 교토에서 결성되었으며, 20일에는 부락해방인민대회가 개최되었다. 채택된 '행동강령'에는 "5. 화족제도 및 귀족원, 추밀원 그 외 모든 봉건적 특권제도의 즉시 철폐" "6. 일체의 신분적 차별의 철저한 배제와 인종, 민족, 국적에 의한 차별대우 절대 반대" 등이 포함되었다. 전후 민주적 개혁은 해방위원회의 요구에 따른 것이었다. 그러나 해방위원회는 그 결성 시점에서 분명히 이전의 전쟁에서 스스로의 전쟁책임을 분명히 하지 않았다.

결정된 본부 간부는 전국위원장(마츠모토 지이치로), 서구국장(이모토 린시)은 수평사 관련자지만, 상임전국위원에는 구수평사운동계(7명)와 융화운동계(3명)가, 두 명의 고문 타케우치 료온(竹內了溫), 우메하라 신류(梅原真隆)는 모두 융화운동 관계자였다. 또한 부락해방인민대회에서는 사회당, 공산당뿐만 아니라 자유당, 진보당도 참가하여 인사한 것처럼 당파, 보수, 혁신과 관계없이 부락 내외의 폭넓은 대처를 요구했다. 당시 이러한 체제를 '대동단결'이라 칭한다.

또한 긴키(近畿)지방을 중심으로 일찍부터 지방자치체의 대처로 패전 직후부터 동화대책사업이 실시되었다. 1947년에는 긴키동화사업협회가 결성되었으며, 이것이 발전하여 1949년에는 서일본동화대책협의회가 설치되었다. 그리고 1951년 11월에는 시코쿠(四国)와 규슈의 자치체도 참가하여 전일본동화대책협의회(이하 전동대)가 결성되어 오늘에 이르고 있다.

더욱이 교육면에서는 전전부터 동화교육에 관계해 온 교사들이 교토와 와카야마, 오사카 등에서 일찍부터 동화교육을 재개하였다. 노마 히

로시(野間宏)는 일찍이 1947년부터 전시 하 오사카의 부락을 무대로 한 『청년의 고리(靑年の環)』제1부의 집필을 개시하였다. 조금 이색적인 점은 시베리아에 억류된 일본인이 발행한 『일본신문』에도 종종 부락 문제에 관한 기사가 등장한다.

부락 문제 해결에 폭넓게 관계자가 결집하고 국가보다 일찍부터 지방자치체에서 동화행정이 시작된 것은 전시 중에 해방운동이 탄압받아 실제로 많은 관계자가 동일한 무대(지방행정의 말단)에서 이미 일하고 있었던 점, 침략전쟁을 수행하기 위해 필요했다고는 하나 부락 문제의 해결이 형식적으로는 국책으로 등장한 사실 등의 배경이 존재하였다. 해방위원회를 포함하여 전후의 민주적 개혁 속에서 부락차별의 존재는 일본의 봉건성의 상징으로 이해되었으며, 입장 차이를 넘어서 부락 문제의 해결이 민주적인 일본 사회의 건설에 필요한 과제라고 인식하게 되었다. 『파계(破戒)』가 신극인의 협력으로 종종 극화, 영화화된 것도 이러한 사정에 기인한다.

마츠모토 지이치로의 공직추방

그런데 결성된 지 얼마 되지 않은 해방위원회의 최대 과제는 마츠모토 지이치로의 공직추방문제였다. 1946년 1월 4일에 총사령부는 이른바 공직추방 각서를 발표하였으며, 일본정부는 2월 9일에 1942년의 총선거에서 대일본정치회의 추천을 받은 의원을 모두 포함하기로 결정하였다. 마츠모토는 이 선거에서 본인의 의지와 관계없이 추천을 받았다. 해방위원회는 이러한 위기 속에서 결성되었다.

부락해방인민대회는 곧장 키타하라 타이사쿠를 대표로 하는 단체를 도쿄에 보내기로 결정하고 3월 하순부터는 총사령부에 마츠모토의 추방 제외를 요구하는 청원서를 보냈다. 그러나 당시의 요시다 시게루(吉田茂) 수상은 추방 제외 조치를 실시하려고 하지 않았으며 중의원 선거 투표도 끝나 결국 마츠모토는 입후보 하지 못하였고, 마츠모토의 비서였던 다나카 마츠츠키(田中松月)가 대신 입후보하여 당선되었다. 마츠모토에 대한 추방 제외 조치가 정식으로 취해진 것은 선거가 끝난 4월 말이었다.

다음 해 47년 3월에 마츠모토 지이치로는 재차 제1회 참의원 선거에 입후보하기 위하여 서류를 정부에 제출하였다. 그러나 이때도 정부는 이전과 같은 이유로 3월 19일에 공직추방에 해당한다는 결정을 내렸다. 총사령부는 마츠모토를 예외로 취급하도록 아마도 구두로 지시하여 3월 31일에 제외가 결정되었다. 이때의 투표일은 4월 20일이었기 때문에 마츠모토는 거의 선거운동을 할 수 없었다. 그럼에도 불구하고 전국구에서 제4위로 당선되어 참의원 부의장에 선출되었다.

그리고 1948년 1월에 마츠모토 지이치로는 국회개회식에서 천황 앞에서 게처럼 옆으로 걷는 이른바 게걸음을 거부했다. 마츠모토가 거부한 것은 단순히 굴욕적인 걸음걸이가 아니었다. 전후에 '국민'이야말로 국가의 주권자가 되었다. 천황이 왕림하면 객으로 취급받는, 마치 전전과 동일하게 천황이 주인이고 국회의원이 부하처럼 행동하는 것은 신헌법의 이념에 반하며 주객이 전도된 것이 아닌가 하고 말하고 싶었던 것이다.

마츠모토는 전후에 결성된 일본사회당의 회계 이외에 이후에 결성된 자유인권협회의 부회장을 지내는 등 일본의 반차별, 인권옹호운동의 중심에 있었다. 요시다 내각의 타도를 목표로 한 1947년의 2·1파업 당시에 '환상의 내각 명부'에 마츠모토가 수상에 예정되었을 정도였다.

이러한 마츠모토를 쫓아내기 위한 책동이 1948년 6월부터 새롭게 시작되었다. 다나카 마츠츠키 등이 법무부의 특별심의국에서 사정 청취를 당했다. 그리고 8월 14일에 전전의 타이와보국운동 본부가 군국주의적이며 초국가주의적인 단체였다는 지적을 받았다. 마츠모토는 동 단체의 이사에 이름을 올리고 있었기 때문에 이 지적은 마츠모토 추방의 복선이었다. 예측대로 8월말부터 9월에 걸쳐 이모토 린시와 마츠모토 지이치로 등 관계자에 대한 사정 청취가 이어졌으며, 추방이 적당하다는 결론이 나왔다. 그러나 9월 16일에 추방은 부적당하다는 결정을 내렸다. 아마도 총사령부의 민정국이 강하게 저항한 듯하다.

12월 11일과 13일에 요시다 내각의 우에다 슌키치(殖田俊吉) 법무총재가 민정국의 공직추방 담당관을 방문하여 마츠모토의 추방을 진언한 것에 대하여 그 담당관은 "완전히 동감하지만, 나는 최종적인 회답을 줄 수 있는 입장은 아니다. 요시다 수상이 화이트니 국장을 만나러 오라"고 대답했다. 사실상 마츠모토 지이치로의 공직추방은 이 시점에서 결정되었다. 그리고 1949년 1월 24일에 마츠모토 지이치로 외 9명이 공직추방 지정을 받았다.

공직추방 취소 투쟁

그 후 마츠모토 추방 반대운동은 매우 격렬하고 40개 단체에 의해 구성된 미증유의 폭넓은 공투조직이 결성되었다. 사회당과 공산당, 각종의 노동조합, 재일본조선인연맹 등도 참가하였다. 자유인권협회의 움직임도 컸다. 국회에서는 여당인 자유당과 민주당, 참의원의 녹풍회(綠風會)도 포함하여 6할 이상이 추방해제를 요구하는 서명을 모았다. 1950년에는 국회 앞에서 반대 집회까지 결행하여 추방의 즉시해제를 요구하였다.

마츠모토의 추방반대 투쟁을 실행하고 있을 즈음에 정치의 반동화는 급속하게 진행되었다. 1948년의 11월에는 극동국제군사재판에서 도죠 히데키(東条英機) 등에게 사형 판결이 내려졌는데, 마치 이것으로 침략 전쟁에 대한 반성은 모두 끝난 것처럼 12월에는 키시 노부스케(岸信介) 외의 전범이 석방되었으며 공공연히 정치 무대에 복귀했다. 1949년 1월의 총선거에서 압도적인 다수를 획득한 요시다 내각은 노동자의 희생(인원정리) 위에서 일본 경제의 재건을 꾀하였다. 당시 노동운동의 선두에 선 국철노동조합은 시모야마(下山)사건(7월 5일), 미타카(三鷹)사건(7월 15일), 마츠카와(松川)사건(8월 15일) 등의 음모사건으로 탄압되었다.

이보다 앞서 49년 4월에는 단체 등에 관한 규제령을 공포하고 전후의 일본에서 인권을 지키고 차별 반대 투쟁의 선두에 선 재일조선인에 대한 탄압 법규를 준비했다. 49년 9월 8일에 단체 등 규제령은 재일본조선인연맹 등 4개의 단체에 적용되었으며, 단체는 해산, 간부는 공직에서 추방되었다. 그리고 1950년에 들어와 한국전쟁, 일본공산당 기관지 『아카

하타』의 정간, 당간부에 대한 추방, 레지퍼드, 경찰예비대의 창설로 이어지면서 이와 병행하여 이전의 공직 추방자가 하나 둘씩 해제되었다. 그러나 마츠모토 지이치로의 추방이 해제된 것은 1951년 8월이었다.

마츠모토 지이치로에 대한 공직추방은 극히 정치적인 의도에서 나온 것이며, 반동적인 정치를 상징하는 것이었다. 그런 만큼 추방해제를 요구하여 폭넓은 공동투쟁 관계가 형성되었다. 그러나 역으로 그 사정은 추방이 해제된 단계에서는 공동투쟁 관계가 해소되어 항상적인 공동투쟁을 유지해가는 의식을 약화시킨 요인이었다.

또한 해방위원회가 스스로의 조직을 지키기 위하여 "마츠모토는 적극적으로 전쟁에 협력한 것은 아니다"라고 반론한 점은 당시로써는 어쩔 수 없었다. 그러나 이것이 그 후에도 오랜 동안 전전 수평운동의 전쟁 책임에 대한 반성의 기회를 상실하게 했다고 할 수 있다.

2. 전후는 끝나지 않고

일본경제의 '부흥'

1950년에 발발한 한국전쟁은 역설적이게도 일본 경제를 부흥시키는 계기가 되었다. 1951년부터 55년에 걸쳐 국민총생산 등 거의 모든 경제 지수가 전전의 수준을 회복하고 일본의 재군비가 진척되었다.

1952년에는 샌프란시스코 강화조약이 발효되었으며 일본 '본토'는 독립을 회복했다. 그러나 그 강화조약에는 중국과 소련 등이 조인하지 않았으며, 오키나와를 필두로 하는 지역에서는 여전히 미군의 점령이 계속되었다. 또한 강화조약과 동시에 미일안보조약이 조인되었으며 일본은 미국의 핵우산 아래에 들어가게 되었다.

더욱이 강화조약이 발효된 4월 28일에 일본 정부는 외국인등록법을 공포하고 그날로 실시하여 재일조선인의 기본적 인권은 침해된 채로 회복되지 않았다. 여성도 헌법에서 평등을 강조하여 선거권을 획득했지만, 매춘방지법이 시행된 것은 겨우 1957년부터다. 원폭 피해자, 장애자, 공해환자 등 모든 피차별자에게 기본적 인권의 확립을 요구하는 길은 더욱 험난했다.

한국전쟁의 특수경기로 윤택해진 것은 부락의 경우 겨우 일부 부락의 특정한 층에 지나지 않았다. 많은 부락에서는 변함없이 열악한 생활실태가 한눈에 알 수 있을 만큼 방치되었으며, 차별의식을 조장하였다. 일급 240엔인 것에서 유래한 '니코욘(ニコヨン)'이라고 불린 실업대책사업에 나가 일하게 된 것이 부락에서는 일반적으로 말하는 '취직'과 동일한 의미를 가졌다.

1957년에는 일거리가 없는 부락의 여성이 미군기지 연습장에서 탄피를 줍고 있던 중에 미군병사에게 사살당하는 참혹한 사건이 일어났다. 군마현의 소마가하라(相馬が原) 사건 혹은 지라도사건이라고 부른다.

이 시기에 헌법과 법률에서는 평등을 강조하면서도 실제의 사회생활에서는 차별이 버젓이 통용되는 전후의 틀은 무엇 하나 변하지 않았다. 오히려 일본 전체가 패전의 고통에서 벗어나 형식적으로는 독립을 실현하고 주권재민, 평화, 기본적 인권을 기본으로 하는 헌법정신이 정착되어감에 따라 역으로 부락차별과 조선인 차별 등의 현실이 잊혀지고 헌법의 이념과 현실과의 차이는 현저해졌다. 1956년의 『경제백서』는 '더 이상 전후는 아니다'라고 하였지만, 피차별자에게 전후는 끝난 것이 아니라 역으로 시작되려 하고 있었다.

지금까지와는 달리 상황이 변한 것은 그러한 차이를 매우기 위해 부락 측에서부터 대중적인 운동이 조직되어 사회적인 관심을 일으킨 점이다. 부락해방운동이 착수한 차별행정규탄 투쟁은 전후 민주주의에서도 소외되어 온 부락으로부터의 고발이었다.

올로망스 사건

전후의 해방운동에 전기를 가져다 준 것은 1951년의 올로망스 사건이었다. 『올로망스』라는 것은 패전 후에 많이 출판된 성을 흥밋거리로 한 풍속잡지의 하나로 51년 10월호에 교토시 직원이 쓴 「특수부락」이라고 제목을 붙인 소설이 게재되었다. 무대는 교토 시내의 부락으로 부락에 사는 여성과 부락 외의 남성의 연애가 주제였다.

제목의 '특수부락'이라는 표현에도 물론 문제가 있었다. 부락을 상식이 통하지 않는 반사회적인 장소로 상상하게 하는 이 단어는 부락에 대한 편견을 조장하는 것이었다. 그러나 더욱 문제인 것은 그 내용이었다. 필자는 부락을 더럽고 어른은 나태하며 일할 의욕이 없으며, 아이들은 공부하기를 싫어하고 학교에 가지 않고 여성은 술장사만으로 생활하며, 부락전체가 탁주의 밀조로 돈을 벌고 있는 것처럼 묘사한 것으로 부락 외의 청년의사의 연애를 의로운 것으로 그렸다. 또한 소설에 등장하는 인물은 거의가 조선인이었다. 이러한 반사회적인 이미지는 조선인 차별 그 자체였다. 혹은 술장사를 하는 여성을 '팡팡'으로 표현하는 등 여성차별에도 연결되었다.

당시에 교토의 해방위원회 위원장을 지내고 있던 아사다 젠노스케는 단순히 필자가 사죄하면 끝날 문제는 아니라고 생각했다. 이 필자는 업무를 통해 부락의 열악한 실태를 알고 있었다. 만약 열악한 실태가 개선되었더라면, 필자는 이러한 소설을 쓰지 않았을 것이고 썼다고 하더라도 누구도 본격적으로 읽으려고 하지 않았을 것이다. 즉 부락차별이란 일반

당시 불량주택지역의 일부(교토시내의 어느 부락)

적으로 생각하고 있는 것처럼 차별발언과 차별적인 행동, 차별의식뿐만 아니라 부락민이 처한 열악한 실태야말로 차별이다.

더욱이 중요한 것은 그러한 부락의 실태는 어제 오늘의 불경기로 나타난 것은 아니며, 이전보다 더 부락민이 나태하기 때문에 그렇게 된 것도 아니다. 에도시대부터의 기나긴 차별의 역사가 있으며, 더구나 전전부터 종종 생활실태 개선이 요구되었음에도 불구하고 행정이 방치해온 것에 원인이 있다. 사건의 배경에는 이러한 행정의 책임(차별성)이 있다고 아사다는 생각했다.

여기서 규탄의 대상은 필자만이 아니라 교토시의 행정 그 자체에 두고 토목, 보건위생, 민생, 교육, 수도, 경제, 행정 등에 대하여 20개 항목의 요구를 제출하여 실현시켰다. 이 시기 요구항목의 일부를 예시하면 다음과 같다.

- 도로 하수의 개수, 모든 하수에 배수용 도랑을 만들 것
- 트라코마(Trachoma) 집단치료를 즉시 실시할 것
- 공동변소의 설치와 오물과 분뇨의 철저한 회수를 늘릴 것
- 생활보호법을 완전하게 실시할 것
- 일하는 여성을 위해 탁아소를 만들 것
- 실업대책의 규모를 늘리고 완전취직 시킬 것
- 불량주택의 개선과 근로자 주택의 설치
- 미취학 아동을 위해 부락에 야간학교를 만들 것
- 아동을 위해 완전한 무료급식을 실시할 것

일본 부락의 역사—차별과 싸워온 천민들의 이야기

- 생활이 곤란한 가정의 아이들에게 학용품 일체를 무료로 지급할 것
- 부락의 중소기업에 대한 지도와 보조금을 대여할 것

당시의 부락이 헌법 제25조에 보장되어 있는 인간다운 생활의 기본을 어느 정도 절실히 요구했던가 또한 얼마나 근원적이고 보편적인 요구였던가를 알 수 있다.

차별사건의 배경에 존재하는 것은 사건에 따라 다양하다. 이 올로망스 사건의 경우에는 열악한 환경이 방치되어 있었던 것인데 다른 경우에는 동화교육이 시행되지 않았다라든가 시민과 기업의 계몽이 불철저했다든가 여러 가지이다.

어느 쪽이든 차별사건의 배경을 분석하고 두 번 다시 같은 차별사건이 일어나지 않도록 하는 수단을 행정에 요구하고 이것(수단)을 통해서 부락 문제의 근본적인 해결(목적)을 꾀한 것이 차별행정규탄 투쟁(행정투쟁)이다. 이렇게 하여 해방운동은 겨우 본격적으로 발전하게 된다.

해방운동의 대중화

행정투쟁은 우선 지방자치체를 대상으로 이루어졌다. 지방자치체야말로 우선 직접적으로 부락의 요구를 제출하는 곳이기 때문이다.

올로망스 사건이 일어난 것과 같은 해인 1951년에 오사카에서 창립된 오사카부 동화사업촉진협의회는 부락의 다양한 요구를 모아 행정에 제

출하였다. 다음 해 52년에는 와카야마현의 현회의원이 연회에서 부락출신의 의원이 윗자리에 앉은 것에 화를 내면서 차별적인 발언을 반복하는 사건을 일으킨 것을 계기로 현 동화행정의 실태가 문제시되었다. 이 투쟁에서는 재일조선인 아동을 포함하여 동맹휴교로 투쟁하였다. 동년 히로시마현에서도 요시와(吉和)중학교 차별사건을 계기로 동화교육이 시작되었다.

그 외에도 나라현, 효고현, 후쿠오카현에서도 행정투쟁이 과감하게 이루어졌다. 1953년의 풍수해는 원래 입지조건이 나빴던 부락을 덮쳤다. 동일한 천재라하더라도 부락에는 보다 큰 피해를 주었기 때문에 이 재해 복구 투쟁은 서일본의 부락을 중심으로 각지에서 시작되었다. 이렇게 하여 지금까지 일부 활동가의 운동이었던 해방운동이 대중적인 운동으로 겨우 탈바꿈하기 시작했다. 그러한 와중에 사진을 통해 부락 문제를 제기하는 사진가 니호 요시오(仁保芳夫), 후지카와 키요시(藤川清)가 나타났다.

1953년의 제8회 대회에서는 부락의 '생활 그 자체가 차별을 받고 있다'고 생각해야한다, 제9회 대회(1954년)에서는 '부락민의 생활에서 발생하는 다양한 불리함, 비참함은 많든 적든 차별의 요인을 가지고' 있다고 정의했다. 1955년의 해방위원회의 제10회 대회에서는 명칭을 부락해방동맹으로 고치고 명실 공히 대중적인 해방운동을 지향하였다. 1956년에는 교토에서 처음으로 부락해방전국부인집회가 개최되었다. 다음 해 57년에는 카가와현 쇼도(小豆)섬에서 제1회 부락해방동맹 전국청년집회가 개최되어 새로운 세대의 활동가가 육성되었다.

일본 부락의 역사—차별과 싸워온 천민들의 이야기

공직추방에서 해제된 마츠모토 지이치로는 1953년의 참의원 선거에 입후보하여 당선되었다. 또한 마츠모토는 중일우호협회의 회장을 지내는 것 외에도 적극적으로 해외로도 나아가 독일, 오스트리아, 아프리카, 유럽 등 세계의 피차별 민중과의 연대를 형성하려고 하여 일본을 세계에서 고립시키지 않기 위해 항상 주의하고 '세계의 수평운동'을 제창하였다.

동화교육의 시작

부락해방운동 전체가 새로운 운동방향을 모색하고 있던 시기였다. 그리고 조금씩이기는 하지만, 부락 문제를 해결하려는 폭넓은 시도가 생기고 있었다.

부락 아동들의 교육환경은 다양한 문제를 안고 있었다. 인조 진주 등 이른바 부락산업으로 생활을 유지하고 있는 부락에서는 아이들이 중요한 노동력으로 일하고 있었다. 집안의 생활이 어려워 교과서를 살 수 없었으며 급식비를 지불할 수 없어 학교에 가기가 힘들었다. 학교에 가더라도 교사와 친구들에게 차별당하고 수업내용을 알든 모르든 무시당했다. 결국 공부에 대한 의욕을 상실하고 부락의 아이들은 의무교육이면서 장기 결석, 미취학으로 교육의 권리를 박탈당하는 사태가 발생했다. 당시의 신문은 "증가하는 미취학 중학생―'등교하자'고 할 수 없는 비참함"(每日新聞)이라고 보도했다.

1952년 6월에 문부성은 동화교육에 대한 차관통달을 전후 처음으로 발표했다. 그 내용은 "동포일화(一和)의 정신을 철저히 하는 것이 가장 필요하고 적절하다"고 하는 관념적인 것이었지만, 부락차별을 없애기 위한 교육이 필요하다는 것을 정부가 강조한 것으로 의미는 결코 작지 않았다. 다음 해 53년에는 동화교육에 관계한 교원들이 전국동화교육연구협의회를 결성했다. 전전부터 부락의 아이들을 지켜보면서 관여해온 교육자도 참가하여 각지의 교육실천이 논의되었으며 교육의 새로운 이념을 제출하는 장소가 생겼다.

정부는 1953년도에 비로소 후생성에 전후 처음으로 동화예산을 계상했다. 당초는 인보관(隣保館) 예산뿐으로 액수도 겨우 1300만 엔이었는데, 그 배경에는 전전부터의 후생성 관료와 전일본동화대책협의회의 움직임이 있었다.

1954년에 시마자키 토손(島崎藤村)의 『파계』 초판이 신죠샤(新潮社)에서 복간된 것은 부락 문제에 대한 관심을 넓히는 커다란 역할을 수행했다. 더욱이 1956년에 아사히(朝日)신문은 인권주간에 「부락 3백만 인의 호소」를 연재하였으며, 다음 해 57년에는 『주간아사히』가 「부락을 해방시키자」는 특집을 실었다. 당시의 신문에는 「생애 피로 물든 투쟁―마츠모토 지이치로」(読売), 「문단이라는 특수부락」(朝日) 등 차별이 넘쳐 흘렀다. 차별사건에 대한 규탄을 계기로 신문사로서 단순히 사죄하는 데 그치지 않고 신문의 사회적인 사명을 자각하고 부락 문제를 사회에 고발하기 시작했다. 다음으로 57년에는 사회당, 공산당이 서로 부락해방 정책을 발표했다. 이렇게 하여 부락 문제에 대한 관심이 점차로 확대되었다.

1956년 말에 탄생한 이시바시 탄잔(石橋湛山) 내각은 단명으로 끝났지

일본 부락의 역사―차별과 싸워온 천민들의 이야기

만, '복지국가 건설'을 중심적인 정책의 하나로 하는 등 이후의 이케다 하야토(池田勇人) 내각에 계승된 정책을 제기하였다. 이 시기의 자유민주당 간사장은 미키 타케오(三木武夫)였다. 아사히 젠노스케는 57년 말에 『주간아사히』의 기자 오타 노부오(大田信男)의 원조로 정조(政調)회장인 미키 타케오와 대장성(大蔵省)의 하토야마 이이치로(鳩山威一郎)에게 국책수립운동을 상의하였다.

이러한 시대적 배경에서 1957년 말에 열린 해방동맹 제12회 대회는 부락해방의 국책수립을 정부에 요구하는 운동을 개시할 것을 결정하였다.

3. '고도성장'의 빛과 그늘

1963년의 실태조사

동화대책심의회는 답신을 정리하기에 앞서 1962~1963년에 전국의 부락을 조사했다. 그 결과에 의하면, 전국에서 동화대책사업의 대상이 된 지구 수는 4,160지구, 세대 수는 40만 7,279세대, 인구는 186만 9,748명으로 이 가운데 약 40%는 다른 부락 혹은 부락 외에서 유입된 인구였다. 이른바 '고도성장' 속에서 이미 부락의 인구 이동이 상당히 진척되었음을 나타내고 있으며, 부락이 폐쇄적이라는 편견도 이미 현실 속에서 변화되었다.

취업 상태를 보면, 상용 노동자의 비율이 50%를 넘는 부락은 전체의

9%에 지나지 않으며 역으로 일용 노동자의 비율이 50%를 넘는 부락은 15.3%, 자영업자가 50%를 넘는 부락이 60.7%였다. 답신은 부락이 "전통적인 부락산업과 영세기업에 의존하고 있다"고 적고 있다.

생활보호법에 의한 보호 수급상황은 100세대 당 7.1이고 이것을 전국 평균치인 3.2와 비교해보면 2배가 넘는다.

그 외에 전국 16개소의 부락을 선택하여 행한 정밀조사를 보면, 도시적인 부락에서는 인구, 주택이 밀집되어 있으며, 슬럼화하고 있는 곳이 많다. 또한 경제의 고도성장에 동반하여 현저한 인구유입을 보이고 있으나 동시에 차별과 생활난 때문에 귀향하는 자도 많다고 지적하고 있다.

그 외에 결혼은 맞선으로 부락민끼리가 많으며, 부락 외와의 통혼은 아직 한정되어 있다. 교육 상황은 학교교육에서 학업부진과 사회교육의 처짐, 동화교육의 부진이 눈에 띈다. 또한 성별, 연령별에 관계없이 어떤 형태의 직접적인 차별을 경험한 자가 거의 대부분이며 그중에서도 취직, 결혼이 많았으며 "결혼에 관계된 차별은 부락차별의 최후의 넘기 어려운 벽이다"고 지적하고 있다.

이상과 같이 이전에 없던 변화를 낳음과 동시에 '빈곤의 축적'이 더욱 진행되었다. '고도경제성장'의 과정에서 조직 노동자가 매년의 '춘투'로 임금인상을 실현시킨 것에 비해 부락을 포함한 미조직 노동자, 일본경제를 지탱하는 광범위한 중소, 영세기업에 대한 정책은 방치되었다. 그러한 계층에 피차별자가 집중되어 있다. 이러한 상황은 다음 시대에 주택과 교육, 생활을 기반으로 한 요구에 기초한 대중적인 해방운동이 조직되는 객관적 조건이 되었다.

표1 • 전국의 부락개황(1987년, 총무청 조사)

부 · 현 명	지구 수	지구 세대수	지구동화 관계 세대수	지구 인구	동화 관계인구	동화 관계 인구비율
전국 계	4,603	569,662	328,299	2,010,230	1,166,733	58.0
이바라기	37	3,299	1,414	14,481	6,837	47.2
토치기	108	14,667	4,627	61,171	21,718	35.5
군마	174	20,952	7,146	84,203	31,313	37.2
사이타마	281	31,431	8,523	122,902	40,371	32.8
치바	19	1,614	728	6,291	3,256	51.8
카나가와	11	2,884	906	9,859	3,778	38.3
나가타	18	2,887	269	10,446	1,051	10.1
후쿠이	7	1,063	944	3,900	3,534	90.6
야마나시	6	191	105	667	351	52.6
나가노	270	50,321	5,518	183,860	22,392	12.2
기후	15	2,887	1,147	10,393	4,298	41.4
시즈오카	21	3,304	2,713	13,353	11,021	82.5
야이치	9	3,487	2,839	12,170	10,213	83.9
미에	206	13,853	12,499	47,670	42,936	90.1
시가	65	10,395	9,719	38,392	36,229	94.4
쿄토	149	16,987	14,976	58,281	51,883	89.0
오사카	55	48,173	46,298	149,157	143,305	96.1
효고	347	56,526	39,851	208,480	153,236	73.5
나라	82	19,167	18,394	65,273	62,286	95.4
와카야마	104	19,102	14,126	63,639	47,550	74.7
톳토리	107	6,986	6,080	28,453	25,138	88.3
시마네	97	4,999	1,830	16,517	5,996	36.3
오카야마	295	21,526	16,055	73,823	56,696	76.8
히로시마	472	24,007	12,355	82,745	43,026	52.0
야마구치	92	10,759	6,005	36,062	20,404	56.6
토쿠시마	95	20,227	9,294	73,310	33,378	45.5
카가와	46	3,109	2,652	9,957	8,508	85.4
애히메	467	24,374	12,594	87,007	44,983	51.7
고치	72	18,051	15,481	51,576	44,357	86.0
후쿠오카	617	68,849	39,083	238,258	135,977	57.1
사가	19	1,426	509	4,616	1,620	35.1
나가사키	3	793	116	2,365	360	15.2
쿠마모토	50	4,707	3,260	17,808	12,623	70.9
오이와	102	25,542	6,213	87,186	22,800	26.1
미야자키	36	6,388	1,465	21,215	5,035	23.7
가고시마	49	4,729	2,565	14,744	8,274	56.1

이 조사의 다음 해인 1964년은 도쿄올림픽이 열리고 토카이도 신칸센(東海道新幹線)이 개통된 해였다. 신칸센의 오사카역은 부락을 둘로 분단하도록 건설되었다. 부락민들 중에는 보상금을 받고 부락을 떠난 사람도 있었다. 그렇게 하여 차별에서 도망가려 하였다. 그러나 그들 대부분은 부락 외에서 직면한 차별의 혹독함에 다시 부락으로 돌아왔다고 한다.

또한 일본의 '고도성장'을 상징하는 신칸센과 이른바 '전근대성'을 상징하는 부락의 존재는 사회의 모순을 단적으로 표현하는 것이며 이제는 누구도 부정할 수 없는 사회문제의 하나로 부락 문제가 주목받게 되었다.

국책수립운동

이러한 실태를 개선하기 위해 해방운동은 지방자치체에 요구를 강요하였으나, 지방자치체는 이에 대답하려고 하면 할수록 한계가 있음을 인식하게 되었다. 전후에 지방자치라는 사고가 발생했지만, '2% 자치' '3% 자치'라고 지칭된 것처럼 예산 면에서나 권한 면에서 정부의 많은 제약이 부가되어 있었다. 아무리 해도 국가가 본격적으로 임할 자세를 보이지 않으면, 부락 문제의 해결은 진척되지 않는다는 주장에 밀려 국책수립을 요구하는 운동이 시작되었다.

당시 해방운동의 슬로건은 '300만 명의 요구를 8천만 명의 요구로'였다. 즉 부락해방이라는 요구는 지금까지 부락만의 요구로 많은 국민에게는 남의 일이었지만, 이것을 모두 국민의 요구로 전환하자는 것이다. 전

일본 부락의 역사─차별과 싸워온 천민들의 이야기

전의 '융화사업 완성 10개년 계획' 이후 전후에도 종종 국책수립의 요구가 있었지만, 이 시기에 겨우 정부, 여당에서도 찬성자를 확보하여 현실적인 과제가 되었다.

1958년에 도쿄에서 열린 국책수립요구 전국부락대표자회의에는 부락의 대표는 물론이고 시민단체와 지방자치체, 자민당까지 포함한 모든 정당이 참가하였으며, 1960년에 비로소 동화대책심의회설치법이 성립했다.

그 사이 자유민주당은 1958년에 동화문제 의원간담회와 동화대책 특별위원회를 설치하여 일정한 역할을 수행했다. 그러나 동시에 자신들의 영향력을 남기기 위해 자의적으로 모델 지구를 설정하여 집중적으로 예산을 투하하고, 부락 내부의 보수층을 조직하여 1960년에 전일본동화회를 결성하였으며, 해방운동에 분열을 일으켰다. 또한 정부는 심의회의 위원을 위촉하지 않아 한동안 개점휴업 상태가 지속되었다. 속을 끓인 해방동맹은 1961년에 후쿠오카에서 도쿄까지 전국대행진을 감행하였다. 미조직 부락을 조직하고 동화대책사업을 시작하지 않고 있는 행정과 교섭하였으며 시민단체, 노동조합에 호소하면서 도쿄로 향했다. 영화감독 카메이 후미오(亀井文夫)에 의해 기록영화 「인간 모두 형제(人間みな兄弟)」가 제작된 것이 1960년이었다.

국책수립운동이 조직된 것은 막 일본이 '고도경제성장'을 시작한 시기였다. 전후 일본이 급속한 성장을 이룰 수 있었던 요인은 몇 가지 생각할 수 있으나, 그중 하나의 커다란 요인은 국내의 다양한 차별이 이용되었다는 사실, 피차별자의 인권옹호가 성찰되지 않고 기업에서도 정부에서도 경제발전의 비용을 저렴하게 처리한 점을 지적할 수 있다. 재일조선인, 아이누, 여성에 한정되지 않고 장애자, 피폭자, 공해피해자, 최근에는 외국인 노동자의 예를 볼 것도 없이 인권을 보장하지 않는 것이 얼마나 저렴한 노동력으로써 이용가치를 높이는 가를 나타내고 있다. 국책수립을 요구하는 운동은 방치해 두면, 점점 더 열악한 상태로 떨어져버리는 스스로의 인권과 생활을 지키기 위한 필사적인 투쟁이었다.

또한 세계적으로 사회주의체제가 발전하고 선진자본주의 국가의 노동운동, 민족해방운동이 진전되고 있는 정세 하에서 민중 측에서 생활과 인권을 지키기 위한 요구가 어느 정도까지 실현가능한 상태를 낳았으며, 지금까지의 운동에 대한 존재방식이 재론된 시기이기도 했다. 국내에서는 이케다 내각이 '국민소득배가계획'을 내걸고 사회자본의 충실 등을 꾀하려고 했다. 1960년대 초반에 현재의 독점자본주의 하에서 부락의 해방은 가능한가라는 부락해방의 전망을 둘러싸고 나라모토 타츠야(奈良本辰也)와 이노우에 키요시(井上清) 양자를 중심으로 일어난 논쟁은 정말로 새로운 시대의 부락해방운동의 존재형식을 둘러싼 논쟁이었다.

교과서 무상, 식자(識字)

당시에 부락에서는 값싼 월세주택 건설 외에 교육부담 경감, 생계자금, 운전면허증 취득 등 이미 다양한 요구가 분출되었다. 특히 주택 건설은 긴급한 과제였다. 많은 부락에서는 주택 투쟁이 지부결성의 계기가 되었다. 그러나 아직 대중적인 경험을 하지 못한 많은 부락 대중에게 운동의 힘으로 주택이 건설된다는 것은 반신반의였다. 여러 곳에서 "주택이 건설되면, 물구나무서서 걷는다"고 했다. 그리고 일 나간 남성을 대신해서 많은 여성이 아이들을 업고 기저귀를 들고서 며칠이고 관공서 앞에 앉아서 요구를 실현시켰다.

또한 교육을 충분히 받지 못한 부모에게 자식들의 교육은 절실한 요구였다. 그러나 매일의 생활비조차 힘들었던 부모에게 매월 학교에 내야할 급식비, 학부모회비 등도 무거운 부담이었다. 의무교육은 헌법 제26조에서 무상이라고 강조되었지만, 결코 무상은 아니었다. 생활이 힘들다는 것을 알고 있는 아이들은 학교에서 교사에게 '까먹었다'고 거짓말을 할 수밖에 없었다. 그러나 이것도 2번 3번 계속되면 한계가 온다. 오사카와 나라에서는 부락의 상태를 알지 못한 교사가 아이에게 "나는 급식비를 까먹은 나쁜 아이입니다"라고 쓴 플래카드를 들고 교정을 달리게 한 사건이 발생했다. 이러한 가운데 부모와 아이가 차별의 현실을 직시하고 이야기 하는 과정에서 각지에서 교육 투쟁이 시작되었다.

급식비를 무료로, 고등학교, 대학교의 장학금을, 이라는 요구와 함께 교과서비를 무상으로, 라는 요구가 각지에서 제출되어 부분적으로 실현되었다. 1961년에는 고치시(高知市)의 부락에서 교과서의 무상화를 요구하는 전형적인 운동이 시작되었다. 교과서비는 당시에 소학교에서 약 700엔, 중학교에서 약 1200엔이었는데 일급이 약 300엔인 실업대책사업으로 살아가는 부락민에게는 상당한 부담이었다. 그래서 우선 부락의 아이들에게 교과서 무상화가 실시되었다. 1963년에는 전국의 모든 소·중학생을 대상으로 무상화를 실시하는 법률이 성립되었다. 원래부터 교과서 무상화를 요구한 운동은 이미 1950년대 초기부터 전국 각지에서 시작되었는데 가장 요구가 강했던 부락의 운동성과가 돌파구가 되었다.

부락에는 '10일에 1할'이라는 말이 있다. 생활이 곤란해져 높은 이자로 생활비를 빌린다. 그러나 그 이자는 10일에 1할이었다. 이것을 '10일에 1할'이라 한다. 빌린 돈을 갚기 위해 다시 다른 곳에서 고리대를 빌려야 했다. 이렇게 하여 고리대금 지옥으로 빠져든다. 이러한 생활에서 빠져나오기 위해 싼 이자로 생활비를 빌릴 수 있도록 행정기관에 요구했다.

지금과는 달리 당시는 운전면허증을 가지고 있는 것은 취직에 유리했다. 부락에서도 면허증을 따고 싶다는 희망이 많았다. 실기에는 자신이 있지만, 문제는 필기시험이었다. 의무교육을 충분히 받지 못한 사람들은 문제의 의미조차 알 수 없었다. 그래서 필사적으로 글자를 배우는 운동이 각지에서 일어났다.

후쿠오카현의 미야코유쿠하시(京都行橋) 지방에서 식자(識字)운동이 시작된 것은 1963년경이다. 차별 때문에 교육에서 소외되어 빼앗긴 문자를 되찾기 위한 운동은 스스로 차별과 싸우면서 살아갈 힘을 기르는 과정이며 부락해방운동 그 자체라 할 수 있다.

사야마(狹山) 차별사건

그 사이 심각한 차별사건이 속출했다. 1960년에 오사카부의 야오시(八尾市)에서 폭력단이 차별적인 말로 소리치면서 부락민을 습격한 사건이 일어났다. 고치현의 오키츠(興津)에서는 중학교 교장이 차별적인 발언을 하였으며, 무장경관이 부락을 습격하여 투쟁을 탄압하는 등의 사건이 있었다. 1964년에는 오사카의 시노다야먀(信太山) 자위대에서 와카야마현 출신의 자위대원이 부대 내에서 반년에 걸쳐 악질적인 차별을 계속받아 근처의 인권옹호위원에게 구조를 요청했지만 해결되지 않아 지역에 호소한 커다란 문제가 발생하여 전국적인 규탄투쟁으로 발전했다.

1963년에는 사이타마현에서 사야마 차별사건이 일어났다. 행방불명된 여고생이 주검으로 발견되자 경찰은 부근의 부락에 집중적인 잠복 조사를 하여 부락의 청년 이시카와 카즈오(石川一雄)를 사소한 내용으로 체포했다. 그 후 이시카와는 1개월 가까이 '자백'을 계속 거부했는데 이처럼 긴 기간 동안 자백하지 않은 것 자체가 다른 원죄(冤罪)사건에서는 예가 없을 정도였다. 또한 '자백'에 근거하여 발견했다고 하는 '물증'으로는 범인이라고 단정할 이시카와의 지문이 하나도 발견되지 않았으며, 또한 피해자의 만년필이 2번의 가택수색을 한 이후에 '발견'되는 등 어느 것 하나 처음부터 이시카와를 진범이라고 보기에는 의문이 있어 지역의 부락해방동맹과 변호사를 중심으로 구원활동이 일어났다.

그러나 우라와(浦和)지방재

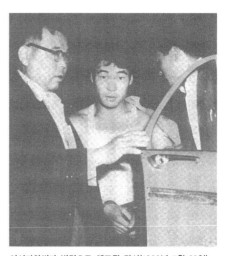

이시카와씨가 별건으로 체포될 당시(1963년 5월 23일)

판소의 공판에서 이시카와는 자백을 유지하여 재판소는 겨우 반년의 심리로 사형을 언도하였다. 소학교조차 충분히 다니지 못한 이시카와는 알고 지내던 경찰관이 "자백하면 10년 만에 나올 수 있다"고 한 약속을 계속해서 믿고 있었다. 1964년 9월에 시작된 도쿄고등재판소에서의 공소심 제1회 공판에서 이시카와 카즈오는 변호사와 상담도 하지 않은 채 "나는 죽이지 않았습니다"라고 외쳐, 비로소 본격적인 재판투쟁이 시작되었다.

근평(勤評), 미이케(三池), 안보

부락해방운동은 부락 문제뿐만 아니라 모든 시민 공통의 과제에 적극적으로 참가하는 것으로 해방운동을 알리고 신뢰관계를 구축하였다. 예를 들면, 1958년 이후 전국적으로 전개된 근무평정반대 투쟁에도 참가하였는데 이때 많은 사람들은 처음으로 형관기를 보았다고 한다. 작가 스미이 스에(住井すゑ)는 이 투쟁에 감명 받아 부락 문제를 다룬 소설 『다리가 없는 강(橋のない川)』을 출판하였다.

1959년부터 60년에 걸쳐서 후쿠오카현에서 미츠이(三井), 미이케(三池) 투쟁에 참가하였다. 석탄에서 석유로 일본의 에너지정책 전환으로 합리화, 폐광을 강요받은 회사 측은 노동자의 대량 해고로 극복하려고 했다. 탄광에는 많은 부락민이 일하고 있었던 점에서 이것은 스스로의 투쟁이기도 했다. 그러나 공동 투쟁한 노동조합 측은 해방동맹을 자본에 고용된 우익 폭력단에 대항하는 '좌익 폭력단'인 것처럼 인식했다고 한다. 본질적 의미에서의 공투는 아직 실현되지 않았다

해방동맹은 '록히드(전투기)보다도 집을 짓자'를 슬로건으로 미일안전보장조약 개정반대 투쟁에도 참가하였다. 평화의 문제를 부락해방의 과제와 연결한 뛰어난 발상이었다. 또한 1961년에 해방동맹은 마츠다 키이치(松田喜一)를 단장으로 한 중국 방문단을 파견하였다. 전후 막 탄생한 중화인민공화국과 정식적인 국교가 성립되지 않아 일본 정부가 타이완 정부 일변도였던 시대부터 마츠모토 지이치로는 중일우호협회 회장으로 노력하였다. 국책수립운동이 제안되어 폭넓은 지지를 얻은 배경에는 이러한 해방운동 자체의 발전이 있었다.

1960년의 부락해방동맹 제15회 대회에서는 강령이 개정되었는데 스스로를 '부락민의 자각에 기초한 자주적인 해방운동의 유일한 단체'로 규정함과 동시에 부락의 완전한 해방은 "노동자 계급을 선두로 하고 중심으로 한 농어민, 근로시민, 청년, 부인, 지식인 등 모든 억압받는 인민 대중의 해방투쟁의 승리에 의해 일본의 진정한 민주화가 달성될 때 비로소 실현된다"고 했다.

4. 20년이나 뒤늦은 전후개혁

'동대심(同對審)' 답신

겨우 개최된 동화대책심의회(이하 '동대심')에서는 전국 부락의 실태조

사가 실시되었으며 부락마다 토론을 반복하여 1965년 8월에 답신이 정리되었다. 이것이 '동대심' 답신이다. '동대심' 답신의 전문은 상당히 긴 장문인데 그 중요한 의의는 1) 부락 문제는 존재한다. 2) 이것은 중대한 사회문제이다. 3) 그 빠른 해결은 국가의 책임이며 동시에 국민적 과제이다. 4) 그 가운데서도 교육과 취직문제의 해결이 중요하다. 5) 악질적인 차별을 규제하는 법률이 없기 때문에 차별이 사회적인 악이라는 인식이 약하며 법적인 규제, 구제가 필요하다 등을 지적했다.

이 외에도 원래 동화행정은 과도적 혹은 일시적인 행정이 아니라 종합적이며 통일적으로 실시되어야만 한다는 지적은 지금도 유효하다. 또한 이른바 '자는 아이 일으키지 말라'는 생각과 차별은 없어지지 않는다는 숙명론을 잘못이라고 지적하고 있으며, 답신이 부락 문제에 대한 인식의 기본을 지적한 중요한 문서임은 지금도 변함없다.

지금까지 행정은 물론이고 많은 시민이 '부락차별은 이미 없어졌어' '부락은 있지만 차별은 없어' '차별이 있다고 하더라도 사소한거야' '특별히 동화행정과 동화교육을 시행하는 것이야말로 차별을 재생산한다'고 생각하던 점에서 본다면 이 답신이 얼마나 획기적인 내용을 담고 있는지 알 수 있다.

원래라면, 전후의 민주적 개혁이 진행되고 있던 그 시기에 부락 문제의 근본적인 해결을 향해 국가를 선두로 한 시도가 있어야만 했었다. 그 가능성이 전혀 없지는 않았지만, 현실적으로 국가는 스스로 동화행정을 포기하고 책임을 자치체와 국민에게 떠넘겼다.

'동대심' 답신에 의해 헌법이 강조한 평등 이념과 부락차별이라는 현

일본 부락의 역사-차별과 싸워온 천민들의 이야기

실과의 차이, 경제성장 속에서 악화되고 있던 부락 현실과의 차이를 매우는 노력이 시작되었다. 우선은 환경개선 등의 사업을 중심으로 이후에 교육, 계몽을 포함하여 국가와 지방자치체에서 본격적으로 담당하도록 되었다. 지금까지 부락차별을 방치해온 행정의 책임이 논의되었으며 해결을 위한 움직임이 시작되었다. 부락 문제에 관해서 말하자면, 패전 후 20년이 지나서 겨우 전후의 민주적 개혁이 시작되었다고 말할 수 있을지도 모르겠다.

이것은 동시에 부락에서 '국민'에 대하여 일본 사회의 존재형태와 '번영'의 내용, 전후 민주주의의 내용을 되짚어보는 것이었다. 그렇기 때문에 부락 문제의 해결은 '국민적' 과제로 인식되었으며 부락차별의 철폐는 '국민'운동으로 취급되었다. 이것은 일본인 이외를 배제하는 것을 의도한 것이 아니라 정말로 부락 문제 해결의 책임과 자각을 일본인 한 사람 한 사람에게 묻는 의미를 가지고 있다. 해방운동도 부락 문제의 해결이 널리 '국민'의 인권옹호의 과제와 결합되어 있다는 것을 구체적으로 나타내고 있다.

'동대심' 답신은 미국의 아시아 침략에 적극적으로 협력한 강경파로 지목된 사토 에사쿠(佐藤栄作) 내각 하에서 최종적으로 정리되었으며, 이후의 특별조치법도 사토 내각 하에서 제정되었다. 사토내각은 고도경제성장의 뒤틀림을 교정해야 할 '사회개발'을 내걸고 등장했다.

'특별조치법' -국가의 책임-

부락해방운동은 '동대심' 답신을 실현하는 것으로 새로운 단계에 들어갔다. 1966년에는 재차 규슈에서 도쿄까지 대행진을 실행하여 답신의 완전 실시를 요구했다. 지금까지 미조직이었던 부락에도 행진대가 들어가 착수가 지체되고 있던 행정과 교섭을 가졌다.

'부락은 없다'라든가 '부락은 있지만 차별은 없다'고 하는 회피성 발언은 더 이상 통하지 않았으며 부락 문제의 해결이라는 요구는 사회적 영향력을 가지게 되었다. 1965년의 제20회 대회에서 부락해방동맹이 전혀 없는 공백지대가 7개 현, 지부는 있지만 현연합조직이 없는 곳이 12개현이었다. 그러나 10년 후의 1976년에는 27개 도부현련과 10개의 준비회가 있다고 보고 되었으며, 현재에는 33개 도부현련과 6개의 준비회, 약 2천 지부(약 20만 명의 동맹원)로까지 확대되었다.

'동대심' 답신은 부락 문제 해결을 국가의 책임이라고 지적하고 그 결론에서 동화대책사업을 원만히 진행하기 위해서 지방자치체가 행하는 사업에 대하여 국가의 재정 조치를 정한 특별조치법의 제정을 요구하였다. 해방운동 내부에서 처음에는 기본법이 필요한 것이 아닌가라는 의견이 검토되었지만 1969년에 드디어 동화대책사업 특별조치법이 제정되었다. 기본법 요구라는 주장에서 본다면 극히 한정된 사업만을 대상으로 한 법률이지만, 1871년의 이른바 '해방령' 이후 처음으로 부락 문제의 해결을 목적으로 한 법률이었다. 동 법은 최초 10년 기한으로 제정되었다.

표2 • 동화대책사업관계 예산의 추이　　　　　　　　　　　　　　　　(단위 : 백만엔)

년도	총무청	법무성	문부성	후생성	농림수산성	통상 산업성	노동성	건설성	자치성	계
1953				13						13
54				12						12
55				11						11
56				12						12
57				14						14
58				24						24
59			1	50						51
60			5	134	22			238		399
61	1		16	203	28			391		639
62	4		16	263	46			493		822
63	5		21	333	69		1	758		1,187
64	2		32	425	100		1	772		1,332
65	2		45	532	125		1	1,143		1,848
66	2		77	687	163	13	17	2,452		3,411
67	12		111	961	228	18	23	2,688		4,041
68	5	1	152	1,344	318	22	27	2,118		3,987
69	6	1	213	1,873	446	32	31	3,616		6,217
70	6	2	338	3,094	669	50	53	7,681		11,893
71	43	4	506	4,804	1,836	105	72	13,521		20,891
72	9	5	769	7,054	2,841	621	126	19,946	35	31,406
73	15	8	1,173	10,399	4,261	1,372	250	24,975	77	42,530
74	26	12	1,771	14,967	6,180	2,834	414	31,197	112	57,513
75	84	52	2,788	21,245	8,913	5,149	740	43,174	162	82,307
76	76	48	4,001	27,837	12,451	8,692	1,183	53,287	230	107,805
77	101	44	5,374	35,915	17,695	13,942	1,542	64,256	331	139,200
78	122	53	6,676	45,933	25,361	19,220	1,932	84,573	448	184,318
79	148	64	8,033	56,579	33,278	24,445	2,419	100,956	602	226,524
80	176	78	9,366	62,783	39,302	25,938	2,895	111,194	750	252,482
81	226	97	10,551	70,704	44,240	28,107	3,315	121,058	937	279,235
82	268	115	10,765	70,459	43,797	28,229	3,341	116,599	928	274,531
83	314	128	10,906	57,861	35,254	26,255	3,454	102,387	834	238,394
84	359	142	11,015	47,460	33,187	23,797	3,506	94,660	726	214,852
85	407	155	11,300	45,516	31,545	21,355	3,613	96,065	653	210,610
86	452	168	11,538	45,549	31,424	19,412	3,792	101,548	607	214,489
87	497	184	11,541	44,488	29,176	13,345	1,033	90,128	558	190,949
88	548	206	11,677	37,977	24,812	11,319	1,062	91,072	500	179,173
89	605	230	11,894	37,210	22,078	10,299	1,122	80,525	456	164,419
90	663	257	12,043	36,925	17,746	10,270	1,174	71,883	411	151,372
91	725	284	12,243	38,324	18,390	10,241	1,230	74,048	454	155,940
계	5,908	2,338	166,987	829,974	486,981	305,082	38,369	1,609,402	9,811	3,454,853
1969 ~91	5,875	2,337	166,511	824,956	485,882	305,029	38,299	1,598,349	9,811	3,437,050

왼쪽 세로 레이블: 동화대책사업특별조치법 / 지방개선대책특별조치법 / ※

(주) 1. 금액은 당초의 예산액.
　　2. ※는 「지방개선대책 특정사업에 관한 국가의 재정상의 특별조치에 관한 법률」

전후

국가의 책임이라고 지적되었음에도 불구하고 국가의 대응은 지체되었다. 확실히 동화예산액을 보면 1965년도의 18억 엔이 69년도에 27언 엔(일반예산 가운데 관계예산을 포함하면, 62억 엔), 74년도에는 247억 엔(동일하게 575억 엔)으로 증가하였으며, 관계하는 성청도 총리부, 법무, 문부, 후생, 농림수산, 통상산업, 노동, 건설, 자치의 각성에 걸쳐있다. 그러나 법률이 제정된 것은 답신이 제출되고부터 4년이 지난 시점이며 더욱이 국가의 연락조정을 위한 창구로 총리부에 동화대책실이 설치되어 전국적인 정밀조사가 실시된 것은 법률적 기한이 반도 더 지난 1974년이었다.

국가에 비하여 지방자치체의 동화행정은 크게 진척되었다. 원래 동화대책사업은 국가가 단독으로 행하는 사업이 아니라 지방자치체의 사업이 많았다. 역사적으로 보아도 부락에서 절실한 요구는 우선 지방자치체에 제출되었다.

자치체 가운데는 국가보다 먼저 동화행정을 시작한 사실이 있으며 부락 문제를 이해하는 담당자도 많았다. 각 자치체는 독자적으로 동화대책심의회를 만들어 답신을 정리하여 동화행정을 추진하였다. 국가가 특별조치법에 기초하여 특별한 재정조치를 하게 되었어도 지방자치체의 초과 부담은 줄어들지 않았지만, 오사카부처럼 시정촌에 대하여 국가와 부가 합쳐서 8할의 보조금을 담당하고 사업 추진을 꾀한 곳도 있었다.

이 시기에 고도성장이 가져온 다양한 문제 해결을 지방자치체에 요구하는 기운이 높아져 1967년에 도쿄에서 미노베(美濃部) 도정(道政)이 실현된 가운데 각지에서 혁신 지자체가 탄생했다. 동화행정도 이 혁신 지

자체 아래에서 크게 전진했다.

또한 해방운동은 지역의 다양한 요구를 '부락해방의 종합적인 마을 만들기' 계획으로 정리하여 환경개선뿐만 아니라 복지와 교육, 노동, 산업, 인권이라는 많은 문제를 종합적으로 해결하는 길을 제기했다.

스스로의 과제

답신 완전실시운동이 진행 중인 1965년 이후에도 일본은 경제성장을 지속하여 무역이 흑자로 전환되는 한편 아시아를 중심으로 본격적인 자본수출을 시작하는 등 경제'대국'으로서 발을 내딛기 시작하였다. 이와 동시에 1967년에는 미국의 항공모함 엔트프라이즈호가 사세보(佐世保)에 기항하는 것을 인정한 것처럼 일본은 경제'대국'에 어울리는 정치적 군사적 역할을 적극적으로 담당하려고 하였다.

또한 연평균 10%를 넘는 급속한 경제성장은 다양한 모순을 낳았으며, 주택, 보육, 교육, 교통, 공해, 환경문제 그리고 차별과 빈곤이라는 사회문제를 현재화시키지 않을 수 없었다. 더구나 베트남 반전운동과 대학투쟁이 그랬던 것처럼 많은 사람들이 단순히 제3자로서가 아니라 그 문제와 스스로의 관계, 이른바 가해자로서의 입장을 자각하면서 운동에 관여한 것은 지금까지의 사회운동과 다른 새로운 특징이었다.

부락 문제에서도 동일한 문제제기를 했다. 지금까지 지나쳐왔던 사회모순, 일본 사회 그 자체의 문제점이 부락 문제라는 관점에서 인식되어 더욱 선명히 각인되었다. 즉 부락 문제를 스스로의 과제로 취급하는 의미가 널리 인식된 시기였다. 1966년에 오사카에서 '동대심' 답신의 완전 실시를 요구하는 부민공투회의가 있었다.

차별사건에 대한 규탄을 계기로 하여 매스컴은 점차로 부락 문제를 취급하는 등 관심을 확대하고 있었다. 1967년에 NHK는 오사카 방송국이 제작한 연속 TV 드라마 「오하나항」(오하나항 차별사건─방송의 한 장면에 역 뒤쪽의 정육점이 있는 지역을 가리켜 '인상이 나쁜, 무서운 곳'이라고 하는 대사가 있었으며, 주인공인 오하나항을 이 무서운 곳에 들어간 용기 있는 여성으로 묘사하여 극을 전개하였다)이 규탄된 것을 계기로 방송국 내에 부락문제연구소를 조직하여 그 후 지속적인 활동을 계속하였다. 이와나미(岩波)서점에서는 1969년에 잡지 『세계』가 규탄 받아(『세계』 차별사건─3월호의 특집 「시련에 선 대학자치」의 권두 논문 가운데 오우치 효에(大内兵衛) 도쿄대학 명예교수가 당시 대학의 '악'을 표현하면서 '대학이라는 특수부락'이라고 차별적인 표현을 사용하였다) 자주적으로 3월호를 회수하였으며, 5월호와 6월호에 회사와 필자의 사죄문을 게재하였다. 지금까지 방치되었던 매스컴의 차별표현에 비판이 제기된 것은 획기적이며 그 후 부락 문제뿐만 아니라 다양한 차별표현에 대한 의식이 고양되어 가는 단서가 되었다. 반면, 매스컴이 단순히 단어사용의 문제로써 이해하고 '문제'가 일어날 것을 사전에 방지하기 위하여 '금구집(禁句集)'을 작성하는 등 잘못된 표면적인 대응도 발생했다.

노동조합과 시민단체와의 공동투쟁이 진전된 반면, 공산당은 '동대심' 답신을 부정적으로밖에 평가하지 않았으며, 잘못된 견해를 대중단체에 전파하려고 하였기 때문에 부락해방운동에 대한 영향력이 약화되었다.

1969년에 오사카에서 일어난 야다(矢田)교육차별사건은 동화교육의 추진과 노동조건을 대립시킨 시각이 첨예하게 문제시된 사건이었다. 그러나 공산당은 해방동맹의 규탄투쟁을 폭력이라 하여 방해와 고소, 해방동맹 간부에 대한 비방을 강화하고 동화예산을 너무 많이 책정하여 부락만 잘되고 있다는 질투의식을 선동하는 등 해방동맹에 대한 공격을 강화하였다. 그리고 1970년에는 부락해방동맹 정상화연락회의를 결성하여 조직을 분열시키는 등 부정적인 역할을 행하였다.

양적발전에서 질적 강화로

이 시기에 해방운동의 모양도 변화했다. 과거의 경험에 의존하고 있던 해방운동은 1968년에는 오사카에서 제1회 부락해방연구 전국 집회를 개최하여 구체적인 조사에 기초한 과학적인 방침제정을 제창하였다. 또한 1969년에는 나라의 텐리시(天理市)에서 동화대책사업으로 장학금을 받고 있는 장학생의 전국 집회가 개최되었다.

「특별조치법」이 실시된 이후에 많은 수의 지부가 조직된 것은 운동의 커다란 발전이지만, 이것은 동시에 전전의 수평사운동의 역사와 전통을 계승하지 못한 나약한 운동이었다.

1972년에는 오사카부련의 제20회 대회가 조직의 질적 전환을 이미 제기하였으며, 74년의 제29회 전국대회에서는 운동의 질적 향상이 강조되기에 이른다. 여기서 해방동맹은 부락의 완전해방이라는 목표를 향한 운동단체이며 동화대책사업은 어디까지나 그 수단에 지나지 않는다는 점, 개개의 사업을 요구하는 조합과 사업의 집행에 관련된 단체와의 성격이나 조직의 차이를 명확히 하여 높은 사상과 이론으로 뒷받침된 조직을 지향할 것 등이 강조되었다.

1969년에 오사카에서 근세부락의 사료『오쿠다가(奧田家) 문서』의 간행이 시작된 것도 커다란 의미를 갖는다. 지금까지 부락이기 때문에 차별과 굴욕의 역사관에 젖어있던 부락민이 스스로의 힘으로 스스로의 역사를 발굴하여 역사의 시각 그 자체에 수정을 가하였다. 그 후 부락사 연구는 급속히 진척되었으며 각지에서 많은 사료집이 간행되기도 하였으며 뛰어난 연구 성과가 발표되었다.

1971년은 전국 수평사 창립 50주년에 해당하여 1년간을 통해서 각 부락의 역사에 대한 발굴과 투쟁의 총괄이 제기되었다. 동시에 과거 50년간의 투쟁 가운데 수립된 투쟁이론이 '3개의 명제'(부락차별의 본질, 차별의 사회적 존재의의, 사회의식으로써의 차별관념)로 정리되었다.

1969년에 사야마 차별재판은 도쿄고등재판소에서 결심을 기다리면서 전국적인 움직임으로 발전했다. 이시카와 카즈오가 임의로 자백한 것이 아니라 누군가가 쓴 글자를 따라서 쓴 것을 가리키는 '필압흔(筆壓痕)' 문제가 명백해져 이것을 계기로 사실조사를 행하라는 여론이 높아졌다.

각각의 부락에서 동일하게 부락민이라는 것만으로 차별과 원죄(冤罪)를 경험한 적도 있어서 이시카와의 생애와 경험을 자기 것이라 생각하여 투쟁은 급속하게 발전했다. 더욱이 이 사야마 투쟁을 통해서 학자, 문화

일본 부락의 역사-차별과 싸워온 천민들의 이야기

관계자, 종교가, 노동조합, 시민단체 등에 부락 문제가 널리 알려져 해방운동의 시야가 넓어진 의미는 대단히 커다.

또한 규탄투쟁에 관한 판결에서 1972년에 토쿠시마(德島)간이재판소에서 규탄은 '정당행위로서 보호되어야한 한다'는 획기적인 판결이 나왔다.

'국민'의 인권옹호로

그런데 전후에 부락차별을 철폐하기 위한 시도와 성과가 부락차별뿐만 아니라 널리 '국민'의 인권옹호로 이어진 경우는 많이 있다.

예를 들면, 1968년에 정확히 메이지유신 100년째 되는 이해에 이른바 '진신(任申)호적'의 열람을 금지하는 규탄투쟁이 일어났다. '진신호적'의 일부에는 '원(元)에타' 등으로 기재된 것이 있으며, 또한 구지명과 사원, 신사의 이름을 실마리로 관청에서 약간의 수수료를 지불하는 것으로 부락민인지 아닌지의 신분조사에 악용되었다. 규탄투쟁의 결과 우선 1968년에 '진신호적'의 열람이 금지되었다.

더욱이 1976년에는 공개원칙이었던 호적과 제적부가, 1981년에는 주민표가 기본적으로는 본인 이외에는 열람할 수 없도록 제한되었다. 이러한 시도는 부락민뿐만 아니라 모든 사람들의 인권옹호, 프라이버시 보호로 기능하였다.

결혼차별과 나란히 취직차별도 심각한 문제였다. 지금까지는 취직할 때 제출하던 이력서와 기업 응모서류에 자신의 본적은 물론 부모와 형제자매의 직업과 수입 등, 본인의 능력과 관계가 없는 사항까지 자세하게 적어야만 했다. 일부러 신분조사를 하지 않아도 이 서류 자체가 유력한 조사 자료였다. 1970~1973년에 걸쳐서 취직차별에 대한 규탄투쟁 속에서 기재내용을 간략화하고 신분조사에 이용되지 않도록 통일된 응모서류를 전국적으로 사용하게 한 것도 부락해방운동이었다.

비슷한 시기에 나라와 오사카의 부락 아이들은 원래라면 자신들과 같은 학교에 진학해야 할 친구들의 상당수가 전차를 타고 다른 학구의 학교에 다니는 것을 인식하였다. 부락주변의 부모들이 '모양이 나쁘다' '공부를 못한다' 등의 이유로 자신들의 아이를 부락의 아이들과 같은 반에서 공부하는 것을 싫어하여 원래의 학구와 다른 학교에 진학시킨 것이다. 그리고 행정은 오랫동안 이것을 묵인하였다. 더구나 학구가 다른 학생을 받아들이는 학교는 '진학교(進學校)'라 하여 인기가 있어 시설이 확충되는 한편 부락의 아이가 다니는 학교는 노후화한 시설·설비 그 대로 방치되었으며 이것이 나아가 타학구 통학을 증대시키는 악순환으로 이어졌다.

이 타학구 통학과 교육조건의 학교 간 격차는 일본에서 공교육이 시작된 이래 항상 따라다니던 문제였는데 누구도 해결하려고 하지 않았다. '타학구 통학은 차별이다'라고 주장하면서 개정을 요구한 것도 부락해방운동이다.

교육 분야에서 이 외에도 동화교육추진학교에 대한 교원 추가를 실현하여 한 학급당 30명을 선구적으로 실현하기도 했으며 부락 문제에 대한 학습을 위해 해방교육 독본을 편집, 발행하여 다양한 차별, 인권문제를 취급하는 등 일본의 민주교육 발전에 커다란 역할을 담당하였다.

또한 부락에서는 맞벌이 부부가 많았기 때문에 옛날부터 '우체통만큼 보육소를'이라는 보육소 건설의 요구가 강했다. 동화대책사업에 의해 많은 수의 보육소가 설치되자 보육을 단순히 부모가 집에 없기 때문에 아이들을 맡기는 것이 아니라 의무교육 취학 전의 교육 장소로 위치 지워 평등한 교육권과 인격의 전면적인 발달을 보장하는 것으로써 0세 유아 보육과 장애아동, 환자아동 등 선진적인 시도를 실시하여 일본 보육운동에도 커다란 영향력을 미쳤다.

5. 패러다임의 전환

'고도성장'의 종언

1974년은 내외의 정세가 크게 변화하고 있었다. 그 전해의 이른바 오일쇼크를 계기로 1950년대 후반부터 계속된 '고도성장'은 끝나고 경제수축이 시작되었으며 이른바 행정개혁과 민영화 노선이 등장했다.

경제의 악화는 정치적 혹은 사상적인 반동화를 가져왔다. 원호(元号)의 법제화(1978년)와 관료의 야스쿠니 신사 참배(1980년)와 공식참배(1985년), 교과서문제(1982년)와 나카소네(仲曾根)수상의 차별발언(1986년) 등은 상징적인 사건이었다. 그러나 짓궂게도 일련의 사건은 우선 전쟁 피해자였던 아시아 민중과 해외의 피해자로부터 비판받았으며, 일본 국내에서도 이전까지 없었던 정도의 차별과 인권문제에 대한 강한 관심을 불러일으켰다.

동화행정도 예외는 아니었다. 1978년에는 동화대책사업 특별조치법의 강화 연장을 요구하는 운동이 일어났는데, 실태파악과 지방자치체의 재정부담의 경감, 계몽활동의 충실을 요구한 3개 항목의 국회결의가 있었지만, 3년간의 단순연장으로 결론이 났다.

계속하여 특별조치법의 강화 개정을 요구하는 운동이 조직되었는데 정부의 저항은 강력하여 1982년 3월 31일에 겨우 지방개선대책 특별조치법이 제정되었다. 동 법은 명칭에서 '동화'라는 문자가 삭제된 것과 더불어 지금까지 보조대상으로 삼아온 사업을 정령(政令)으로 축소하는 등 명백히 정부 자세의 후퇴를 나타내고 있다. 정부의 동화예산은 1981년을 정점으로 축소된다.

또한 1982년에 상법이 개정되어 소카이야(総会屋, 정식의 직업이 아니라 주식회사의 주식을 약 천 주 이상 보유한 주주가 권리행사를 남용하여 회사에서 부당하게 금품을 받거나 혹은 요구하는 자를 지칭함—역자)가 추방되었기 때문에 부락해방운동과 인연이 없는 단체나 개인이 부락 문제를 구실로 기업 등에서 금품을 요구하는 사건이 상당히 일어나 부락 문제의 올바른 이해를 왜곡하였다.

운동전환의 요구

이 시기에 부락 문제를 둘러싼 객관적 정세는 발상의 전환을 요구했다. 부락 문제의 해결이 다른 차별철폐, 인권옹호의 과제와 끊으려야 끊을 수 없는 것은 분명하다. 종래는 부락차별철폐의 성과 중 많은 부분이 이것을 돌파구로 하여 널리 '국민'의 인권옹호 과제로 파급, 발전되어 가는 길을 걸었다.

그러나 '고도경제성장'이 끝났을 때 지금부터는 동화대책사업만이 돌출되어 언제까지라도 확대되는 정세는 아니었다. 더욱이 그 사이 동화대책사업의 실시에 따라 이전에 '빈곤' '열악'이라는 한마디로 표현되어온 부락의 실태는 상당히 개선되었으며, 지금까지 없던 새로운 과제도 제기되었다(다음 절 참조). 또한 종래의 발상으로는 실태가 개선됨에 따라 이에 비례하여 그 반영인 차별의식의 철폐가 진행되리라고 생각했지만, 현실에서 차별의식은 여전히 뿌리 깊게 남아있었다. 그러한 현상이 수없이 일어나는 심각한 차별사건이며, 이것은 부락차별뿐만 아니라 많은 문제에 대한 일본인의 인권의식의 나약함을 반증하고 있다.

이러한 새로운 상황 아래서 부락 문제의 해결을 기본으로 하면서도 보다 전반적인 반차별, 인권옹호체제의 확립을 지향하는 것이 부락 문제의 근본적인 해결로 이어진다는 전망이 제출되었다.

부락 문제의 해결을 '국민적' 과제의 틀 속에서 취급해온 지금까지의 발상을 전환하여 그 '국민'의 이름에서 민족차별과 국적차별이 버젓이 통용되며, 인종차별이나 그 외의 다양한 차별과 인권침해가 존재하는 일본의 인권상황을 재고하여 일본인의 인권의식 그 자체를 고양시키는 것이 요구되었다. 종래의 부락차별 철폐의 틀과 패러다임의 커다란 전환이다. 물론 이러한 전환은 한 번에 진척되는 것도 자각되는 것도 아니며 이 시기 전체를 통해서 점차로 많은 사람들에게 의식되어 간다.

차별사건의 빈발

'고도성장'이 끝나고 정치적인 반동의 시대가 도래함과 동시에 지금까지 없었던 새로운 차별사건이 많이 나타났다. 그중 하나는 공공시설과 개인 주택에까지 행해진 차별낙서, 차별투서의 급증이었다. 학교와 부락 내의 해방회관, 해방운동 간부의 주택에까지, 때로는 붉은 스프레이로 커다란 글자로 쓰인 경우도 있었다. 그리고 그 내용에는 '부락민을 죽여'라든가 '강제수용소에 보내고 독가스실에 넣어버려' 혹은 '이 집은 에타의 집'이라는 것까지 있었다. 또한 시가현(滋賀県)에서는 부락 출신자가 일하는 직장에서 본인을 가리킨 차별문서를 로카에 넣어 둔 사건이 일어나 부부가 자살하는 비참한 사건도 있었다.

또한 차별사건을 일으킨 당사자는 운동단체와 행정으로부터 지적을 받고서도 반성하지 않는 사례도 증가했다. 예를 들면, 후쿠오카시에서 '부락에 세워진 집인 줄 모르고 속아서 샀다'고 하여 2년간에 걸쳐 49회, 5만장의 전단지를 뿌린 사건이 있었는데 당사자는 행정관계자의 설득을 계속 무시하였다. 단 이 사건에 대하여는 거주지의 부락주민이 손해배상과 차별 전단지의 배포금지를 요구하는 민사소송을 제기하여 1986년에 후쿠오카지방재판소가 소송을 인정하는 판결을 내렸다.

결혼차별에도 심각한 차별이 많지만 동시에 1975년에는 나고야(名古屋)지방재판소에서, 그리고 1983년에는 오사카지방재판소에서 결혼차별과 신분조사의 부당성을 인정하여 상대방과 홍신소에 손해배상을 지불하라는 판결을 내렸다. 규탄투쟁에 대해서는 1975년에 오사카지방재판소가 야다 교육차별사건에 관하여 규탄투쟁의 의의를 인정하는 판결을 내렸다.

확대되는 부락해방의 고리

사야마 차별재판 반대 투쟁은 1974년 9월에 히비야(日比谷)공원에서 10만 명의 대집회를 성공시켰다. 그러나 도쿄고등재판소는 10월 31일에 극히 정치적인 '무기징역'이라는 판결을 내렸다. 사형판결이라면, 최고재판소에서 사실관계조사가 필요하기 때문에 무기징역 판결이라면 이것을 피할 수 있기 때문이었다. 어느 변호사는 판결 순간에 '이건 사기다'라고 절규했다.

그 후 사야마 투쟁은 상고심(1974년 이후), 재심청구(1977년 이후), 그리고 제2차 재심청구(1986년 이후)로 투쟁의 무대를 옮겼다. 그 사이 변호인단 등의 정력적인 노력에 의해 이시카와 카즈오의 무죄를 증명하는 새로운 사실이 차차로 명확해졌다. 사건 당일의 범행현장에서는 이시카와

카즈오와 비슷한 사람을 보지 못했다는 증언, 협박장의 날짜가 이시카와의 '자백'인 28일과 다르다는 감정, 증거의 하나로 인정된 만년필이 '발견'된 장소는 이전에 두 번에 걸친 가택수색에서 발견되지 않았다는 당시 조사관의 증언 등은 극히 일부에 지나지 않는다. 또한 1974년의 전국행진 중에는 '차별재판 쳐부수자'는 노래가 만들어져 많은 사람들이 불렀다.

같은 해에 부락해방 문학상이 실시되어 식자, 기록문학, 소설, 시, 아동문학, 희극, 평론의 7개 부문에서 입선, 가작이 만들어졌다. 스스로의 일생, 차별과의 투쟁과 부락해방에 건 정열을 기록하는 조직적인 시도가 시작되었다. 제1회 특별상은 이시카와 카즈오에게 주어졌다. 더욱이 음악과 연극 등 다양한 문화운동이 조직되어 부락에서 전승되어 온 문화를 발굴하여 자긍심을 가지고 계승하는 시도도 시작되었다. 각지에서 부락해방연구소(회)가 조직되었으며, 또한 부락사연구가 중세, 근세 등의 일본사연구에도 커다란 영향을 미쳤다.

1975년에는 노마 히로시를 의장으로 차별과 투쟁하는 문화회의가 결성되었다. 또한 동년에 노동조합을 결집시킨 부락해방중앙공투회의가 조직되었다. 1983년에는 전국대학 동화교육연구협의회가 결성되었다.

그런데 일본공산당에 의한 차별 캠페인은 1974년 11월에 효고현 요카(八鹿)고교 차별 교육사건에서 하나의 정점을 맞이하였다. 해방동맹의 규탄을 폭력이라고 한 기사를 기관지에 계속하여 게재하고 부락에 대한 편견을 부추겼다. 당시에 부락동맹의 본부에 보내온 차별엽서와 편지는 공산당이 얼마나 비열한 차별의식을 선동했는가를 잘 보여준다. 공산당은 이 사건을 다음 해의 도쿄도지사 선거에 이용하는 한편 민주단체에 해방동맹과의 절연을 요구하면서 다른 한편으로 부락 문제에 대한 의견 차이는 '작은 차이'에 지나지 않기 때문에 이를 무시하고 혁신통일의 '대동(大同)'에 동참하라고 요구했다.

1975년에 공산당은 갑자기 부락차별은 해소의 과정에 있다고 하는 '국민융합론'(부락 문제를 봉건유제로 보고 그 역사적 사회적 근간을 반봉건적 천황제, 기생지주제에서 찾고 전후는 이러한 차별을 지탱하는 토대는 없어졌으며 기본적으로는 해소과정에 있다고 하는 생각)을 제기하여 지금까지 중시해 온 계급적인 시점을 포기했다. 그리고 다음 해 부락해방동맹 정상화 전국연락회의는 전국부락해방운동 연합회(이하 전해련)로 변경하였다.

기업·종교계로

이러한 역류는 있었지만, 그 사이에 부락차별 철폐에 대한 움직임이 기업과 종교계로 확산된 점이 커다란 특징이다. 1975년에는 전국의 부락 소재지를 책으로 출판하여 판매한 부락지명총람 차별사건이 발각되었다. 작성, 판매자는 흥신소, 탐정사이고 구입자의 대부분은 대기업으로 200개 이상의 회사였다. 결혼과 취직에 있어 얼마나 신분조사가 횡횡하고 있는지를 보여준 사건이었다.

이 사건의 규탄투쟁을 계기로 동화문제기업연락회가 조직되었으며, 새롭게 기업의 부락차별 철폐에 대한 움직임이 시작되었다. 또한 1977

년 12월에 적정한 채용, 선고 시스템의 확립과 부락 문제연수의 추진 등을 목적으로 노동성 직업안정국장 명의의 통달로 기업 내에 동화문제연수추진위의 설치가 권유되었다. 대상이 된 기준은 종업원이 100명 이상인 사업소로 부락지명총람 구입 기업 이외에도 실시의 움직임이 확대되었다.

표지에 '인사극비'라고만 표기한 첫 번째 『部落地名総鑑』

종교계에서는 1979년의 제3회 세계종교가 평화회의의 인권부회 석상에서 전일본 불교회 이사장인 마치다 무네오(町田宗夫) 조동종(曹洞宗) 총무원장(당시)이 '일본에 부락차별은 없다' '부락해방을 이유로 떠들고 있는 자들이 있다' 등의 발언을 하여 동 부회결의로 부락 문제를 삭제한 사건이 일어났다. 이 차별사건을 계기로 하여 움직임이 시작되었다. 1981년에는 동화문제에 관여하는 종교교단연대회의가 결성되었으며, 차별 계명(戒名) 문제를 포함하여 과거의 역사와 각 종파의 교의까지도 되짚어보는 진지한 움직임이 이어졌다.

국제인권규약 비준

더욱이 부락해방운동은 일본의 반차별, 인권투쟁의 선두에 서왔다. 1974년의 제29회 전국 대회에서 피차별통일전선을, 다음 해의 제30회

일본 **부락의 역사**—차별과 싸워온 천민들의 이야기

대회에서는 반차별공동투쟁을 제기했다. 1977년부터 시작하여 79년에 정부에 비준시킨 국제인권규약비준촉진을 위한 움직임은 그 전형이다.

일본 국내에서는 민족교육을 부정하는 것으로 상징되는 재일외국인에 대한 차별, 사회참가를 현저하게 방해받고 있는 장애자에 대한 차별, 토끼집이라고 불리는 주택상황의 열악함, 2천 시간을 넘는 장시간 노동 등 많은 인권침해의 실태가 있다. 일본 전체가 더욱 인권을 지켜가는 사회가 되지 않으면, 부락 문제의 진정한 해결도 없다고 할 수 있다. 한편 1966년에는 유엔에서 국제인권규약이라는 조약이 채택되었는데 일본은 아직 비준하지 않았을 뿐만 아니라 이러한 조약이 있다는 것 자체가 일부의 국제법학자를 제외하고는 알지 못하는 사실에도 관심이 향했다.

아는 바와 같이 국제인권규약은 직접적으로 부락 문제를 언급하고 있지는 않다. 그러나 그 내용은 일본국 헌법을 상회하는 높은 수준에서 더구나 국적을 묻지 않고 모든 사람들의 인권을 보장해야함을 강조했다. 이 국제인권규약의 대중적인 비준운동을 앞서 제기하고 그 사무국을 담당한 것은 틀림없는 부락해방운동이었다.

이 국제인권규약을 비준시킨 것이 얼마나 큰 의미를 가지는지는 그 후의 국민연금을 비롯하여 다양한 분야에서 외국인을 배제해온 국적조항의 시정 요청, 일본이 안고 있는 민족차별, 정신장애자에 대한 차별, 선주민족 차별 등의 문제가 유엔에서도 언급되어 더 이상 그냥 지나칠 수 없을 정도로 인권문제에 대한 관심이 급속하게 높아진 것을 나타낸다.

부락해방운동 자체는 국제인권규약의 비준촉진운동에서 많은 교훈을 얻었다. 그 가운데 하나는 국제적인 기준에서 인권문제를 생각하는 것이 얼마나 중요한가이다. 또한 원죄(冤罪)의 온상으로 지적된 대용감옥(경찰의 유치장)제도는 절대로 세계에서 통용될 수 없는 것일 뿐만 아니라 세계적인 비판에 직면하였다. 1977년에 유엔의 바르크 슈라이버 인권부장을 초정한 것을 시작으로 매년의 인권주간을 중심으로 부락해방동맹과 세계인권선언연락회의가 해외의 인권활동가와 연구자를 초대하여 그 경험을 배우는 기회가 많아졌다.

두 번째 교훈은 세계에는 일본에서 생각할 수 없는 인권침해가 실제로 많이 버젓이 통용되고 있으며, 여기에 어떤 형태로 일본이 참가하고 있는 경우도 적지 않다는 것이다. 부락해방운동은 남아프리카의 알바르트 헤이트 철폐운동 등과의 연대를 의식적으로 담당하게 된다.

6. 부락 문제의 새로운 지평

최근의 실태조사

전후에 부락 문제의 해결을 위해 투자된 비용은 1993년도까지 국가예산으로 3조 7,132억 엔으로 시산되었다. 지방자치체에서는 그 2~3배에 달할 것으로 보인다.

이러한 오랫동안의 실시로 인해 부락차별의 실태는 '동대심' 답신이 제출된 시기와 비교하여 크게 개선되었다. 부락의 어느 노인이 "옛날에는 물을 사용하는데도 멀리 있는 우물에서 양동이로 물을 길러왔다. 지

일본 부락의 역사-차별과 싸워온 천민들의 이야기

금은 집안에 수도가 있어. 꼭지를 틀면 물이 나와. 이렇게나 좋은 생활이 어디 있겠나"라고 술회했다. 이전에는 비와 이슬을 피하기조차 힘든 주택을 공영주택, 개량주택의 건설과 주택신축대부금으로 개선했다. 그러나 주택상황은 도시와 농촌의 전체적인 환경대책의 진척도에 따라 다르다. 여전히 과밀한 상태가 계속되고 있는 곳, 최저 거주수준에 미치지 못하는 질적 문제가 남아있는 곳 등 다양하다.

노동의 실태는 '고도성장'이라는 조건, 취직차별 철폐의 시도 등에 의해 취직의 기회는 증가했다. 또한 적극적으로 공무원 채용을 요구해 왔기 때문에 개선되어왔다. 그러나 그렇다 하더라도 여전히 정규직의 비율은 전국평균보다 낮으며 고용상의 지위는 임시, 일용, 파트타임이 많으며 규모별로는 중소·영세기업이 많아 피고용자의 연간 수입은 전국평균과 비교하여 격차가 크다. 또한 일의 내용은 전문적, 기술적, 관리적 직업이나 사무, 판매 종사자가 적고 단순노동이나 미숙련 작업이 많은 등 문제를 안고 있다.

총무청의 조사에 의하면, 생활보호 수급률은 9.1%로 여전히 높으며 수급기간이 긴(10년 이상이 31.5%) 것이 특징이다. 이러한 사실에서 부락민은 일할 의욕이 없다든가, 재정을 압박하고 있다는 편견이 나온다. 그러나 그 배경에는 과거 차별의 결과, 부락에서 공적인 연금 수령률이 낮으며 생활보호가 이를 대신하는 등 복잡한 문제가 있다.

그림1 • 대학·전문대학 진학률

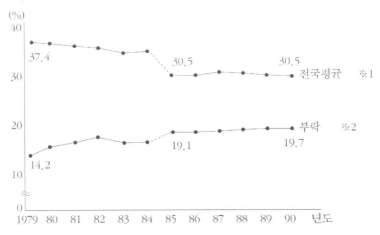

※ 1의 …부분 전국평균은 문부성 학교 기본 통계에 의함.
　2의 …부분은 부락의 해방 장학금 수령자 만을 대상으로 함. 단, 1985년부터 조사방
　법을 현역(재수생 제외) 진학률로 변경함.

　　교육면에서는 1963년에 30.0%에 지나지 않던 고등학교 진학률이
1985년에는 87.3%까지 상승하여 전국평균과의 차이는 7%까지 축소되
었지만, 그 차이는 1975년 이후 줄어들지 않고 있다. 대학 진학률은 전
국평균의 반 정도에서 정체하고 있다. 교육차별은 세대에 걸친 어려움과
힘겨운 면이 있어 하루아침에 해결되지 않는다.

　　그리고 전국에서 아직도 동화대책사업이 실시되지 않은 부락이 약 천
곳 정도 있다. 일부의 지역에서는 표면적인 개선의 이면에 남겨진 과제
도 많다.

　　동시에 그 사이의 동화대책사업에 의해 부락의 생활 상태는 지역, 분
야, 연령, 계층, 성별 등에 따라 다양성을 띠게 되었으며 불충분하면서도

　　　　　　　　일본 부락의 역사—차별과 싸워온 천민들의 이야기

부락 이외와의 격차가 시정된 결과 이전과는 질적으로 다른 새로운 요구와 해결해야할 과제가 생겨나고 있다. 또한 시민의 차별의식에 관해서도 젊은 층일수록 부락 출신자와의 결혼에 거부감이 없는 경향을 보이는 등 긍정적인 변화가 있는 반면, 차별을 없애기 위해서 '적극적인 태도'를 취하려고 하지 않는 층도 상당히 존재하며 이러한 층에 지금부터 어떻게 대응할지, 이러한 소극적 태도를 떠받치고 있는 사회구조를 지금부터 어떻게 변혁할 것인가 등 새로운 문제가 등장한 점이 주목된다.

그림2-1 • 연령별 최종학력 상황 － 오사카부의 부락(1990년)

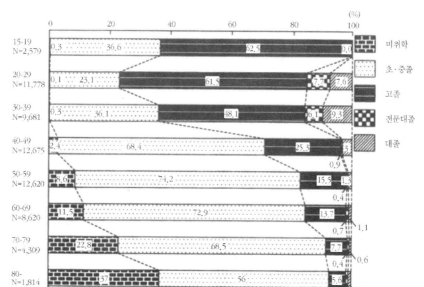

그림2-2 • 연령별 최종학력 상황 – 오사카부 전체(1990년 국세조사)

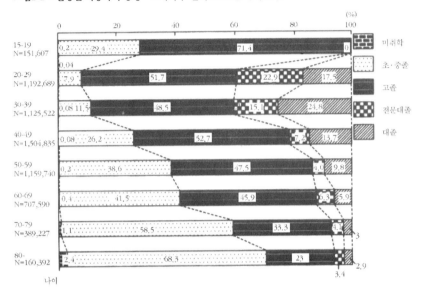

차별사건과 법적규제

물질적인 차별실태가 비교적 개선된 것과 비교하여 차별사건과 그 배후에 있는 차별의식의 해결은 크게 뒤쳐져있다. 지금도 확인되는 연간 차별사건은 오사카에 한정하더라도 249건(1992년)에 이르는 상태가 계속되고 있다. 결혼차별, 취직차별, 일상생활의 장에서 발생하는 차별, 교육현장에서의 차별, 공무원·정치가에 의한 차별, 언론·출판계의 차별, 낙서와 투서에 의한 차별이 이어지고 있다.

또한 근년에는 파겟트 통신이라는 개인컴퓨터와 무선을 이용한 최신

정보시스템을 악용하여 부락지명총람의 내용을 유포하는 사건도 발생하고 있다. 더욱이 사법서사 등이 직무상 청구서를 악용하여 불법적으로 타인의 호적을 입수하여 흥신소와 탐정회사에 비싼 가격으로 파는 사건도 새롭게 발각되었다.

이러한 사태를 해결하기 위해서는 운동단체에 의한 규탄투쟁은 물론이고 지역, 직장, 가정, 학교 등에서 철저한 교육, 계몽을 실시하고 사회의식으로서 존재하고 있는 차별의식을 일상적, 항상적으로 극복하지 않으면 안 된다.

또한 부락차별로 이어지는 신분조사를 행한 흥신소, 탐정회사와 취직차별을 행한 기업에 대해서는 법적 규제를 강화함으로써 해결을 꾀할 필요가 있다. 그러나 현재 악질적인 부락차별을 규제하는 법률은 존재하지 않는다. 유일하게 오사카에서 1985년에 전국에서 처음으로 부락차별조사 등 규제 등 조례(결혼, 취직차별을 일으키는 신원조사 등을 흥신소, 탐정회사가 행한 경우, '필요한 조치' → '영업정지' → '3개월 이하의 징역 또는 5만 엔 이하의 벌금'이라는 규제를 부가할 수 있도록 정한 오사카부의 조례)가 제정되었을 뿐이다.

부상하는 세력

이처럼 부락 문제의 근본적인 해결이 요구되고 있던 시기에 군사대국화를 지향하여 국내에서는 행정개혁, 노동조합의 약체화를 겨냥한 나카

소네 내각이 반대세력으로 크게 부상하였다.

1986년 8월에는 지역개선대책협의회(총무청의 부속기관) 기본문제검토부회가 보고서를 제출했다. 그 내용은 차별의 실태는 기본적으로 개선되었다고 하여 법의 시행종료를 권고하는 한편, 차별이 남아 있는 것이 마치 민간운동 단체의 규탄에 원인이 있는 듯이 논하여 '동대심' 답신의 의의를 부정하는 등 반동적인 자세를 보이기 시작했다. 더욱이 동년 12월에는 지대협이 의견서를 정리하고 다음 해 87년 3월에는 총무청 지방개선대책실(정부 내에서 부락 문제를 담당하는 기관)이 지방개선대책 계몽 추진지침을 제출하였는데 모두 해방운동의 규탄을 부정하고 계몽 내용에까지 국가가 개입하려는 의도를 노골적으로 표현하였다.

1987년 3월 법의 기한 정지에 즈음해서도 정부는 새로운 법의 필요성에 대하여 계속 부정해왔다. 그러나 해방운동과 지방자치체 등의 강력한 요구 때문에 이른바 「지대재특법」(지방개선대책 특정사업에 관계된 국가의 재정상의 특별조치에 관한 법률)의 제정을 실현시켰다. 그러나 이 법률은 국가의 보조대상이 된 사업이 더욱 축소되었을 뿐만 아니라 지금까지 동화사업의 대상지역으로 지정된 곳 이외로 새로운 지구지정은 인정하지 않는 등 많은 문제를 안고 있었다.

실제로 니가타현(新潟県)의 카미하야시(神林) 마을은 지구로 지정되지 않았다는 이유로 주민들의 요구를 거절했다. 이에 대하여 1988년 11월에 니가타지방재판소는 사업 실시를 요구하는 주민들의 소송을 전면적으로 인정하는 판결을 내렸다.

1992년의 「지대재특법」의 기한 정지에 즈음하여 부락 출신자도 겨우

일본 부락의 역사-차별과 싸워온 천민들의 이야기

구성원으로 참가하여 지방개선대책협의회는 그 전년의 12월에 의견서를 정리하여 동화대책사업의 한정, 축소를 강조하면서도 교육, 일, 계몽 등의 면에서 여전히 과제가 있다는 점, 부락의 실태와 시민의식을 파악하기 위한 조사와 심의기관의 필요성 등을 지적하였다. 그러나 정부는 「지대재특법」을 5년간 단순히 연장하는 것에 그치고 기본법의 요구에는 답하려고도 하지 않았다. 이렇게 하여 정부의 자세는 새로운 법 제정 때마다 후퇴에 후퇴를 거듭했다.

부락해방기본법

이러한 현실을 포함하여 1985년에 많은 단체와 개인의 참가를 통해 부락해방기본법 제정을 요구하는 중앙실행위원회가 결성되어 기본법(안)을 제시했다. 중앙실행위원회는 정토진종(浄土真宗) 혼간지(本願寺)파 문주(門主)를 회장(당시)으로 '동화문제'와 관련된 종교교단연대회의, 도쿄인권계몽기업연락회, 오사카동화문제기업연락회, 전국동화교육연구협의회, 일본노동조합총연합회, 부락해방동맹 등으로 구성하여 오늘날의 부락 문제 해결에 관여하고 있는 단체의 확대를 상징하고 있다.

기본법(안)의 제1조는 목적으로서 "부락 문제의 근본적이며 신속한 해결을 꾀함으로써……차별이 없는 민주사회의 발전에 기여할 것을 목적으로 한다"라고 논하고 있다. 부락 문제의 해결을 통해 민주적 사회 발전에 기여한다는 생각은 부락해방운동이 오랫동안 추구해온 것이다. 전

전부터 오늘에 이르기까지 시대의 제약을 받으면서도 부락차별 철폐를
외쳐온 사실 자체가 일본의 차별 반대 투쟁, 인권투쟁에 기여한 것이다.

그 외에도 기본법(안)은 부락차별의 기본적인 해결을 위해 부락의 일
과 교육을 위시한 실태개선을 위한 시책, 인권의식을 높이기 위한 계몽
활동, 취직차별과 차별적 신분조사에 대한 법적 규제라는 3가지 수단을
강조하고, 5년마다의 조사와 심의회 설치를 통한 차별철폐 추진을 확보
할 것을 정하고 있다.

이처럼 '동대심' 답신의 이념을 실현하려고 한다면, 지금까지와 같이
'사업'만을 대상으로 한 재정특별법으로는 불충분하며, 국가 정책을 기본
으로 규정할 부락해방기본법이 반드시 필요하다. 이것은 헌법정신을 살
리는 길이기도 하며, 국제적인 차별철폐, 인권확립운동의 경험을 계승하
는 길이다. 더욱이 아이누민족에 관한 법률, 재일구식민지 출신자에 관한
전후보상 인권보장법의 요구 등도 궤를 같이하는 것이라 할 수 있다.

또한 1986년에 전일본동화회가 분열하여 결성된 전국자유동화회는
독자적으로 인권기본법 제정요구를 내놓고 있는데, 해방동맹과 그 외의
단체와 함께 동화문제의 현상을 생각하는 연락회의(약칭, 동현련)를 결성
하고 더불어 운동을 전개했다.

반차별국제운동

국제인권규약 비준 촉진운동으로 나타난 반차별국제연대 이념은

1988년에 결성된 반차별국제운동으로 하나의 결실을 이루었다. 그 결성의 의의는 극히 중요하다. 우선 결성을 중심적으로 담당해온 부락해방운동 자체에 일상적으로 국제연대 활동을 지향할 만큼 운동이 발전하여 새로운 단계로 진입한 역사적인 한 발을 내디딘 점이다.

반차별 국제운동의 설립 기념집회(1988년 1월 25일, 도쿄)

두 번째로 일본에서 반차별 투쟁의 역사에서 일본 내외에서 차별과 싸우고 있는 많은 단체가 참가하는 조직이 처음으로 결성된 점이다. 그리고 세 번째로 세계의 차별철폐와 인권확립을 지향하는 운동에 진정으로 국제화가 요구되고 있던 일본에 본부를 두는 국제조직이 결성되어 커다란 역할을 담당하도록 된 점이다.

그 이후 반차별국제운동은 구성단체를 확대하여 세계 각지에서 집회와 심포지엄을 개최하였으며, 1993년 3월에는 유엔에 비정부조직(NGO)으로 등록하였다. 나아가 독자적으로 일본위원회도 만들어 일본 국내에서의 운동을 적극적으로 담당하였다. 또한 세계에서 인권상황이 가장 어렵다는 아시아, 태평양에서 인권정보센터를 설립하는 것이 당면의 과제이다.

'제3기'가 제기한 것

부락해방운동은 '제3기 부락해방운동'을 제기했다. 제1기는 차별규탄투쟁을 중심으로 한 시기, 제2기는 차별행정규탄 투쟁을 중심으로 한 시기, 그리고 지금부터는 부락 문제의 근본적인 해결을 지향하여 반차별, 인권확립의 공동투쟁과 국제연대주도 시대로 위치 지웠다. 지금 일본과 일본인은 '국제화'의 기치아래 인권문제로 어떠한 역할을 담당할 것인가가 요구되고 있다. 이러한 시대에 부락해방운동은 일본과 세계의 다양한 차별과 인권문제에 관심을 넓히고 차별철폐와 인권확립의 최첨단적 역할을 의식적으로 담당하려고 하고 있다.

부락해방 실행의 실질적인 전환은 부락해방기본법과 반차별국제운동이라는 두 가지 구체적인 과제로 제기되었다. 부락해방운동은 종종 부패근절과 조직 강화에 역점을 두는 한편, 부락차별 철폐를 축으로 하는 반차별, 인권옹호의 폭넓은 시민, 피차별 민중의 연대, 풀뿌리운동이 실천적으로 '국민'운동의 틀을 훨씬 넘어서서 조직되었다.

오늘날 일본의 인권상황은 결코 만족스럽지 못하다. 일본은 아직도 인종차별 철폐조약을 비준하지 않았으며, 비준한 국제인권조약에 반하는 상황도 많다. 천황의 전쟁책임을 언급한 것만으로 모토지마 히토시(本島等) 나가사키(長崎)시장이 우익에게 저격당하거나 황태자의 결혼과 관계하여 상대의 신분을 4대에 걸쳐 조산한 것이 마치 너무도 당연한 것처럼 언론이 보도했다.

그러나 1985년에 소련에서 등장한 고르바초프 서기장이 추진한 페레스트로이카, 평화와 인권을 이데올로기와 사회체제의 차이를 넘어서 인류의 최우선적인 과제로 생각한 신사고 외교 등은 지금까지의 사회주의 이론과 운동, 역사관에 대한 근본적인 재검토를 요구함과 더불어 전후 45년간의 구조를 규정해온 '냉전'을 종식시켰으며, 서로 다른 가치관의 '공생'을 세계에 요구하는 지점에까지 왔다.

그 파도는 더디면서도 일본에도 도착하였다. 오랫동안 계속된 자유민주당에 의한 일당 지배가 끝나려고 하고 있으며, 일본의 전쟁책임을 인정하고 전후책임도 빨리 져야만 한다는 아시아를 중심으로 한 민중들의 요구는 부락 문제에 관여하는 자를 포함하여 '국민'인 일본인의 역사관과 지금부터의 삶의 방식을 날카롭게 묻고 있다. 질적인 전환을 요구받고 있는 것은 부락해방운동뿐만 아니라 동화행정, 동화교육(계몽) 등도 동일하다.

또한 이것은 전국 수평사 창립 정신, 예를 들면, 선언의 "인간 세상의 차가움이 얼마나 냉혹한지를 알고 있는 우리들"이야 말로 인간 세상에 열과 빛을 가져올 운동의 선두에 선다는 의욕, 강령의 "우리들은 인간성의 원리에 각성하여 인류 최고의 완성을 향해 돌진한다"는 사명감에 합치한다. 70년 전에는 그 의욕이 있어도 불가능 했던 것이 이제는 겨우 가능하게 되었다. 부락 문제는 지금 이러한 지평에 도달해 있다.

역자 후기

이 책은 1993년에 일본의 해방출판사에서 간행된 『新編 部落の歷史』를 완역한 것이다. 해방출판사는 부락해방동맹 산하에 있는 부락해방연구소가 중심이 되어 부락차별 철폐를 위해 행하는 다양한 활동 가운데 출판관련 업무를 주로 담당하고 있다. 이들 단체는 부제에 있는 것처럼 차별과 싸워온 피차별부락민들의 고뇌에 찬 역사를 기록하고 있으며 그 결과물 가운데 하나로 이 책을 출판하였다.

한국에는 아직도 낯선 주제인 부락차별문제에 처음으로 접하게 된 것은 역자가 일본에 유학하면서부터다. 역자는 2000년에 일본의 츠쿠바대학(筑波大学) 역사인류학연구과에 진학하면서 지도교수가 이 대학에 부임하면서부터 지금까지도 진행해오고 있는 '부락차별문제연구회'에 참석하게 되었다. 이 연구회는 매주 한 번씩 공부모임을 가지면서 매학기 초에는 부락차별문제와 관련된 영화상영회 등을 통해서 문제의식을 공유할 수 있는 학우들을 찾기도 하였으며, 방학중에는 2박 3일 정도의 합숙을 통해서 부락차별문제와 관련된 특정한 주제에 대하여 집중적인 토론을 벌이기도 하였다. 이 연구회의 여러 가지 활동 가운데 현존하는 부락차별문제를 가장 강하게 실감할 수 있는 모임은 역시 매년 두 차례씩 도쿄의 히비야공원 야외공연장에서 행해지는 이시카와 카즈오씨에 대한 차별재판 규탄 집회이다.

역자도 매년 이 모임에 참가하여 일본 사회에 현존하는 차별의 실태에 대하여 피부로 느끼게 되었다. 이 모임에 참가한 주요인물에 대하여 조금만 주의하여 살펴본다면, 일본의 사법부가 부락차별에 얼마나 철저(권력에 의한 차별)하며 자신들의 잘못을 감추면서 적당히 현실과 타협하고 있는 영혼도 신체도 없는 허상 뿐인 권력집단인지 알 수 있다. 이 집회에는 이시카와씨가 나와서 연설을 한다. 그는 이 책의 본문에서도 소개되고 있는 것처럼 미성년자 유괴·강간·살인죄로 기소되어 재판부로부터 유죄가 선고되었음에도 불구하고 1차 판결 이후 지금까지 일관되게 자신은 무죄라고 주장하였다. 사법부는 이러한 사람을 재판 결과에 대한 어떠한 변경도 없이 1994년에 가석방하였다. 만약, 사법부의 주장처럼 이시카와씨가 정말로 범인이라면, 미성연자를 유괴하여 강간하고 살해한 자신의 죄를 전혀 인정하지도 않고 반성도 하지 않으며 오히려 자신이 무죄임을 주장하고 있는 자를 가석방한다는 사실은 있을 수도 없고 있어서도 안 된다. 오히려 가석방 판결을 내린 판사가 '파면'되어 마땅하다. 일본의 사법부는 껍데기뿐인 자신들의 핑계조차도 유지하지 못하고 있다. 이 사실은 이시카와씨가 무죄임을 사법부 스스로 인정하고 있음을 시사한다. 그럼에도 불구하고 사법부와 경찰·검찰은 자신들이 조사와 재판과정에서 행한 사실관계에 대한 조작·은폐, 증거의 위조, 조사 자료의 공개 거부, 재판 과정에 대한 차별, 이러한 과정에서 일어난 의도적이거나 비의도적인 자신들의 잘못에 대한 사과를 거부하고 있다. 권력집단은 태생적으로 사과를 모르는 집단이라 이들이 사과하기를 기대하지도 않는다. 단, 자신들이 행한 잘못과 오류를 다시는 되풀이 하지 않기 위해서라도 있었던 그대로의 사실관계를 분명히 해야 한다. 이것은 권력집단의 잘못과 오류로 인한 폐해를 방지(권력집단은 이러한 것에 관심이 없기 때문에 이러한 것을 요구하는 것 자체가 난센스라고 생각한다)하기 위해서라기보다 자신들의 권력을 보다 견고하고 장기적으로 유지하여 피지배집단에게서 지배체제에 대한 동의를 얻기 위해서라도 필요한 작업이다. 잘못된 권력 남용은 필연적으로 보다 강력한 피지배

집단의 저항을 불러일으키기 때문이다. 여기에는 모든 관료집단에서 흔히 볼 수 있는 자신들(=권력집단)의 '무오류성'을 주장하는 자세가 있다. 만약 있었던 그 대로의 사실과 관계없이 자신들의 무오류성을 일관되게 관철하려고 한다면, 조사와 재판과정에서 결론을 뒤집을 만큼의 실수나 오류는 없었다고 주장하면서 이시카와씨를 자신의 잘못을 반성하지 않는 '후안무치'한 자라고 하여 계속 감옥에 가두어 두어야 할 것이다. 그러나 역설적이게도 현실은 사법부가 얼마나 후안무치한 집단인지를 증명하고 있다.

이러한 부락차별문제가 일본사회에서 중요한 이유는 사람에 따라 다양하게 나타날 수 있다. 어떤 이는 국민으로서의 권리와 헌법에 보장된 평등권은 침해될 수 없다고 하면서 현실의 차별문제를 비판하기도 한다. 또 어떤 이들은 이론적 측면이 어떠하든 현실 속에서 납득할 수 없는 이유로 행해지고 있는 차별은 잘못된 것이라 한다. 그러나 역자가 생각하는 이유는 조금 다른 부분에 있다.

이들 '부락민'들은 오랜 옛날부터 그 사회에서 인간들이 생활하는 데 필요한 다양한 활동을 수행해왔다. 즉 더불어 살아가는 인간 사회에서 반드시 필요한 사회적 부가가치를 생산하면서 자기 역할을 다해온 집단임에도 불구하고 권력에 의해서 소외·배제·차별당하면서 사회의 최하층으로 밀려난 사람들이다. 이러한 현실은 정도의 차이는 있으나 메이지유신 이후의 근대 국민국가 일본에서도 계속적으로 이어지고 있다. 따라서 이들 사회의 최하층에 위치한 사람들을 옥죄고 있는 모순구조를 파괴하고 변혁하는 것이 곧 일본 사회의 이중적 모순구조(전통적인 공동체 사회의 모순과 자본주의적 근대 사회의 모순이 공존하는 구조)를 한꺼번에 변혁할 수 있는 길이며 이러한 과제를 담당할 주체는 역시 이들 '부락민'들이라 생각하기 때문에 역자는 부락차별문제가 중요하다고 인식한다.

이러한 관점은 한국 사회에서 이루어지고 있는 몇 가지 담론에 대한 문제제기를 포함한다. 한국에서 이제는 명성황후를 '민비'라 부르지 않는 것이 정착되었다고 보인다. 말하고 싶은 것은 그녀를 어떻게 부르는가에 대한 문제제기가 아니다. 한국인이라는 이유로 왜 명성황후를 조선의 국모로 높여 불러야만 하는가에 대한 문제제기이다. 특히 이 문제는 민중사적 관점에 서있다고 자처하는 이들에게 묻고 싶다. 민중들이 왜 지배집단을 높여 불러야만 하는가. 어떤 인물에 대한 평가는 그 사람이 어떤 지위에 있었던가가 아니라 누구를 위해 무엇을 하였는가가 기준이 되어야 한다고 본다. 따라서 명성황후에 대한 평가 역시 그녀가 조선의 국모였기 때문이 아니라, 조선의 백성들 특히 외세의 침략을 목전에 둔 상황에서 자신들의 생활과 그 생활의 외벽(이 경우 외벽이 자신을 억압해온 지배구조라는 인식은 이차적이다)을 지키기 위해 어렵고 힘든 상황에서도 꿋꿋하게 생활해온 사람들을 위해서 구체적으로 무엇을 생각하고 무엇을 수행했는가를 보고 평가해야 함이 당연하다고 본다. 역자에게는 명성황후가 국가로서의 조선과 국민(=조선의 민중들)을 위해 평가받을 만한 행위를 한 사실은 별로 없어 보인다. 따라서 민중들이 그녀를 높여 불러야 할 이유는 어디에도 없다. 지배/피지배 관계를 은폐하는 내셔널리즘이 얼마나 반민중적인 이데올로기를 포함하는지 민중지향적 지식인이라 자처하는 사람들은 철저하게 인식하여야 한다. 오히려 일본인이면서 죽는 그 순간까지 조선과 조선의 민중을 사랑하면서 일본의 권력에 철저하게 저항(황태자 살해 음모로 체포되어 사형선고를 받은 카네코는 무기징역으로 감형한 천황의 '은혜'를 거부한다. 그러나 역설적이게도 자의든 타의든 이 천황의 '은혜'를 받아들인 조선인 박열은 이후에 석방되어 침략전쟁에 협력한다. 이에 관해서는 『카네코 후미코』의 366쪽을 참조할 것)한 카네코 후미코(金子文子)가 더 존경받아 마땅하다고 생각한다. 명성황후의 삶보다는 카네코 후미코의 삶 속에 현재를 살아가는 우리들이 고민하고 되돌아보아야 할 요소들이 더 많기 때문이다. 역자는 국적이라는 이데올로기 장치보다는 어떤 관점에서 누구를 위해 무엇을 하였는지를 구체적인 사실에 기초하여 가치 판단을 내리고자 한다.

이러한 문제제기를 통해서 역사 연구의 소재에 대하여 언급해 두고 싶은 것이 있다. 최근에 한국사의 연구 소재가 중인이나 노비 등 점차 다양화되고 있음에도 불구하고 연구 소재에 대한 인식전환은 느린 것처럼 보인다. 아직도 한국 사회에서는 조선 후기의 북학파 등의 실학자와 사회비판적이면서 백성들에게 관심을 가진 정약용 등의 목민관에 대한 연구를 통해 현실 문제를 고민하고 미래 사회를 열어갈 해답을 찾고 있는 듯한 느낌이 강하다. 물론 이러한 연구를 통해 다양한 가능성을 검토하는 것은 나름대로의 가치와 의의를 가진다. 그러나 이들 실학자들과 목민관들이 당시의 주류집단에서 소외된 주변부적인 존재였다 하더라도 역시 양반사회(=권력집단) 내부에 존재한 이들이다. 이들의 의식이 당시의 사회 상황에서 아무리 진보적이었다 할지라도 당시의 사회구조 속에서 온갖 모순과 억압을 강제당하면서 인간다운 삶을 꿈꾸며 일상생활을 영위하고 있던 이들의 감정과 사상보다 개혁적일 수는 없다. 따라서 현재의 사회적 모순을 분석하고 이를 통해 인간의 가치를 좀 더 나은 형태로 실현할 수 있는 사회를 지향한다면 동서고금을 막론하고 항상 사회의 최하층에서 온갖 모순을 끌어안고 살아갈 수밖에 없었던 인간 집단에 관심을 가질 수밖에 없다. 따라서 민중사적 관점에 서 있다고 자처하는 연구자라면 민중사적 관점 그 자체를 탐구할 수 있는 소재에 대한 인식전환이 요구된다. 학습에 의해 획득한 새로운 계급의식이 육체화하지 않을 때 전향이 발생한다는 후지타 쇼조의 지적대로 연구자로서의 세계관과 그 세계관을 구체적으로 탐구할 수 있는 소재가 일치하지 않는 상황이 계속된 한국 사회에서 민주화 이후 지식인들의 권력으로의 전향이 일상화된 것은 어쩌면 당연한 흐름인지도 모른다.

인식과 대상의 일치를 일관되게 추구해온 일본 민중사학파들의 사료에 대한 인식은 한국 사회에 시사하는 바가 크다. 사료와 자료 또는 선행연구의 많고 적음을 핑계로 삼는 이는 연구자가 되어서는 안 된다. 사료란 역사가에 의해 결정되는 것이다. 저 사람에게는 아무 가치 없는 것이 나에게는 더없이 소중한 사료가 될 수 있다. 이것을 결정하는 것은 역사가 자신이다.

처음 이 책의 번역을 기획할 때에는 일본 사회 내의 소수자 문제를 대표하고 있는 재일조선인, 오키나와(沖縄), 아이누, 부락민에 대한 내용을 모두 구상하였다. 그러나 현재 한국에 어느 정도 소개되어 있는 재일조선인과 오키나와에 관한 내용은 제외하고 아이누와 부락민에 관련된 주제로 한정하였다. 몇 가지 이유로 아이누에 대한 책의 번역·출판이 늦어지고 있는데 빠른 시일 내에 소개되어 홋카이도(北海道)가 메이지유신 이후에 강압적으로 일본의 영토로 편입된 지역이며, 여기에 살고 있던 아이누들이 얼마나 많은 차별과 착취에 힘겨워했는지에 대하여 인식했으면 한다. 이러한 사정은 오키나와 역시 동일하다. 한국과 일본의 오키나와 연구자들에게 오카나와는 메이지유신 이후 일본에 강제로 편입된 지역이라는 역사 인식이 부족한 듯하다. 이러한 인식 없이 홋카이도나 오키나와가 너무도 당연히 일본 영토의 일부라고 생각한다면 심각한 문제에 부딪힌다. 즉 한국인이 메이지유신 이후 일본에 강제로 편입된 오키나와나 홋카이도를 일본의 영토라고 인정한다면(이는 일본의 침략을 단지 시간이 지나고 독립을 갈망하는 운동이 없거나 미약하다는 이유로 일본의 침략과 침략의 결과를 인정하는 논리구조를 가진다), 한국인은 조선과 대만에 대한 일본의 침략을 인정할 수밖에 없는가 라는 문제를 낳는다. 현실과는 어울리지 않지만, 논리적으로만 본다면 그렇다. 한국의 어떤 이들은 현재의 오키나와인이나 아이누는 스스로 일본인이라 생각 하고 있기 때문에 역자의 문제제기는 상황이나 전제가 완전히 잘못되었다고 하 는 사람도 있었다. 그러나 역자는 일본에서 자신은 비록 일본 국적을 가지고 있 지만 야마토(大和) 민족이 아니라 여전히 아이누라고 하는 사람을 많이 만났다.

이처럼 한국 사회에서 다양하고 중요한 의미를 갖는 이 책의 출판을 흔쾌히 결정해준 어문학사의 윤석전 사장님과 일본사의 생소한 용어를 찾는 데 많은 도 움을 주신 규슈대학 대학원에 재학 중인 카자마 치아키(風間千秋)님께 이 자리를 빌려 감사드린다. 끝으로 가장으로서의 책임을 다하지 못하고 있는 자신을 늘 곁에서 지켜봐 주고 신뢰하면서 응원해주는 사랑하는 아내 윤주와 아들 성윤이 에게도 감사한다.

색 인

ㅊ

일 본 부 락 의 역 사

−차별과 싸워온 천민들의 이야기

초판 1쇄 발행일 ∣ 2010년 4월 10일

지은이 ∣ 일본부락해방연구소
옮긴이 ∣ 최종길
펴낸이 ∣ 박영희
표지 ∣ 강지영
편집 ∣ 이선희·김미선
교정·교열 ∣ 이은혜
책임편집 ∣ 강지영
펴낸곳 ∣ 도서출판 어문학사
　　　　132-891 서울특별시 도봉구 쌍문동 525-13
　　　　전화: 02-998-0094 / 편집부: 02-998-2267
　　　　팩스: 02-998-2268
　　　　홈페이지: www.amhbook.com
　　　　e-mail: am@amhbook.com
　　　　등록: 2004년 4월 6일 제7-276호

인 지 는
저 자 와 의
합 의 하 에
생 략 함

ISBN　978-89-6184-120-7　93900

정가 ∣ 18,000원

※ 잘못 만들어진 책은 교환해 드립니다.

일본 부락의 역사

−차별과 싸워온 천민들의 이야기

초판 1쇄 발행일 ㅣ 2010년 4월 10일

지은이 ㅣ 일본부락해방연구소
옮긴이 ㅣ 최종길
펴낸이 ㅣ 박영희
표지 ㅣ 강지영
편집 ㅣ 이선희·김미선
교정·교열 ㅣ 이은혜
책임편집 ㅣ 강지영
펴낸곳 ㅣ 도서출판 어문학사
　　　　 132-891 서울특별시 도봉구 쌍문동 525-13
　　　　 전화: 02-998-0094 / 편집부: 02-998-2267
　　　　 팩스: 02-998-2268
　　　　 홈페이지: www.amhbook.com
　　　　 e-mail: am@amhbook.com
　　　　 등록: 2004년 4월 6일 제7-276호

인 지 는
저 자 와 의
합 의 하 에
생 략 함

ISBN 978-89-6184-120-7 93900

정가 ㅣ 18,000원

※ 잘못 만들어진 책은 교환해 드립니다.